新文科背景下经济学
人才教学改革与实践

——哈尔滨商业大学经济学院教学改革与管理研究论文集

主　编　韩　平　杨慧瀛

副主编　卢尚坤　佐　赫

中国商务出版社
CHINA COMMERCE AND TRADE PRESS

图书在版编目（CIP）数据

新文科背景下经济学人才教学改革与实践：哈尔滨
商业大学经济学院教学改革与管理研究论文集／韩平，
杨慧瀛 . --北京：中国商务出版社，2021. 11
　ISBN 978－7－5103－4099－4

　Ⅰ. ①新… Ⅱ. ①韩… ②杨… Ⅲ. ①地方高校—经
济学—人才培养—教学研究—哈尔滨 Ⅳ. ①F0-4

中国版本图书馆 CIP 数据核字（2021）第 256707 号

新文科背景下经济学人才教学改革与实践——哈尔滨商业大学经济学院教学改革与管理研究论文集

XINWENKE BEIJINGXIA JINGJIXUE RENCAI JIAOXUE GAIGE YU SHIJIAN——HAERBIN SHANGYE DAXUE JINGJI XUEYUAN JIAOXUE GAIGE YU GUANLI YANJIU LUNWENJI

主编　韩平　杨慧瀛　　　副主编　卢尚坤　佐赫

出版发行　中国商务出版社
社　　址：北京市东城区安定门外大街东后巷 28 号　　　邮政编码：100710
网　　址：http：//www. cctpress. com
电　　话：010-64212247（总编室）　　　010-64515151（事业部）
　　　　　010-64208388（发行部）　　　010-64286917（零售电话）
责任编辑：刘姝辰
网　　店：http：//shop162373850. taobao. com/
邮　　箱：349183847@ qq. com
印　　刷：三河市华东印刷有限公司
开　　本：710 毫米×1000 毫米　1/16
印　　张：19
版　　次：2022 年 3 月第 1 版　　　印　　次：2022 年 3 月第 1 次印刷
书　　号：ISBN 978－7－5103－4099－4
字　　数：310 千字　　　　　　　　定　　价：68. 00 元

前　言

　　哈尔滨商业大学经济学院拥有 69 年的办学历史，其前身为 1952 年建立的中国第一所商学院——黑龙江商学院的商业经济系，1993 年更名为贸易经济系，2001 年哈尔滨商业大学成立后建立贸易经济学院，2003 年更名为经济学院。

　　近 70 载的弦歌不辍，薪火相传，学院已建立了结构完整、优势和特色突出的本科、硕士、博士、博士后完整的人才培养体系，在校生规模达到 1700 人。

　　学院拥有一支学术思想活跃，知识结构、年龄结构合理，协同创新的优秀教学科研团队。教职工总数 64 人，其中，教授 22 人，副教授 24 人，近 70% 的专任教师具有博士学历；博士生导师 18 人，硕士生导师 71 人（含外聘）；省级重点学科带头人 3 人，国家级一流专业带头人 3 人，省级一流专业带头人 3 人，省级领军人才梯队带头人及后备带头人 5 人；省级教学名师 1 人，省级师德先进个人 2 人，校级教学名师 5 人，校级十大教学标兵 1 人，校级本科教学领军人才 1 人，校级最美教师 1 人，校级最受欢迎教师 1 人。经济学本科教学团队为省级优秀教学团队，产业经济学硕士生导师团队为省级优秀导师团队。

　　学院拥有应用经济学一级博士学科与一级硕士学科学位授予权，涵盖产业经济学、国际贸易学、国民经济学、数量经济学、统计学和区域经济学等 6 个二级学科；拥有理论经济学硕士一级学科学位授予权，涵盖经济思想史、政治经济学、世界经济和西方经济学等 4 个二级学科；拥有国际商务（MIB）和应用统计 2 个专业学位硕士点；拥有 1 个第三产业发展与创新学科群；拥有应用经济学博士后科研流动站。应用经济学一级学科和第三产业发展与创新学科群为黑龙江省"十二五"重点建设学科。产业经济学、国际贸易学为省级领军人才梯队和省级重点学科，产业经济学为"535工程"第二层次学科。

学院设有经济学、国际经济与贸易、贸易经济、数字经济学、经济统计学和统计学6个本科专业，其中经济学专业为国家级特色专业，经济学、国际经济与贸易和经济统计学专业入选国家级一流本科专业建设点。

学院不断加强与国内外院校和科研机构合作，积极开展学术交流，举办中俄研究生论坛、中乌经贸论坛等国际及全国性学术会议。学院先后与日本大阪经济大学、英国女王大学、埃塞克斯大学、法国凡尔赛大学、俄罗斯圣比得堡国立大学、克拉斯诺亚尔斯克国立经贸学院、符拉迪沃斯托克国立经济服务大学、哈萨克斯坦欧亚创新大学及乌克兰哈尔科夫国立食品技术与贸易大学等高校开展了卓有成效的学术交流。

"十三五"期间，学院共承担国家社会科学基金项目、教育部人文社科基金项目以及其他委托项目126项，在《经济研究》《经济学家》《国际贸易》和《社会科学》等国家级核心期刊上发表学术论文500余篇，在国家级出版社出版各类教材和学术专著28部。获得国家及省部级科研奖励20余项。为学院科研工作的顺利开展提供了有效保障。学院注重发挥高端智库作用，积极服务龙江经济振兴。先后完成了50余项政策建议和决策咨询报告，其中35份得到国家和省市有关领导批示。

在新文科建设的背景下，高等教育要塑造新时代精神、改造传统观念的社会发展需要，突破传统人文学科的思维模式，以创新、融合、协同、继承的态度推动传统社会科学的迭代升级，促进多学科的交叉研究和深度融合。经济学科各专业在我国文科专业中具有突出地位，以理论经济学为主，兼容应用经济学，具有很强的应用性和实践性。在"新文科"建设中，更需要理论教学与实践相结合，建立适应新经济、新时代的学生培养体系，提高学生的创新思维和创新能力。基于此，哈尔滨商业大学经济学院组织全体教师进行经济学专业教学改革与探索，本书是经济学院教学改革与探索的部分成果汇编。

《新文科背景下经济学人才教学改革与实践——哈尔滨商业大学经济学院

教学改革与管理研究论文集》由韩平、杨慧瀛担任主编，卢尚坤、佐赫担任副主编。本书共收录了教研论文 43 篇，内容涉及创新人才培养、课程改革与建设、教学方法改革、教学管理等方面内容。本书不仅是经济学科各专业一线教师近年来教学成果与实践工作的总结，更是多年来开展教学方法探索与改革、教学创新研究的成果展示。

　　由于编者水平有限，不足和错漏之处在所难免，我们诚恳地期待专家、读者提出宝贵意见。

编　者

2021 年 8 月

目 录
CONTENTS

创新人才培养

课程改革与建设

教学方法改革

教学管理

创新人才培养

新文科建设背景下经济学专业人才
培养模式探索与实践

佐 赫 韩 平

（哈尔滨商业大学 经济学院 哈尔滨 150028）

【摘要】 近年来，黑龙江省经济发展速度较快、产业升级迅速，也使得经济学人才匮乏的问题日益凸显，因此，设置符合市场要求的经济学专业已经非常迫切。本文通过分析当前黑龙江省经济学人才需求以及哈尔滨商业大学为例的经济学人才去向，分析了经济学专业人才培养模式中存在的问题，探讨了经济学专业人才培养模式的改革思路，即推行教学改革、强化实践教学及综合多种培养方式。

【关键词】 新文科；经济学专业；人才培养模式

当今，高等教育高质量发展已经进入全面规划阶段。以"双一流学科"计划为导向的学科建设和以"双一流专业"计划为导向的专业建设，成为规划高等教育高质量发展的主要方向。在这样的背景下，各学科各专业都在争创"一流学科"和"一流专业"。如何使这些争创活动取得实质性效果？本文以经济学专业争创"一流专业"为对象，探索其借助新文科建设达成"一流专业"目标的逻辑及相应策略。

"新文科"建设，一般是指人文社会科学和新一轮科技革命与产业变革交叉融合而形成的以交叉学科、交叉专业为主要内容的"新文科"这样一个学科建设过程。最早由美国希拉姆学院提出，并对其29个专业进行重组，把新技术融入哲学、文学、语言等课程，为学生提供综合性的跨学科学习。新文科对接时代要求具有其内在逻辑，具体有两条线索，一个是使文科专业焕发活力，更好地承担起培养适应新时代人才的重任；另一个是要更新文科专业内容，更好地对新时代发展予以解释并塑造新的时代精神。经济学专业是我国文科专业

3

中具有突出地位的本科专业。它以理论经济学为主，兼容应用经济学，并具有很强的应用性和实践性。从经济学专业培养的人才要求来看，它旨在培养具有扎实的专业基础知识和基本理论，以及具有国际视野和创新创业能力的高素质经济学专门人才。

近年来，黑龙江省经济发展速度较快、产业升级迅速，"八大经济区""十大工程"和"十大重点产业"的建设迅速推进，黑龙江跨境经济合作试验区三个片区建设，哈尔滨、绥芬河综合保税区功能进一步完善，对俄经贸合作区达到 16 个，黑河、绥芬河、东宁 3 个跨境经济合作试验区片区挂牌，这些为经济的快速发展提供了重要支撑，也使得经济学人才匮乏的问题日益凸显，因此，设置符合市场要求的经济学专业已经非常迫切。哈尔滨商业大学作为地方高校，理应为地方经济与大企业发展对经济管理专门人才的需求提供优质服务。

一、 经济学专业人才供需两侧现状

（一）目前经济学人才需求现状

1. 近三年各用人单位实际招聘情况：从总体上看，在实际招聘的各科类大学本科毕业生中，招收本类专业本科毕业生比例相对较高。从不同地区看，经济发达地区的招聘比例较高；从不同性质单位看，企业招聘比例较高；从不同规模单位看，大型用人单位对经济学专业需求量大。

2. 用人单位需求意愿：总体来看，社会需求意愿仍然较强，91%的单位表示今后相当一段时间内都会有招聘意愿。经济发达地区的需求意愿更为强烈。从层次和院校看，本科人才仍是需求主体。

3. 对毕业生相关因素的重视程度：用人单位最重视毕业生的综合素质、实际能力和专业知识。

4. 对已聘毕业生的评价：总体显示，用人单位对毕业生的各项指标评价平均数均在 3.5 以上（5 点计量制），其中最满意的是工作态度、合作精神和综合素质，排在最后三项的是开拓创新精神、外语水平和计算机应用水平。

（二）经济学专业人才培养情况分析

1. 我校经济学专业人才供给情况分析

年份	招生人数（人）
2017	81
2018	81
2019	87

从 2017—2019 年招生情况看，我校经济学专业本科生招生规模在 83 人/年左右，其中本省录取人数占招生总数比重的 30%左右。

2. 区域人才需求与我校人才培养匹配度分析

随着大数据、"互联网+"、数字经济不断发展，社会对人才的需求呈现出多样化、多层次化的趋势，尤其是产业结构的调整带来就业结构的巨大变化。经济学专业教育在课程设计和教学实施的过程中必须与社会和经济发展的方向、水平、要求相一致，紧贴社会经济发展的趋势，以就业为导向。我校经济学专业在 2019 年本科专业培养方案及教学大纲修订中，为适应时代对经济学人才的需求，从知识结构、学时安排和课程体系设计等方面调整专业培养方案。基础知识、专业知识以"宽厚扎实"为基础，实践能力以"专业实用"为准；增加课内实践课程比例、实践课程的门数和学时；开发培养学生科学研究能力的课，使我校经济学专业人才培养与区域人才需求具有较高的匹配度。

3. 毕业生就业情况分析（总就业率，本地、本省、对口就业率）

年份	毕业人数（人）	考研人数（人）	考研率（%）	就业率（%）
2018	75	5	6.67	96
2019	76	13	17.1	89.47
2020	75	10	13.33	74.67

从本科生近三年的就业情况看，经济学专业 2018—2020 年的就业率分别为：96%，89.47%和 74.67%，在我院各专业就业中居于前列位置。

近年来经济学专业的考研率、出国深造率不断攀升，2019 年考研率达

17.1%，包括考取了暨南大学、西南政法大学、上海大学、深圳大学等国内外知名学府的研究生。

经济学切实服务地方经济社会发展，主要就业于佳木斯保监局、伊春国税局、中国农业银行黑龙江省分行等单位。

二、 经济学专业人才培养中存在的主要问题

（一）培养模式僵化，照搬其他高等院校

经济学专业属于经济学学科下属的二级学科，全国人文社科类院校普遍都有开设，其中不乏 985、211 等"双一流"头部院校，但是从生源质量角度来看，这些院校录取批次存在较大差异，所以其人才培养模式不应千篇一律。以哈尔滨商业大学为例，经济学专业生源属于本科一批 A 段，文理科均有招生，其中文科类黑龙江省内最低录取排名 2020 年为 5521 位次，理科 2020 年为 30091 位次，可见其生源质量相比其他"双一流"高校还是有所差距的。然而在课时压缩且大班授课的统一要求下，就无法有效体现出因材施教的人才培养特点。以西方经济学为例，此专业是经管类本科专业的必修课程，一般在一、二年级开设。该课程理论体系宏大，内容繁杂，涉及大量专业术语和数学模型，即注重逻辑推演，又需要联系实际，教师需要抓住有限的课时来完成知识的讲授，课堂上师生之间、生生之间的互动时间非常有限。对于刚跨入大学校门的学生来说，仅仅依靠教师不足 100 课时的课堂讲授，想要系统、深入地掌握微观、宏观经济学的理论知识，难度确实较大。西方经济学为经管类学生的专业基础课，开课面广，上课人数多。师资有限的学校通常采用合班的方式授课，百人以上的大课堂非常普遍。大班授课显然难以顾及学生接受程度的差异，无法实现分层次教学，更无法满足学生个性化的学习需求。教师也无法对上百名学生的出勤、听课、作业等学习情况进行准确考核，一部分学生就会浑水摸鱼、滥竽充数，甚至不来上课。

（二）理论教学环节缺乏系统性和实际的联系性

经济学专业理论课程之间往往有着密切的联系和内容耦合。在专业基础课

之上，不同的专业必修课与选修课之间存在着一部分共通性，但是从人才培养角度和课程设计角度，更多地在理论教学环节应该由浅入深，由易到难地突出这些专业课的差异性，包括研究的问题、研究视角、研究方法等。课程体系构建应围绕经济学理论和研究方法，分层次建立微观经济学、宏观经济学、政治经济学、社会主义市场经济理论、资本论选读、当代西方经济学流派、博弈论与经济分析、统计学、计量经济学、经济预测与决策方法等专业基础课程，流通经济学、现代商品流通实务、网络经济学、服务经济学、物流经济学等主干课程和服务经济学等特色课程体系，处理好基础平台课程与特色课程的关系。可从目前的教学效果和学生反馈来看，这种不同课程的差异性和整体教学的系统性体现得不好，其原因在于很多任课教师同时承担多门理论课程教学，教师严重不足。同一教师只擅长某一领域内容，在授课时不可避免地把多门课程讲成一门课，而且其所应用的案例存在落后迟滞等问题，无法很好地将理论内容联系客观现实。仍以西方经济学为例，西方经济学在一定程度上反映的是西方资本主义国家的经济现实问题，研究的是资本主义经济框架下的资源配置和资源利用问题。而我国是社会主义市场经济国家，西方经济学的基本理论不能盲目照搬照抄过来，要将西方经济学的基本理论与我国的实际相结合，适用于我国经济的发展实践。然而一部分教师在教学过程中仍然存在就理论讲理论的情况，没有与我国国情紧密结合，难以借鉴西方经济学的相关观点、理论和政策措施解决我国经济发展过程中存在的问题。

（三）实践教学环节的缺乏可依托性和专业特色性

实践教学要培养创新人才、培养学生探索知识、发现问题的能力，从其本质意义来看，实践教学是将学生的理论知识转化为实践技能、创新能力、科技素质的重要教学环节。哈尔滨商业大学经济学专业的实践教学环节长期以来还是以课程实践、举办讲座、软件模拟这三种方式为主。具体来看，课程实践仍然还是理论教学的延伸，教师以课程内容为基础要求学生对相关案例进行模拟分析，其本质仍是理论意义大于实践意义，还是没有"脱离"书本。而且其流程控制与质量评价缺乏系统性和可依托性，更多体现的是教师的个人主观意志。举办讲座是指学校和学院定期邀请企业家来学校进行演讲，也有组织学生到相关企业进行观摩。企业家进校园和学生到企业去，都会要求企业家向同学们分享个人经历、心得感受等有关内容。这种面对面的交流有利于学生直观地体会别人实践经历，扩宽学生的实践视野。然而，从近几年的实践效果看，这种面对面交流和观摩并不能很好地调动学生的积极性。其主要原因有三：一是学生与企业家之间共鸣较少，企业家所讲的内容学生没有很强的共情感，也就导致了大部分学生根本不愿意参加此类讲座，去参加也不会认真听讲；二是去企业观摩的学生由于时间较短，通常是一天甚至半天的活动，对企业生产运行的各个环节缺乏统一的认识，而且企业出于商业机密考虑，其分享的内容也都是泛泛；三是相关产业基地和校企合作单位作为学校和学院的合作对象，往往是这类讲座和观摩的主要对口单位。但从经济学专业的发展和特色性来说，这种实践环节的安排就无法实现让学生了解最新的行业发展动向和问题。另外，软件模拟是当前高校实践教学的主流模式之一，哈尔滨商业大学经济学专业目前开设了公司创建与运营实习和经济统计分析软件应用等相关课程，这些课程都包括软件模拟的实践教学环节，但由于软件更新换代快与学校更换软件时间间隔长两者之间的矛盾，使这类软件模拟的实践环节往往教学质量不高，对学生的软件专业技能和实践能力的训练效果较差。

三、 经济学专业人才培养模式的改革策略

（一）推行课程体系建设改革

以学生发展为中心，以建设"金课"为突破口，依托课程教学团队，优化知识体系、更新课程内容、改进教学方法、改革考核方式，提高学生学习效率，

1. 贯彻 OBE 理念，以学生为中心，通过课程设置提升职业岗位能力

专业建设指导委员会、行业企业专家参与设计、论证课程体系改革，积极开展与课程体系改革相关的教研课题研究，着眼于行业及社会经济发展对人才知识、素质和能力的需求，合理确定人才培养目标。以人才培养目标为导向，以提升学生的思想政治素质、专业素质、科学文化素质、创新创业素质、能力素质和身心素质等六大核心素质为主线。

2. 大力加强重点课程的建设

在课程建设上，始终把课程建设作为确保教学质量的基础和实现培养人才目标的重要手段，力争使课程建设上档次、高品位。既强调经济学的基础地位，又要突出经济学的专业特色；既要体现经济学的理论性，更要突出经济学的应用性。

拟选择一批基础好、地位重要或有特色的课程加以重点建设，建设 8~10 门校级金课，建设 2 门省级金课，力争使这些课程成为有特色的高质量课程（表 1）。组织课程组负责重点课程的建设，每个课程组至少由 3 人组成，其中 2 人应具有副教授以上职称。

表 1　课程类别名单及建设目标

课程类别	课程名称	建设目标
专业核心课	制度经济学	校级金课
	经济思想史	校级金课
	资本论选读	校级金课
	产业经济学	省级金课
	区域经济学	校级金课
	发展经济学	校级金课
学科选修课	服务经济学	省级金课
	网络经济学	校级金课
	流通经济学	校级金课
专业拓展课	现代商品流通实务	校级金课

3. 把思想政治教育贯穿人才培养全过程

坚持把立德树人成效作为检验高校一切工作的根本标准，用习近平新时代中国特色社会主义思想铸魂育人，加快构建高校思想政治工作体系，推动形成"三全育人"工作格局。把思想政治理论课作为落实立德树人根本任务的关键课程，把课程思政建设作为落实立德树人根本任务的关键环节，坚持知识传授与价值引领相统一、显性教育与隐性教育相统一，充分发掘各类课程和教学方式中蕴含的思想政治教育资源，建成一批课程思政示范高校，推出一批课程思政示范课程，选树一批课程思政优秀教师，建设一批课程思政教学研究示范中心，引领带动全员全过程全方位育人。

4. 围绕培养目标和社会需求适时开出选修课，全面提高课程建设质量

立足经济社会发展需求和人才培养目标，优化公共课、专业基础课和专业课比例结构，加强课程体系整体设计，提高课程建设规划性、系统性，避免随意化、碎片化，坚决杜绝因人设课。分阶段打造 2~3 门具有高阶性、创新性和挑战度的线上、线上线下混合课。积极发展"互联网+教育"，探索智能教育新形态，推动课堂教学革命。严格课堂教学管理，严守教学纪律，确保课程教学质量。

（二）加强实践、实训课程体系建设改革

1. 加强实验教学示范中心、实习基地、实践平台建设，促进资源整合和共建共享，完善实验教学条件，加强创新创业教育，提升大学生实践创新能力。

2. 校内实践教学基地建设：充分利用学校经管综合实践中心，在专业实训中心的基本框架进行校内实践教学基地的规划与建设，争取 2021 年再建设一个经济运营实验室。

3. 加强校外实训基地建设。积极整合社会资源，重视与行业、企业进行广泛合作，建立相对稳定的校企合作共建生产性实训基地 3~4 个（目前有 2 个），满足学生专业实训、顶岗实习的需要。

参考文献

[1] 洪永森. "新文科"和经济学科建设［J］. 新文科教育研究，2021（2）：63-81.

[2] 乔榛，吴艳玲. 新文科建设背景下的经济学专业创新发展研究［J］. 黑龙江教育，2021，（5）：37-39.

[3] 任保平. 人工智能时代经济学专业人才培养体系改革的思考［J］. 中国大学教学，2019（9）：90-91.

[4] 徐飞，杨凤. 服务辽宁地方经济的应用型经济学人才培养模式探究［J］. 辽宁教育行政学院学报，2019，36（5）：30-34.

[5] 党的十九大报告学习辅导百问［M］. 北京：学习出版社，2017：24.

以党史学习教育催生大学生理想信念教育动能

武 皓

（哈尔滨商业大学 哈尔滨 150028）

【摘要】大学生理想信念教育是大学生思想政治工作的重要内容，是高校实现"立德树人"宗旨和"为党育人、为国育才"使命的生动展现。对大学生理想信念教育的理论内容、方式创新等方面的研究必须与时代要求紧密相连。时逢中国共产党百年华诞，全党开展了轰轰烈烈的党史学习教育，本文以如何抓住党史学习教育契机，深化党史学习教育成果为出发点，探讨如何进一步催生大学生理想信念教育动能，进而取得大学生思想政治工作新成效。

【关键词】大学生；党史；理想信念

大学生理想信念教育是高校思想政治工作的重要组成部分，理想信念教育的成功与否直接关系着我们是否能完成培养社会主义建设者和接班人这一时代使命。在全党开展党史学习教育，共迎中国共产党百年华诞之时，作为大学生思政工作的前沿，从 4 月初开始，我们以"学党史、强信念、跟党走"为主题，通过多渠道立体化的平台、载体、方式方法，以党建带团建，引领广大青年学生开展了丰富多彩的党史学习教育。在 4 个多月的学习教育中，我们发现，党史学习教育不但是大学生思政工作阶段性的重点工作，而且因其闪耀的马克思主义中国化的理性光芒，在大学生理想信念教育中也起到了意想不到的教育效果。党史学习教育能够更好引导大学生坚定理想信念、传承马克思主义基因、赓续红色精神血脉，催生大学生理想信念教育内生动能。

一、 党史学习教育为理想信念教育提供了有信服力的成功范例

青年的理想信念关乎国家未来。古今中外，每个国家都是按照自己的政治要求来培养人的，当然也要按照自己的政治要求来引领青年一代的健康成长。习近平同志说，思想政治工作者要为学生点亮理想的灯、照亮前行的路。理想信念是人们对未来的向往和追求，一旦形成就会成为支配、左右人们行为选择的依据和活动的精神动力。习近平总书记在纪念五四运动 100 周年大会上发表重要讲话指出，青年是整个社会力量中最积极、最有生气的力量，国家的希望在青年，民族的未来在青年，他说："新时代中国青年要树立远大理想，树立对马克思主义的信仰、对中国特色社会主义的信念、对中华民族伟大复兴中国梦的信心，到新时代新天地中去，让青春在创新创造中闪光。"

在大学生党史学习教育中，运用最普遍、覆盖面最广的就是形式多样的读书及分享活动。我们为所有学生党员和团支部配备了《论中国共产党历史》和《中国共产党简史》，开出了学习书目，鼓励各党支部、团支部开展丰富多彩的主题读书活动。其中，以"咏党史，颂党恩"为主题的《中国共产党简史》有声诵读专栏投票活动和依托学习强国 App 开展的"党史知识大联赛"参与范围广、学生兴趣浓、教育效果特别好，吸引了 70% 以上青年学生的参与。在活动开展中我们发现，很多青年学生之前对党史是不熟悉不了解、认识模糊、知识匮乏的。我们在读书活动中渗透最新的红剧《觉醒年代》和革命大片的收看，引领学生走进百年党史，感受百年党史，明确自己在这个伟大时代中的担当和使命，让他们了解建党百年和他们同龄的中国青年的所思所想所为。

通过回溯百年党史，青年学生熟悉、感知、走近一代代中国共产党人，就像习近平总书记所说：共产主义远大理想激励了一代又一代共产党人英勇奋斗，成千上万的烈士为了这个理想献出了宝贵生命。"砍头不要紧，只要主义真""敌人只能砍下我们的头颅，决不能动摇我们的信仰"，这些视死如归、大义凛然的誓言生动表达了共产党人对远大理想的坚贞。理想之光不灭，信念之光不灭。这种活生生、用生命铺就的共产党人追求理想信念的百年历史为当代青年人提供了真实范例。"中国共产党为什么能，中国特色社会主义为什么好，归根结底是因为马克思主义行！"一句"归根结底"，道出了"中国共产党为

什么能""中国特色社会主义为什么好"的根本性原因。习近平总书记说："我们党的每一段革命历史，都是一部理想信念的生动教材。"在一百年的接续奋斗历程中，一代又一代中国共产党人顽强拼搏、矢志不渝，涌现出一大批视死如归的革命烈士、一大批顽强奋斗的英雄人物、一大批忘我奉献的先进模范。井冈山精神、长征精神、遵义会议精神、延安精神、西柏坡精神、红岩精神、抗美援朝精神、"两弹一星"精神、大庆精神、特区精神、抗洪精神、抗震救灾精神、抗疫精神、脱贫攻坚精神……一座座中国共产党人的精神丰碑巍峨矗立，共产党人用生命铸就了民族精神。习近平总书记指出，"人无精神则不立，国无精神则不强。唯有精神上站得住、站得稳，一个民族才能在历史洪流中屹立不倒、挺立潮头"。人民有信仰，国家有力量，开展党史学习教育以来，越来越多的青年学生递交了入党申请书，越来越多的学生党员以身作则，感染和引领着广大青年学生努力学习，矢志报国，党史学习教育让我们收获了理想信念教育成功之果。

二、 党史学习教育丰富了理想信念教育的教育手段

伴随着中国特色社会主义进入新时代，深入开展理想信念教育成为加强、改进大学生思想政治教育的重要任务。非常客观地说，近年我们的大学生理想信念教育一度进入瓶颈期，怎样从更贴近青年学生的角度切入，怎样让我们的教育有更清晰的架构，怎样让我们的教育更有效，都是摆在思政工作者面前的时代课题。习总书记指出："党的历史是最生动、最有说服力的教科书。"党史学习教育如一股清流，独辟蹊径，为我们有效开展理想信念教育打开了一扇门，开启了柳暗花明的新境界。

本次党史学习教育，在广泛开展读书活动的同时，我们尝试用线上线下，更贴近新时代青年大学生兴趣点、关注点的灵活多变的形式开展，让学习教育不拘泥于课堂，不拘泥于线下，也不拘泥于校园，教育者也不拘泥于教师。我们加大了党员和团员的互动、党支部和团支部的互动、教工党支部和学生党支部的互动、线上线下的互动，一个个互动的点架构起学习教育立体的面，教育者和被教育者都真正在精神层面得到成长和释放。比如在宣讲层面，我们就有党委书记讲党史录视频，支部书记讲党史提素质，学生 20 人宣讲团巡回展，

参与面广，辐射面大。"党旗、党徽、党章"专题展览、重走长征路徒步走、校吟咏诗会优秀作品巡回展演、红色基地参观践学、深入社区志愿服务、公众号视频评比、集体观影、百名师生党员讲红色故事等，灵活的活动方式吸引了青年大学生的兴趣点和注意力，大家努力挖掘自己与百年党史息息相关和血脉相连的家史，代入感和归属感由此产生，理想信念以润物细无声的教育方式深植学生内心。

习近平总书记指出："心有所信，方能行远。面向未来，走好新时代的长征路，我们更需要坚定理想信念、矢志拼搏奋斗。"习近平总书记的重要论述，指明了坚定理想信念对于走好新时代长征路的重要意义，它是成为担当民族复兴大任的时代新人的开始。共产主义理想信念不是我们生搬硬造的，也不是我们硬塞进青年学生头脑中的。我们要通过立体化的党史学习教育，讲好党史故事，探寻信仰形成滋养成长的路径，实践最新型的教学方式，让党史学习教育有温度、有生气、会感染。在党史学习教育中，我们还将尝试主题案例教室的建设，将植根于黑土地的"四大精神"，选择经典片段进行主题案例思政课程的尝试。我们将通过主题案例，让学生熟悉党史、学习党史，用案例情境的重建，让学生产生身临其境的感受。案例的选取、场景的建设、历史场景的重现，都以学生为主体完成，通过全员参与的学习教育让学生理解马克思主义为什么行。百年党史告诉我们，社会主义是干出来的，幸福是奋斗出来的，浸染于其中的活生生的人、事、历史的脉络让青年学生更加坚定理想信念，立志成为担当民族复兴大任的时代新人。

三、 党史学习教育更利于理想信念教育与时代的互动

党的十八大以来，以习近平同志为核心的党中央基于对世界大势的敏锐洞察和深刻分析，提出了"百年未有之大变局"重大论断。进入 2020 年后，突如其来的新冠肺炎疫情又对全球经济、国际政治的发展演变产生了十分重大的影响。对此，习近平总书记深刻指出，世界正经历百年未有之大变局，新冠肺炎疫情全球大流行使这个大变局加速演变，两者深刻交织，不稳定不确定因素明显增多，今后一个时期我们将面对更为复杂多变的外部环境。2021 年是实施"十四五"规划、开启全面建设社会主义现代化国家新征程的第一年。站在这

样一个新的起点上，我们需要通过理想信念教育，引导青年学生树立正确的历史观、大局观、角色观，辩证看待"百年未有之大变局"的新机遇新挑战，善于在危机中育先机，于变局中开新局，把自己的理想同祖国的前途、把自己的信念同时代的需要、把自己的人生同民族的命运紧密联系在一起。而党史学习教育恰恰能够完成与时代的呼应。

在党史学习教育中，我们发现，因我们特有的时代特点而衍生出的抗疫精神、脱贫攻坚精神更易于让学生与时代产生同频共振。五四运动100周年，恰逢新冠肆虐中华大地，在人民的生命安全面临不可预知的危险的时候，许多价值观和人生观都在坍塌和重建。当整个人类世界在疫情面前瑟瑟发抖之时，是中国共产党引领中华民族、全体人民书写着生命至上的新时代党史。在全国抗击新冠肺炎疫情表彰大会上，习近平总书记明确提出了"生命至上、举国同心、舍生忘死、尊重科学、命运与共"的伟大抗疫精神。与中国共产党革命精神谱系中的红船精神、井冈山精神、长征精神、延安精神等一样，伟大抗疫精神也是在艰难险阻、攻坚克难的斗争中凝铸而成的，始终闪烁着共产党人不改的初心和不变的使命。当亲身参与其中的青年学生去寻求自己在历史中的身影，他们发现自己的青春身影也在抗疫精神中闪耀。我们组织近十名抗疫期间挺身而出的青年志愿者，组成宣讲团，在学院除毕业班以外的36个本科班级进行巡回宣讲。他们有的在边境口岸，有的在村口道边，有的在城市市区，有的在隔离点后勤，他们关隘执勤，他们日夜巡逻，他们做饭送饭，抗疫战场处处都有他们的身影，他们和投身其中的千百万中国人一起，组成了大写的抗疫精神。身边人的故事让学生们感受到自己身处时代的伟大，自己身上承担的使命。这些都将成为理想信念教育的契机，单纯的说教走不进人们心中，亲身经历的苦难和危机才让人感受到共产党的伟大和力量。

习近平总书记在七一讲话中激励广大青年人以实现中华民族伟大复兴为己任，增强做中国人的志气、骨气、底气，不负时代，不负韶华，不负党和人民的殷切期望！怎样增强做中国人的志气、骨气、底气，强理想、增信念尤为重要。4个多月的党史学习教育为大学生树立理想信念指明了方向，贡献了思路，清晰了路径，明确了方法。要努力把青年一代培养成德智体美劳全面发展的社会主义建设者和接班人，就要把党史学习教育常态化，及时充实进理想信念教育，盘活新时代大学生理想信念教育。要通过切实、切身、切合时代的党史学习教育，深化青年学生对马克思主义历史必然性和科学真理性、理论意义和现实意义的认识，教育他们学会运用马克思主义立场观点方法观察世界、分析世界，真正搞懂面临的时代课题，深刻把握世界发展走向，认清中国和世界发展大势，深刻感悟马克思主义真理力量，为成长成才打下科学思想基础，肩负起国家和民族的希望，以青春之我、奋斗之我，为民族复兴铺路架桥，为祖国建设添砖加瓦。

综上所述，党史学习教育帮助我们在大学生理想信念教育中抓住了关键、找准了重点、洞察了规律，把握了根本因素，掌握了根本方法，让我们从中国共产党人百年薪火相传的精神财富中找到理想信念教育的成功途径，进而催生大学生理想信念教育内生动能，值得长期研究和进一步深入实践。

双创背景下新商科人才培养模式探究

杨慧瀛 王 雨

（哈尔滨商业大学 哈尔滨 150028）

【摘要】双创背景下，以智能化为主要特征的新商业时代已见雏形。在新商业背景下亟须探索新的商业规律和人才培养模式。通过分析商科人才培养的现状、存在的问题以及双创背景下新商科人才培养新要求，从产教融合、教学体系以及师资队伍等方面提出新商科人才培养的对策，以期为高校培养满足商业发展要求的新商科人才提供参考和指导，从而更好地为商业发展服务。

【关键词】双创；新商科；人才培养

一、 引言

创新是社会进步的灵魂，创业是推动经济社会发展，改善民生的重要途径。2014 年李克强总理在达沃斯论坛首次提出"双创"一词。伴随着"大众创业、万众创新"号召的提出，"双创"教育引起更加广泛的重视。2019 年的政府工作报告中进一步加深了双创的内涵。在双创的背景下云平台、大数据、物联网、人工智能等新信息技术、新产业不断涌现并快速发展，这对商科发展及商科教育产生了"质"的推动。2018 年全国教育大会在北京召开，掀起我国教育新一轮改革浪潮。随后，诸如"新工科""新农科""新文科"等新概念被提出。作为高等教育中与社会发展、市场需求结合最紧密的领域，"新商科"也正在全国高校相关院系的努力下逐步被提出。虽然对于新商科的具体定义还没统一，但是大多认为它是对传统商科学科进行重组交叉，并融入了"互联网+"时代背景的新产物,包括大数据、区块链、人工智能等技术在内的跨学科的复合型商科。在双创教育背景下,传统的商业人才培养模式已经出现弊端,为了更好地适应时代发展的要求,探索适用可行并具有可推广借鉴意义的"新商科"人才培养模式具有重要的意义。

二、 传统商科人才培养模式及其弊端

传统商科是在工业经济的形式下产生的,与当时的经济情况吻合,传统人才培养主要为了解决就业问题,侧重于培养学生的单一专业能力,大部分的课程设计都是围绕如何应用现有知识解决工作困难,并未强调创新创业型人才的培养方式。它是一种以老师、书本、课堂为中心的教学模式,这种教学模式往往形成了教师单向灌输,作为认知主体的学生在整个教学过程中始终都是被动地接受知识,学习的主动性被忽视,甚至被压抑,这不利于学生的创新能力的培养,担负不了培养高素质的创造性人才的重担。因此,改变传统教学模式,打造适应新商业要求的高效课堂模式势在必行。反思我国传统商科人才培养,主要存在以下几点问题。

(一) 产教融合深度不够

产教融合更注重校企合作,锻炼学生的实践能力。推进产教融合,可以有效更新当前的人才培养模式。但是,目前我国校企合作多停留在纸面的合作协议,没有形成相应的规范化建设,缺乏长远规划和深度合作项目。产教融合处于浅层次、低水平阶段,合作关系相对脆弱。一方面,企业参与积极性不高,过分强调学生在校企合作过程中给企业带来效益;另一方面,学校对行业产业的新变化缺乏深入的认识,专业设置前瞻性不够,办学质量和办学水平还不能适应经济转型升级的需要,自身实力亟待提升。产教融合深度不够,导致高校不能适时去改变自己的人才培养模式。

(二) 实践教学环节不足

目前大部分商科课程体系还是注重知识的系统性和完整性,理论性内容偏

难偏多，实用性较差。各个专业之间课程关联性不强，专业群优势特色不明显，难以实现复合型、创新型人才培养目标。另外，商科学生在大学期间参与的实践环节较少，大部分实践活动在校内进行，以软件模拟和案例分析为主，虽然也增加了一些实训和顶岗实习环节，但时间短、缺乏过程管理，重形式、轻考核，而且很少有企业能大批量地接收学生实训和实习，只能提供参观、座谈或讲座等形式来充当实践课时，并不能真正地发挥实践活动的作用。

（三）教师缺乏相应的经验

很多商科高校在国家方针的指导下已经开展了双创教育，帮助学生拓展创新思维，加强他们的实践能力，但大多数时候，高校专业教师和辅导员充当了创新创业教师的角色。而且大部分专业教师和辅导员没有接受创新创业理论知识的培训，同时也没有到相关企业挂职锻炼，既无法了解企业文化和核心价值，又不懂企业的创新模式和管理模式，没有真正在生产线中进行锻炼与学习，不能将理论更好应用于实践，无法满足新商业时代下市场对于人才的需求，培养高素质的技能人才也就只能成为空中楼阁。

三、 双创赋予新商科人才培养的要求

双创促使新技术的发展，改变了我们的商业模式，同时也对我们传统的人才培养模式提出了新的挑战。当前我们的商科人才培养应该紧扣双创的时代背景，积极地响应双创赋予新商科人才培养的要求，这样才会持续健康地发展，才能更好地为商业的发展服务具体。具体的要求主要体现在以下几个方面。

（一）与新技术相结合

在双创的背景下，商业都是不断地进步发展的，并且逐步融入了数字化、互联网等新的技术，双创的时代背景和复杂多变的商业模式对商科人才能力和素养提出了新的要求，为了更好地发挥商科人才的最大效应，新商科人才培养应注重商科人才的新技能的培养，在遵循新商业思维以及规律的基础上，对接新产业、新职业，将新技术、新智能等手段应用在商科教育中。因此，学生除

了掌握必要商科专业知识的基础外，还需要注重专业知识与新技术结合，掌握一定的数据分析、Python 等技术，以适应当前新经济、新产业、新业态的不断发展。

（二）实现产教深度融合

商业的发展是离不开商业人才的推动的，产教融合可以帮助人才培养单位优化人才培养方案。目前，传统的商业人才培养模式与新商业所需要的人才是不匹配的，为了更好地为商业发展服务，发挥商科人才的作用，新商科人才培养要根据商业发展的情况而定，建立密切的校企合作关系，积极探索产业与教育深度融合机制，打造新商科产教命运共同体，在对接新产业、新职业的基础上，重点培养具备市场化理念、适应新商业发展所需的新商科技术技能人才。

（三）与时代发展相适应

在双创的教育背景下，我们的商业模式在不断改变，所需要的商科人才也发生了转变。当前，要紧扣时代发展的主题，新商科人才培养需要注重紧跟产业转型和商业发展步伐，了解当前背景下商业发展的规律，遵循当前商业发展的特点，将新金融、新物流、新电子商务等手段应用于商科教育，促进人才培养与时俱进，培养学生捕捉商业机会的本领，利用新媒体进行精准营销的职业素养，具备分析和解决实际问题的能力，只有与时俱进，才能不断地为商业发展服务。

四、 双创背景下新商科人才培养模式实现路径

双创教育背景下，我们的商业环境以及商业模式都发生了很大的改变，传统的商业人才已经不能与之相匹配了。许多商科高校根据自身的实际情况，开展创新创业教育实践，探索新商科人才培养模式。但目前存在一些不足，如产业融合深度不够，师资力量薄弱以及学生实践教学不足等，这些问题在很大程度上阻碍了新商科人才培养的纵向发展。当前，新商科高校要想紧跟时代步伐，必须要根据自身的问题，必须采取相应的措施，构建顺应潮流、独具特色

的新商科人才培养模式。

（一）加强校企合作推进产教融合

为培养新商业时代所需的人才，学校除了培养学生专业素养和综合能力之外，可以通过深化与企业的合作，让学生在新商业环境下，在真实的工作岗位上运用所学知识，锻炼和提升自身的实践操作技能和创新能力，比如校企合作实战项目、学生自主创业、实训基地建设、专业实习等，多渠道切实将实践环节落到实处，此外，学校还可以新商科人才培养为主线，与合作企业共同搭建师资培养、合作交流、学生就业的互通平台，开展校企之间的更多、更深、更广的合作，促进产教融合，让学校培养的新商科人才紧跟社会需求。在真实的工作岗位上运用所学知识，锻炼和提升自身的独立思考、综合分析、实际操作技能和创新能力，比如校企合作实战项目、实训基地建设、专业实习等，多渠道切实将实践环节落到实处，不断提升新商科人才的综合素质和实践能力。

（二）科学地制订培养方案

在新商科教学中，应该注重培养方案的制订，加大跨学科、跨专业的教育，训练学生创新创业思维和商业洞察思维，使学生具备全新的商业技术、专业知识和复合型能力。一方面，构建创新创业课程体系，将双创元素融入专业课程中，做到专业基础课程和专业技术课程的开设与时俱进，修订专业课程教学大纲，融入大数据、信息技术、人工智能等技术，将双创思维植入技能训练、课程考核，使学生充分理解新商业活动的核心价值和本质。另一方面，基于 OBE 教学理念，在构建学习质量保障体系时，明确商科人才培养的要求，制定学生的预期学习产出；根据预期学习产出设计教学内容和教学计划、方法；最后根据预期产出完成情况对学生学习成果以及教学模式进行评价，做出反思与改进。

（三）优化新商科师资队伍

新商科人才培养，离不开具有新商科思维的师资队伍。教师不仅应具备教育教学能力与专业知识,还应拥有不同学科的专业背景知识,适应新商科发展。在师资队伍的优化问题上,一方面,通过加强专业教师在新业态、新技术、信息化、课程设计、教学方法、创业教育等方面的培训,提高教师的新商科教学、科研等方面能力;另一方面,通过国内外进修、出国考察、技能培训、企业挂职等多种途径,强化教师实践技能。此外,可从企业聘请技术骨干,发挥他们在生产组织管理、产品研发等方面的实践优势,实现行业就业指导、帮扶。

双创教育背景下,我们的商业模式已经发生了改变,只有推进新商科人才培养才能深化商科高校教育改革,培养具有双创素养的复合型人才,才能服务于创新型国家的建设。当前,商科高校必须转变传统的人才观念,并基于自己的实际情况,制订新商科人才培养方案。但在双创背景下培养新商科人才,在具体的实施过程中目前仍存在一系列严峻的挑战,例如创新创业教师的具体培养措施,专业教育和双创教育怎样深度融合等,这些问题都是需要我们在实践中不断去检验解决的。加强对新商业发展态势研究,系统构建新商科人才培养体系,解决新商科人才培养存在的问题,可以有效服务地方和区域经济建设发展,为国家建设输送源源不断的商科人才。

参考文献

[1]宋君,靳代平,施晓岚,等. 产教融合视域下新商科人才培养的思考 [J]. 常熟理工学院学报, 2021 (3): 104-107, 124.

[2]李训,林川,董竞飞. 数字经济背景下新商科专业建设的思考与实践——以四川外国语大学国际商学院为例 [J]. 高教学刊, 2021 (10): 86-89.

[3]陈晓芳,夏文蕾,张逸石,等. 新时代新商科的内涵及“多维度协同”培养体系改革 [J]. 财会月刊, 2021 (5): 107-113.

[4]王雅鹏,胡柳波,吕丹. 关于新商科发展的思考 [J]. 高等农业教育, 2020 (4): 25-29.

[5]张乐融. 新商科人才需求与培养 [J]. 合作经济与科技, 2021 (1): 92-93.

[6] 郭彦丽，薛云. 数字经济时代新商科实践人才培养模式探索 [J]. 高教学刊，2020（36）：165-168.

基金项目：哈尔滨商业大学教学改革与教学研究项目："多元协同"的国际经贸人才创新创业能力实训体系构建研究（项目编号：HSDJY2018018）阶段性成果。

商科专业创新应用型人才培养对策探究

赵英霞

（哈尔滨商业大学 哈尔滨 150028）

【摘要】 创新应用型人才是我国经济社会发展必需的专业人才，以创新应用能力为基础制定的人才培养模式，对地方本科高校培养高素质人才具有十分重要的意义。针对我国地方本科高校在商科专业人才培养模式上存在的问题，提出明确人才培养目标，完善人才培养方案，注重人才实践能力的培养，加强师资队伍建设，健全校企合作机制，从而提升创新应用型人才培养的质量。

【关键词】 地方本科高校；商科专业；创新应用型人才

创新应用型人才培养模式的改革，不仅影响到我国高校能否成功实现转型，而且也是实现人才培养质量提升的关键环节。随着我国经济结构的转型升级，企业对高校毕业生的需求已由以理论为主的高级专门人才向以应用为主的创新型人才转变。新时代商科人才培养要根据社会需求的变化，结合行业和企业的具体情况，在学生掌握相关理论的基础上，以创新创业实践能力提升为重点，加强学生的实际应用能力。当前，探讨商科专业创新应用型人才培养改革具有重要的现实意义和社会价值。

一、 商科专业创新应用型人才培养改革的必要性

（一）高校人才培养供给侧结构性改革的需要

随着中国社会主要矛盾的转变，高校的就业工作重点由追求就业率转变为追求高质量就业。由于我国仍然存在经济结构不平衡和各领域发展不充分的问

题，这使我国更加注重经济结构的转型升级，而经济结构的转型升级离不开高层次、高质量的人才，这对高质量就业提出了新要求。高校人才培养的供给侧结构性改革就是要不断提高人才培养质量，以适应和满足产业结构转型升级的需要，改变过去人才培养与社会经济发展需要相脱节的现象，不断加强创新应用型人才的培养，最终实现人才供给与市场需求相匹配。

（二）高质量就业的实质要求

高等教育的根本任务是立德树人，高校的人才培养要紧紧围绕立德树人的根本目标。创新应用型人才是经济社会发展和国家竞争力提升的根本保障，中华民族的伟大复兴在一定程度上取决于高等院校人才培养的质量。作为各级各类创新应用型人才培养的摇篮，高校加快创新应用型人才的有效供给是落实立德树人根本任务的具体体现，也是提升人才培养质量和实现高质量就业的客观需要。

（三）提升商科专业大学生从业能力的要求

随着经济社会的快速发展，社会对人才的需求标准不断发生变化，从而导致用人单位岗位标准也不断改变。创新应用型人才走上工作岗位后，仍要不断坚持接受继续教育和学习。随着电子信息技术手段的不断更新和普及，使得信息传播的渠道更广、速度更快，这给企业发展带来了前所未有的机遇和挑战，也对企业员工的相关职业技能提出了更高要求，例如要熟练掌握信息管理、数据库、网络技术等相关技能。创新应用型人才大多从事与技术有关的工作，需要具备终身学习的能力，否则很容易被社会淘汰。

（四）推动地方本科高校转型和改革的迫切需要

在现阶段，随着社会对创新应用型人才的需求量不断增加，促使高校不断地进行改革和转型。这就要求高校在商科人才培养方面既要注重培养学生的专业能力也要不断提升学生的创新应用能力。在人才培养过程中将创新创业教育与专业教育有效地结合在一起，以符合时代发展的要求，同时也是高校转型和改革的重要途径。

二、 商科专业创新应用型人才培养存在的主要问题

商科人才的培养目标是培养具有扎实理论功底和较强实践能力的创新应用型人才。目前，我国高校在商科专业人才培养模式上存在的主要问题有以下几个方面。

（一） 商科专业人才培养目标缺乏特色

当前，我国高校商科人才培养存在定位模糊的问题，注重传授学生经济学和管理学方面的理论知识和专业知识，但普遍不太重视对其创新、领导、沟通等方面能力的培养，培养出的专业人才难以满足新时代对商科人才的要求。另外，一些高校虽然制定了明确的人才培养目标，但在实际教学过程中存在偏离培养目标的现象。

（二） 商科专业人才培养方案有待完善

我国高校商科人才的培养没有树立科学的创新应用型人才培养观念，人才培养方案的制订还不能够满足经济发展和产业转型升级的需要。在专业课程体系设置上过于强调"厚基础、宽口径"，缺乏实践层面的知识与应用。人才培养模式没有根据人才需求的特点进行设计、实施和评判，不符合学生未来发展的需要，严重影响了学生创新能力和就业竞争能力的培养。

（三） 商科专业人才的实践能力不强

我国的商科教育人才培养实践性不强，很多地方本科高校重理论而轻实践，沿用传统的人才培养计划，缺乏适合创新应用型人才培养的计划支撑。同时，部分高校创新创业类课程停留在课堂知识的传授，缺乏提升学生创新应用能力的社会实践训练，学生在课堂上学到的知识在实践中很难得到检验，难以满足社会对创新应用型人才的实际需要。

（四） 创新创业师资不充足

国外高校商科专业的授课教师不仅具有深厚的理论基础，同时兼有丰富的

实践经验。国内高校商科专业所招聘的教师大多数是毕业后直接从教，缺乏创新创业实践的经验与经历，很难掌握创新创业实践教学精髓，使得实践教学质量难以得到提升。虽然一些高校商科专业加大了有实践经验教师的引进力度，或者输送一部分教师到职场进行挂职锻炼，但是商科的知识是不断更新和变化的，这些措施对完善师资力量有一定帮助，却很难从根本上解决师资力量不充足的问题。

（五）人才培养与社会需求脱节

高校商科专业的课程设计大同小异，开设的课程没有充分根据人才培养的实际需要进行设计。同时，高校商科专业人才培养目标的确定缺乏对用人单位需求情况的调研和行业专家的论证，而仅仅是由内部专业研讨会来确定。人才培养脱离企业的实际需求，造成毕业生找不到合适工作，而许多工作岗位又招不到合适人才的窘境。

三、 商科专业创新应用型人才培养的对策

（一）明确商科专业人才培养目标

科学合理的商科人才培养模式的关键是要有明确的人才培养目标。因此，高校商科教育要从单纯注重对学生理论知识和专业知识的传授，转移到注重学生综合能力的培养和提升，通过多种方式培养和提高商科专业学生领导、合作、沟通、创新等方面的技能。高校商科专业人才培养目标要在充分调研市场需求、毕业生用人单位需求的基础上确定并形成，定位于培养专业知识扎实、实践能力较强、具有创新精神和职业素养的应用型人才。

（二）完善商科专业人才培养方案

高校商科专业创新应用型人才培养首先应该制订出符合人才培养目标的方案，应以市场为导向，根据社会对创新应用型人才的具体需求，结合专业建设定位和特色，形成差异化的人才培养方案，引导学生树立创新精神、提升综合能力和完善职业素养。高校商科专业人才的培养方案应紧紧围绕本地区经济社

会发展的实际需要，为本地区企业的发展培育高质量的商科人才。

（三）注重商科专业人才实践能力的培养

中国高校商科专业的实践教学比较薄弱，这在很大程度上制约了人才培养质量的提升。因此，高校应不断优化实践教学的内容，加强实践教学模式创新，充分调动学生参与实践教学的积极性，逐步形成自主性、个性化、研究式学习模式。通过"产、学、研"合作，有意识地培养学生认识问题、分析问题和解决问题的能力，实现人才培养与社会需要有效对接。

（四）加强师资队伍建设

师资力量是人才培养质量的根本保障，是创新应用型人才培养模式转变的关键。因此，高校一方面要强化专业课程教师的实践经验和实践能力，增强对行业的了解。鼓励专业教师到相关企业进行调研学习或兼职，深入企业管理第一线，积极参与企业经营管理实践。另一方面，从相关行业聘请经验丰富的管理人员和专家担任学生的指导教师，给学生直接传授工商管理活动中的相关经验，从而实现培养创新应用型人才的目标。

（五）健全校企合作机制

高校制订商科专业人才培养方案时要充分考虑市场需求，让行业企业参与到人才培养方案制订的过程中，创新和完善课程体系，进而全面提高学生的素质和应用能力。高校与企业之间应该建立有效的合作机制，不断探索创新应用型人才培养的新路径。推动校企共同建设实践性教学平台和实训基地、共同参与专业建设、共同承担学生实习和毕业论文工作，推进校企多层次合作办学模式。让企业的资源与高校的资源能够得到充分的开发和利用，为创新应用型人才的培养提供有力保障。

参考文献

[1] 梁秀生，顾永安，王中教. 回归与创新：应用型人才培养模式改革探析——基于高质量就业视角的审视 [J]. 职业技术教育，2018 (34)：37-42.

[2] 张贵华，石青辉. 基于供给侧结构改革背景的地方高校商科人才培养模式改革研究 [J]. 教育教学论坛，2017 (7)：115-116.

[3] 王忆等. 地方高校创新应用型人才培养模式改革的思考与探索 [J]. 教育现代化，2018 (1)：15-17.

[4] 易爱军，吴价宝，戴华江. "互联网+" 背景下商科创新人才培养模式研究 [J]. 淮海工学院学报（人文社会科学版），2018 (7)：131-133.

[5] 赵晨曦等. 地方本科高校应用创新型人才培养的研究与实践 [J]. 教育现代化，2019 (11)：41-43.

[6] 朱一青，朱占峰，朱耿. 新时代应用型本科院校商科人才培养模式研究 [J]. 浙江万里学院学报，2019 (1)：103-107.

[7] 郑慕强，周攀，徐宗玲. 商科人才培养的协同创新模式探索 [J]. 中国现代教育装备，2016 (1)：82-84.

[8] 尹元元. "双一流" 建设下创新创业应用型人才培养探讨 [J]. 教育教学论坛，2018 (11)：5-6.

[9] 肖智勇. 创新创业背景下应用型人才培养的对策研究 [J]. 昌吉学院学报，2018 (6)：95-99.

[10] 陈晖. 供应链背景下产教融合共育新商科人才的实践探索——以厦门华厦学院为例 [J]. 物流工程与管理，2018 (10)：145-146.

新时代贸易经济专业创新应用型人才
培养模式研究

张 川

（哈尔滨商业大学 哈尔滨 150028）

【摘要】 新时代脱离实践、创新与市场需求的贸易经济专业人才供给已经不能满足经济社会发展的需求。为解决这一问题，本文试图就目前贸易经济专业创新应用型人才培养的存在的问题，提出"五位一体"的培养模式，具体包括社会责任建设、专业知识建设、实践能力建设、创新能力建设、综合能力建设。为经济的可持续发展输送具有国际竞争力的德智体美劳全面发展的创新应用型人才，承担新时代的民族责任。

【关键词】 贸易经济；创新应用型人才；"五位一体"模式

一、 引言

经过长期努力，中国特色社会主义进入新时代，这是我国发展新的历史方位。"新时代"要决胜全面建成小康社会，建成社会主义现代化强国，而这些美好目标和历史使命都迫切地需求创新应用型人才。为贯彻我国新时代的发展理念，实现教育部多次提出的高校学科专业结构和人才培养类型结构应更加适应国家和区域经济社会发展需要的目标，应大力推动创新创业教育改革。

高等学校是创新应用型人才培养的重要阵地。在中央财经委员会第八次会议上，习近平总书记提出了统筹推进现代流通体系建设，流通效率同生产效率同等重要，是提高国民经济总体运行效率的重要方面。由此可见，国家经济发展亟须充沛的贸易经济创新应用型人才作为有力支撑。随着改革开放的进一步深化，对于创新型及应用型的贸易经济专业的人才需求越来越紧迫。对于以就业为导向的高校应用型人才培养而言，完善的模式设计和健全的制度建设是保障教育顺利实施，并取得一定成效的关键。

针对创新应用型人才的界定，已经从单独的"工具型人才的培养"转向结合创新能力与专业技能的联合培养。从开设院校看，全国现共有43所高校开设贸易经济专业。其中"985"院校2所，"211"院校2所，开设贸易专业主要集中于原商务部部属院校，北京工商大学、重庆工商大学贸易经济专业已经进入国家级一流本科建设点。贸易经济专业国内专家对其定位是注重内贸与外贸相结合、营销与管理相结合，以内贸、营销为主，重视学生综合能力的培养。贸易经济专业培养的应用型人才与传统的学术型人才相比能够更好地适应社会需求，具有时代创新精神与丰富的实践能力。培养创新应用人才应以实践教学为手段，以创新型应用人才培养为目标。

关于高校创新人才培养模式的探析，部分学者从学校整体角度出发，构建高效管理、教师教学、学生评价以及政府支持等方面的培养模式；还有部分学者从专业的角度出发指出理论与实践相互结合，协调发展才能培养出创新应用型人才。在新时代的背景下，贸易经济专业创新应用型人才的培养模式值得探索。为此，本文从目前贸易经济专业人才培养存在的问题出发，探究其未来发展模式，并在此基础上，提出相应的发展建议。

二、 贸易经济专业人才培养存在的问题

随着改革开放的进一步深化，贸易经济专业人才培养的目标亦应进一步深化，将质量变革融入人才培养模式之中。然而，从目前贸易经济专业人才培养情况来看，仍然存在一些抑制创新应用型人才培养的问题，具体如下：

（一）脱离实践的理论灌输

目前，从国内已经开设贸易经济专业的高校培养计划来看，贸易经济专业人才的培养还是传统的学习模式，理论学习贯穿始终，而实践课程少且缺乏针对性，从而直接导致理论学习的应用效率低下。唯传统理论教学为主干的教学方式已经严重脱离了现实社会的人才培养和人才需求情况。脱离了实践的理论

学习是低质量的人才培养模式。

（二）脱离创新的知识传递

虽然我国高校的教学理念和模式在深化改革中也不断与时俱进，虽然贸易经济专业开办时间长久，但是依旧循着已有的教学经验模式缓慢前进，贸易经济专业开设的课程体系和教学模式并没有乘上创新型教学改革的游轮。在实际教学中，培养计划紧跟经济学相关专业步伐，没有体现专业特色，还是循着应用经济学其他学科的培养模式缓慢发展。脱离了创新理念和创新教学模式的知识传递是低效的，且影响专业人才培养。

（三）脱离市场的人才供给

从贸易经济专业人才培养的目标可以知晓其包含内容的多样性，市场对于贸易经济专业人才的需求亦多样。但就目前形势来看，贸易经济专业的人才与其他应用经济学及管理学相关专业的区分度并不高，没有突出贸易经济专业人才的优势。各高校贸易经济专业应从供给侧进行深入改革，真正做到学科改革深化，从社会企业的根本需求出发，有针对性地培养市场真正需要的创新应用型人才。脱离市场的人才供给不仅制约毕业生的个人发展，同时还影响经济发展。

三、 新时代贸易经济专业创新应用型人才培养模式探究

通过对目前贸易经济专业创新应用型人才培养中存在的问题的剖析，结合贸易经济专业的专业特色，本文认为贸易经济专业创新应用型人才培养模式应积极推进"五位一体"模式。贸易经济专业创新应用型人才"五位一体"模式具体包括：社会责任建设、专业知识建设、实践能力建设、创新能力建设、综合能力建设——着眼于德智体美劳全面发展的贸易经济专业创新应用型人才。

（一）社会责任建设

新时代，贸易经济专业要培养的是德智体美劳全面发展的社会主义建设者

和接班人。"德"位于五大发展方面的首位，德若水之源，才若水之波，没有德行的人才，不足以肩负社会主义发展的重任。贸易经济专业学生的社会责任感的建设是重中之重。所以在贸易经济培养计划中要将新时代的社会责任教育融入其中，保证贸易经济专业创新应用型人才的正确航向和理想信念。

（二）专业知识建设

"德为才之帅，才为德之资"，德与才两者缺一都不能称之为人才。专业知识的掌握是保证创新与应用的必要前提。所以在专业核心课程的设计中，要有所侧重。突出专业核心课程的地位，如贸易经济学、流通经济学、消费经济学、物流学、电子商务与网络贸易等，保证专业特色鲜明。与此同时，还要确保知识的全面性和系统性。经济学及管理学基础课程设置要与之相适应。

（三）实践能力建设

学生的实践能力是贸易经济专业从供给侧改善人才供应的关键所在。实践能力应从校内实践课程与校外实践培训两个维度展开。校内实践课程应注重将理论课程与实践课程相统一，以理论育实践，以实践证理论的模式展开。贸易经济专业的实践课程应包括一般性的经济学与管理学软件仿真模拟操作，培养学生对信息技术的应用能力。校外实践应以校企结合的模式展开，以优质企业为学生校外实践能力培训的平台，在传统企业走访观摩的基础上，能够实现真正的从课堂走向工作岗位的实训。学校与企业共建实训基地，得到双赢的目的，从根本上提高贸易经济专业创新应用型人才的实践能力。

（四）创新能力建设

自李克强总理提出"大众创业、万众创新"的号召以来，全国民众尤其是大学校园的创新精神被激发。教育教学改革创新的同时，学生的创新能力提升成为当代应用型人才的重要能力之一。目前国内关于大学生创新能力的培养已经做出了十分全面的规划，从为大学生铺设的创新项目平台如"挑战杯""大学生创新创业训练计划项目"等，到高校创新教学方法与创新课程考核方式的实行，国家已经给予了充分的指导和支持。开设贸易经济专业的高等学校应积极引导学生参与各类创新创业项目，并在此基础上让学生参与到高校教师的科研及项目组中，培养学生的创新思维。

（五）综合能力建设

随着信息技术和经济社会的不断发展，目前我们面对的商业市场可以说是"商业X时代"。瞬息万变的市场环境对人才的需求除了专业性知识的储备外，综合能力的建设也不容忽视。主要包括学生的计算机应用能力、基本职业素养、外语使用能力、法律法规知识及传统文化素养等。综合能力的提高不仅能够改善学生的就业质量，同时也保证了创新应用型人才供给的质量，助力我国经济的高质量发展。

四、 结语

贸易经济专业发展要与我国新时代高质量发展关键阶段相契合。在改革开放进一步深化、高质量发展不断推进的重要时期，贸易经济专业的创新应用型人才的输送是十分紧迫的。只有创新型与应用型并重的复合型人才才能承担起新时代的民族责任。贸易经济专业在创新应用型人才培养的路径探索中要敢于突破传统教育模式，人才是社会经济发展的必要条件。通过对"五位一体"的创新应用型培养模式的探究，我国贸易经济专业开办院校应积极推动德行、知识、实践、创新与素质相结合的教学模式体系，践行德智体美劳的协调统一。与此同时，有步骤地转换原有教学模式，并与时俱进更新培养计划。在新时代，从供给侧为我国经济的高质量发展提供创新应用型人才。

参考文献

[1]符茵.以就业为导向的高校应用型人才培养模式探究［J］.继续教育 研究，2017（11）.

[2]张会新.面向创新型应用人才培养的实践教学模式研究评述［J］.教育教学论坛，2017（9）.

[3]韦乔元.高等职业教育应用型创新人才培养体系的构建［J］.继续教育研

究，2015（10）.

［4］程书燕. 创新应用型拔尖人才培养的教学模式及其实现路径［J］. 继续教育研究，2011（10）.

［5］马然，栾琪. 高校创新人才培养模式探析［J］. 继续教育研究，2016（12）.

［6］金明媚. 创新创业视域下的大学创新人才培养［J］. 继续教育研究，2016（4）.

［7］宁波. 探索工商管理专业新型应用型人才培养模式［J］. 时代金融，2018（8）.

面向黑龙江省自由贸易试验区的经济学专业人才培养模式改革研究

上创利

（哈尔滨商业大学　经济学院　哈尔滨　150028）

【摘要】 黑龙江省自由贸易试验区的成立，对经济学专业人才提出了新的要求。文章面向黑龙江省自由贸易试验区总结归纳了三类急需的经济学专业人才，并以哈尔滨商业大学为例，分析了经济学专业人才培养模式中存在的问题，探讨了经济学专业人才培养模式的改革思路，即推行教学改革、强化实践教学及综合多种培养方式。

【关键词】 经济学专业；人才培养模式；改革

黑龙江省自由贸易试验区于 2019 年 8 月挂牌成立，包含哈尔滨、黑河及绥芬河三个片区。为了加快推动自贸试验区不断发展，黑龙江省各高校经济学专业课程设计和教学目标必须与自由贸易试验区发展的方向、水平、要求相一致，加大经济学专业应用型人才的培养力度。现行的经济学专业在课程设置上服务面广，但专业性弱，不利于增强经济学人才在市场中的竞争力。高校如何根据市场需求不断调整经济学人才培养方案是政府有关部门及高等院校共同研究和思考的问题。文章针对黑龙江省自由贸易试验区急需的人才类型，以哈尔滨商业大学经济学专业人才培养为例，探讨经济学专业人才培养模式的改革思路，对黑龙江当前建设高质量自由贸易试验区具有重要的意义。

一、 经济学专业人才需求的类型

黑龙江省自由贸易试验区的高质量发展需要高素质专业人才的支持，文章在分析黑龙江自贸试验区需求现状的基础上，结合高校经济类专业设置，归纳总结出了黑龙江省自由贸易试验区急需的 3 类人才。

（一）产业经济学人才

依据近年来哈尔滨市经济发展数据，哈尔滨片区经济发展动力是依托"冰雪经济"的第三产业，2020 年第三产业对 GDP 的贡献率高达 66.04%，也就是说哈尔滨的支柱产业是第三产业。黑河市当前的产业结构能够满足中俄跨境合作需求，黑河片区近年来 GDP 虽呈上升趋势，但增长速度缓慢，2020 年地区生产总值 614.4 亿元，同比增长 3.5%，三次产业占 GDP 比重分别为 44.9%、12.7% 和 42.4%，且对经济增长贡献最大的产业为第一产业，其次是第三产业。绥芬河片区作为黑龙江最大的进出口口岸，其支柱产业是木材、粮食等的进口加工业。综上，要依托黑龙江省自由贸易试验区经济发展水平与支柱产业打造产业结构发展规划，发展哈尔滨片区的冰雪经济产业，推动黑河片区与俄国实现跨境资源合作，打造绥芬河口岸集疏运平台。这个复杂的过程需要产业经济学人才根据自身专业知识构建产业发展框架。

（二）国际经济与贸易人才

2018 年，黑龙江省对外贸易进出口总额为 264.1 亿美元，相比于 2012 年，下降比重高达 43.2%。同时，2020 年全省实现进出口总值 1537.0 亿元，比 2019 下降 17.7%。其中，出口 360.9 亿元，增长 3.2%；进口 1176.1 亿元，下降 22.5%。说明黑龙江省对外开放水平过低，急需熟悉对外贸易政策和流程的专业人才。随着自由贸易试验区的挂牌成立，黑龙江省对外开放程度逐渐加深，基于当前市场上缺乏熟悉外贸业务流程、规则等领域的人才这一现状，各高校国际经济与贸易专业的人才培养目标应重点培养学生掌握外贸基础知识、报价、审核信用证、签订合同、工厂跟单、出货装运、单证缮制、报关报检、纠纷处理、合同善后等各个环节的知识及国际贸易专业外语等。

（三）跨境电子商务人才

随着跨境电子商务的迅速发展，黑龙江省自由贸易试验区需要大量跨境电子商务人才，特别是熟悉境内外电商平台和市场，掌握国际规则和国际惯例，具有丰富的跨境电商知识、资源，较强实践操作技能和信息处理能力的高素质人才。

二、 经济学专业人才培养现状及改革中存在的主要问题

为了更好地培养适应黑龙江省自由贸易试验区发展的经济学专业人才，很多高校的经管学院均开设了产业经济学、国际经济与贸易、电子商务等专业，但是这些高校的经济学专业人才培养模式还存在一些突出问题，主要表现为，经济学专业人才的供求不平衡、学生实践能力弱等。本文以笔者所在的哈尔滨商业大学经济学院为例，分析经济学专业人才培养模式中存在的主要问题。

（一） 培养模式落后于自贸试验区对经济学专业人才的需求

黑龙江省自由贸易试验区的成立，对各高校培养经济学类专业人才提出了新的挑战，要求毕业学生能够运用所学的专业知识与创新能力，实现自贸试验区的高质量发展。然而，当前大多数高校的人才培养模式依然停留在理论教学的传统模式，并未根据自贸试验区对人才的这一现实需求及时调整各自的人才培养方案，最终导致企业对经济学人才的需求与高校培养的经济学人才的供给表现为结构性失衡。目前黑龙江各大学的经济类各二级专业也存在这个问题，教学内容主要是通过老师的理论课程传授，且其教学手段陈旧，在实践教学环节，教学模拟软件种类较少，导致学生创新能力弱，实践操作水平低，从而使当前市场对经济学专业人才的供求不匹配。

（二） 经济学专业的课程体系设置不合理

据调查，经济学专业的课程体系未能满足当前企业希望学生在校期间应学习的核心知识。以哈尔滨商业大学国际经济与贸易专业为例，其开设了商贸英语、国际贸易理论及实务、国际经济法等课程，而在跨境电子商务平台操作、跨境支付、数据收集及分析方面存在空缺。因此，为了能够适应黑龙江自贸试验区的经济学人才需求，各高校应调整培养方案，增加跨境电商课程。

（三） 实践环节的教学效果较差

哈尔滨商业大学经济学专业实践教学包括课程实践、举办讲座、软件模拟

三种方式。课程实践是指老师收集几个相关的案例，要求学生运用所学知识进行分析，主要考查学生解决实际问题的能力。由于其本质并未"脱离"书本，课程实践的综合性和实践性差。举办讲座是指学校定期邀请企业家来学校进行演讲，要求他们向同学们分享个人经历、心得感受等有关内容，以期通过对别人实践经历的了解，拓宽学生的实践视野，但是实践效果也不尽如人意，究其原因在于：一是，大部分学生不会去参加这类讲座，即使去参加了也不会认真听讲；二是，大部分企业家出于商业机密的考虑，分享的内容仅限于在网上收集的资料。近年来，低成本的软件模拟成为高校实践教学的主流模式之一，但是由于软件更新换代快与学校更换软件时间间隔长两者之间的矛盾，使得学校现存的软件设置对当前市场模拟状况差，进而导致实践效果差。

三、 经济学专业人才培养模式的改革策略

哈尔滨商业大学作为黑龙江省唯一一所具有经济学博士点的财经类高校，其经济学专业人才的培养应服务于黑龙江自贸试验区，突出特色。经济学专业课程应以自贸试验区为导向，对其所需求的产业经济学人才、国际经济与贸易人才及跨境电商人才要进行重点培养，关注学生的就业前景。在人才培养中，要加强高等院校与自贸试验区的合作联系，按照自贸试验区对人才的需求进行"订单式"培养，有助于平衡市场上经济学人才的需求与供给。因此，要立足于自贸试验区发展要求，调整经济学课程设置，培养应用型经济类人才显得尤为重要。

（一）推行面向自由贸易试验区对人才需求的教学改革

积极推进教学内容和课程体系改革，科学设计经济学专业培养目标的知识、能力、技能、素质结构，建立课程教学、实践教学、创新活动结合的"探究、实践"的研究性教学模式。要将计算机技术应用于教学设置，进而增加学生的学习兴趣。按照黑龙江自贸试验区人才需求改革教学内容，培养学生创新能力和思维方式，对教学计划进行修订，对课程体系及授课内容进行改革，增加实践能力的训练，着眼于培养学生"厚基础、宽专业、强能力、善创新"的综合素质。另外，学生眼界的开阔有助于培养创新能力，所以要将拓宽学生的

视野作为改革目标之一。如聘请国外专家学者参与学院的教学和师资培训工作，促进专业教学工作的改革和创新。同时经常邀请来自各行各业的成功人士为学生开办讲座，让学生了解校园的学习与社会的适应性之间的差异，以便学生能及时掌握市场需求，扩大毕业生就业率。同时，学校邀请来自地方政府部门、地方企业和行业的知名人士构成的专家团队组成专业建设咨询委员会，根据市场与地方建设的需求为学校的专业设置、人才培养出谋划策。这不仅有利于学校的专业建设密切结合社会需求，培养能为地方经济建设和社会发展服务的设计研发型创新创业人才，同时也为毕业生的就业创造了更多的机会。

（二）强化面向自由贸易试验区对人才需求的实践教学

为了增强学生的实践操作能力，各高校要建立比较系统的实践教学体系，形成课程实验、课程设计、社会实践、专业实习、毕业实习、毕业论文、综合性实验等共存的实践教学体系，使学生在丰富知识结构，适应社会发展的基础上，逐渐形成全面的经济观、市场观与战略观，使黑龙江省能够在自由贸易试验区快速发展中发挥出应有的经济推动作用。可以从以下几个方面着手：

第一，发挥实习活动对学生实践能力的培养作用。如高校专业老师应该定期带领学院学生去实习基地开展实习活动，以增强学生理论联系实际的能力，训练学生动手能力。实习结束后，要求学生以实习报告的形式汇报实习成果。

第二，鼓励学生积极申报大学生创新创业项目。高校可以通过设立专项资金、开展科研资助等方式，积极鼓励学生申报研究课题，使本科生较早地接受研究训练，促进师生交流和教学相长，对学生创新能力的培养、教师因材施教具有较好的效果，找到了一条创新人才培养的新途径。

第三，鼓励学生参加科研训练与学科竞赛，有助于加强学生利用课堂知识解决问题的能力，提升学生创新能力。如，开展大学生"互联网+"竞赛、"挑战杯"竞赛、学术沙龙等竞赛，构建创新能力训练实战的学习平台，同时结合经济类专业教师对学生的指导，不仅有利于增强学生与老师的专业联系，培养浓厚的学习氛围，而且有利于在实践活动中培养学生理论联系实际及创新能力。另外，通过选派专业优秀教师组成项目指导团队，以兴趣和特长为基础引导学生自主组成大学生创新项目研究小组，构建团队集体指导和指导教师分别指导相结合的指导和训练机制，有效地提高学生的创新创业能力。

（三）综合运用面向自由贸易试验区对人才需求的多种培养方式

为了满足黑龙江自贸试验区的经济学人才需求，要综合运用多种人才培养方式，丰富课程授课方式，进而增强学生的实践能力。文章提出以下两种培养方式：第一，双语教学培养模式。由于自贸试验区的服务对象是国内外客户，必须要提高学生用英语与外国人交流沟通的水平。双语教学方式一般是以中文和英文两种语言作为教学语言，目的是使学生在掌握基本理论的同时，增强其英语沟通能力。第二，PLB（Problem-Based Learning）培养模式。PLB 模式是以问题导向为基础的一种教学方式，能改变传统教学方式中老师的主体地位，突出学生的主观能动性，即课前布置一个需要解决的问题，让学生在课后收集相关资料，课上学生之间进行讨论交流并得出解决方案，最后由老师进行点评、归纳总结。PLB 教学模式强调了学生在课堂上的主体地位，不但有利于学生集中注意力，还有利于培养学生分析解决问题的思维能力。第三，结合信息技术的培养模式。在新时代背景下，高校教师应利用大数据技术获取自由贸易试验区最新发展动态，以此作为改革要素，调整现有的人才培养架构，并将信息技术作为评价人才培养质量的主要媒介，从而构建出全新的评价体系。即在传统的教学评价方式的基础上，构建出多元化的评价体系，使评价数据最终以折线图的形式呈现出来，并根据不同培养阶段的评价数据，对人才培养模式进行准确的评价，从而提升人才培养模式的实效性，进而提高人才培养的质量。

四、 结语

面向黑龙江省自由贸易试验区的经济专业人才培养模式改革不仅需要利用订单式培养的机制与理论，破解传统培养模式存在的问题，更需要在相关政府部门、高等院校的支持下，明确自由贸易试验区的发展需求、供给侧改革的要求及学生的职业发展趋势，从而构建出基于整个经济大环境的人才培养模式，推动高校人才培养的长远发展。

参考文献

[1]王威，李铁峰. 面向黑龙江自贸试验区的跨境电商人才培养模式改革研究
[J]. 黑龙江教师发展学院学报，2021，40（2）：151-153.

[2]周乙. 适应市场需求变化的金融教学改革与人才培养——评《金融教育研
究》[J]. 林产工业，2020，57（11）：118.

[3]杨凤，秦丽，孙月. 服务地方经济导向的高校经济学人才培养模式改革路
径分析 [J]. 辽宁经济，2020（1）：90-91.

[4]徐飞，杨凤. 服务辽宁地方经济的应用型经济学人才培养模式探究 [J].
辽宁教育行政学院学报，2019，36（5）：30-34.

[5]李刚. 卓越经济学人才培养模式创新研究——以安徽财经大学为例 [J].
南昌教育学院学报，2016，31（3）：48-51.

[6]韩宏华. 适应市场需求的经济学专业人才培养路径研究 [J]. 中国电力教
育，2013（4）：35-36，42.

大数据和人工智能背景下统计学专业人才培养评判体系构造

田秀杰

（哈尔滨商业大学　哈尔滨　150028）

【摘要】大数据与人工智能的高度发展对统计学人才提出了更高要求，统计学人才质量有待进一步提升，提高我国统计学人才质量关键在于对我国现有的统计学教学模式进行合理客观评判并提出适宜改进方案。故本文立足我国时下统计学教学状况，以大数据与人工智能相互交叉的特点为研究背景，旨在突破将教师教学工作作为唯一评判内容的评判模式，促成评判主体、评判目标、评判内容、评判客体四个实质性转变，并设立对应的评价指标体系，构造出一套完整的统计学人才培养评判体系，使统计学教学体系逐步完善以适应市场需求，推动统计学教育教学迈入新的篇章。

【关键词】大数据；人工智能；统计学；评判体系

美国在 2012 年提出《大数据研究与发展倡议》，拟投入 2 亿美元用于数据挖掘、分析等技术。2014 年，日本印发《大数据时代的人才培养》，提案围绕大数据时代及人才培养进行了详细研讨。国务院 2015 年颁布《促进大数据发展行动纲要》，表明要鼓励高校发展数据工程及数据科学等相关专业，促进专业化数据工程师等大数据专业人才培养。2017 年，乌镇举办以"人工智能，让生活更美好"为主题的第四届互联网研讨会。2020 年召开的大数据、人工智能与物联网工程国际会议，专家们针对前沿技术和学术发展趋势进行深入探讨。种种迹象表明，未来必定是大数据与人工智能蓬勃向前的时代，与数据有着天然联系的统计学迎来了新的发展契机，同时，高端统计复合型人才需求缺口将加大。

为填补信息智能社会对统计复合型人才的需求缺口和顺应大数据人工智能时代对统计分析人才技能的需要，我国高校积极调整适应大数据时代和人工智能发展的统计学师资力量严重不足、专业课程和计算机类课程开设科目及学时分配不合理、教师过分注重教学推导而忽视了工具应用的传统统计学人才培养方式。然而，鉴于复合型统计类高端人才的培养十分复杂，要培养出此类优秀人才来满足海量数据社会发展更是一个艰难且漫长的过程，这不仅需要高校革新教学体系，更需要专家们研制出一套健全合理的人才培养评判体系用于核验和提高统计学人才质量。因此，在大数据时代和人工智能背景下，以提升我国统计学人才质量为目标，构造出一套符合信息数据时代要求的高校统计学人才培养评判体系有一定研究价值。

一、 高校专业人才培养评判体系研究现状

目前针对专业人才培养评判体系研究的文献数量有限，主要从研究方法角度进行梳理。赵霞、仇国英（2019），李强（2019）等人构建一级、二级指标体系，对高校专业的课程设置、教师教学、资源配置、服务管理等方面作出评判，得出其培养方案不足之处。曾月征、袁乐平（2016）构造 Fuzzy-AHP 模型克服传统指标权重主观性太强的弊端，对高校创新型人才培育评判体系进行了修正。杨彦、袁宁一（2016）通过建立 DEMATEL-ANP 模型对苏州高校产学研协同人才培育模式进行了评判，找到影响产学研协同创新人才培育质量的核心因素。雷宇、胡月英（2019），黄星（2014）等学者采用 CIPP 模型分别对市场营销专业人才、全科医学人才、复合型人才的培养情况进行评判，寻找出各专业人才质量存在问题的根源。

总的来说，目前学术界对高校人才培养评判体系构造的研究取得了一些成果。然而，学者们设计的评判体系在评判主体、评判目标、评判内容、评判客体的确立上还不够全面科学。因此，重新构造一套将仅仅评教师教学质量延伸至评整个统计学专业办学质量的统计学人才培养评判体系十分有必要。

二、 基于大数据、 人工智能的统计学专业人才培养评判体系构造原则

当前，对于高校采用的人才培养评判体系，评判主体仅仅考虑了高校学

生、高校内部人员及高校内部教学管理系统而忽视了对用人单位、政府教育行政机构的考虑；评判目标只包括教师教学工作质量而不包括综合性评学校专业办学工作质量；评判内容只包含教师教学板块；评判客体也仅仅针对高校专任教师而省略了对辅导员、专业发展教研室等的评判。然而，互联网大数据和人工智能高端技术的高度融合，让统计学专业的教育教学模式（涵盖学堂辅导模式、实践训练模式等）都必须具备较强的灵活性和特殊性。并且，在整条统计学专业人才培育路途上要凸显出"重点知识精讲、实训加强"的教学特征。因此，统计学专业人才培育的评判就必须立足于统计学专业自身特征，从全新的方位逐步革新、更正以往的教育教学评判方式，进一步完善传统的统计学专业人才培养评判体系。因而，必须首要促成下列四个角度的实质性转换。

（一）评判主体的实质性转变——从校内延伸至校外

大学既是促进每个个体逐渐自我提高和提升学术造诣的台阶，同时也是这个宏大社会系统的组成成分。为此，对其培养方式和人才质量的评判也需纳入社会大环境进行核验，让社会大环境加入评判和督察中。然而，目前，我国高校的教学评判主体差不多都由各个院校的内部成员组成。基于大数据时代和信息社会对统计型复合人才具备的专业实践技能需求，各高校纷纷以提升统计学专业学生实践能力为目的，设立一系列实践训练环节于整套教学板块中，毕业生具有的专业实践技能及对基础理论知识的掌握程度是衡量培育质量水平甚至高校统计学专业办学质量水平的核心关键。立足于客观合理评判学生质量水平高低及高校统计学专业办学质量好坏，评判主体应从高校在校学生、高校内部专家系统、高校教学管理组织等延伸至校内学生、校内专家组织、社会用人组织、政府教育行政管理机关（构），促成评判主体的实质性转换（图1）。

（二）评判目标的实质性转变——从孤立地评教师教学质量转换为综合性评学校专业办学工作质量

高校实施教学评判旨在改善专业办学质量，然而，在实际操作层面却时常孤立地对教师教育教学工作进行评判，甚至将其结果与教师奖惩相关联，从而，这一举措最终渐渐演变成高校"管理教师"的刻板性手腕，完全扭曲了评判的实质。要矫正这种模式，先要完成评判目标的实质性转变，即从目前唯一重视评判教师教育教学作业拓展为全方位评判整个高校专业人才培育工作（图1）。

（三）评判内容的实质性转变——从教师教学板块延伸到专业办学的各个环节

评判目标的实质性转变必定引起评判范围的扩大。由原本单一评判教师教育教学向教学资源配置、教师授课体系设置、教学服务管理等诸方面延伸扩展，全方位剖析评判顶端人才培育路径中面临的诸多问题（图1）。

（四）评判客体的实质性转变——从唯一不变评判客体向灵活多变评判客体转变

若评判工作突破单一考核教师教学工作的桎梏，升华到评判专业办学质量的综合性层面，则评判客体的范围也随即扩大。即评判客体将从原本唯一不变的专任教师延伸至专任教师、专业发展教研室、教学行政管理组织、辅导员、教辅人员整个教育教学参与人员（图1）。

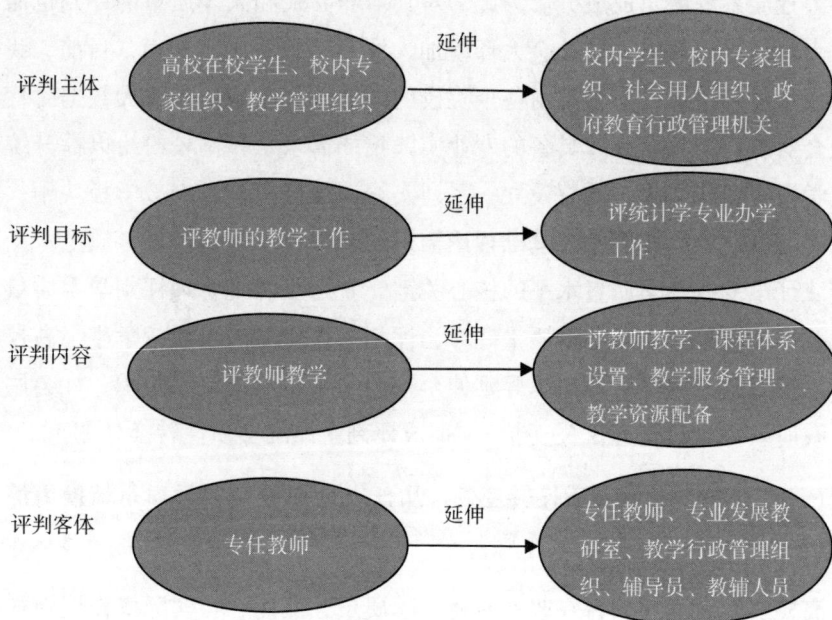

图1　人才评判体系转变示意图

三、 评判体系的构造

统计学专业人才培养评判体系作为一套综合性监察体系，其重心与关键在于提升教师教育教学质量、优化课程体系构建、合理使用教学资源、改善学校教学服务管理质量并且最终提高学生水平及专业办学质量。此套体系的构造涵盖两个步骤，第一个步骤是评判操作体系的构造，第二个步骤为评判指标体系的设立。

（一）评判操作体系的构造

专业人才培养质量评判错综繁杂，统计学专业人才培养评判体系不仅仅以高校内唯一的教师教育教学作为评判内容，而是一个拥有评判主客体及评判指标灵活多变等特征的评判体系，所以，对统计学专业人才培养质量水平进行科学客观的评判必然建立在构造一套合理客观的评判操作体系基础之上。文章借鉴林世平构建的专业人才评判体系，并结合统计学专业特点构造出图 2 所示的统计学专业评判操作体系。

根据图 2，整套评判操作体系分为两个步骤，第一个步骤为统计学毕业生质量水平评判，由高校就业管理组织、社会用人组织、政府教育行政管理机构布局实施，从社会评判及校内评判两个角度对统计学专业毕业生的知识、能力、素质三个层面进行评判。社会用人组织及政府教育行政管理机构是校外评判的评判主体，高校就业管理机构是校内评判的评判主体。质量评判的宗旨在于测验核查毕业生的质量水平，围绕此目标，可以对专业人才培养的有效性进行检验和验证，实时把握住统计学人才培育路径上存在的一系列困难及问题。完成统计学毕业生质量水平评判之后迈入评判操作体系的第二个步骤——校内自查性评判。校内自查性评判由高校专业学术委员会、校统计学专业学术分会构成的队伍组织实施，全面评判高校整个统计学专业人才培养体系。具体来说，高校专业学术委员会、校统计学专业学术分会依据高校就业管理机构、社会用人组织及政府教育行政管理机构对学校统计学毕业生质量水平的评判结果领导校内相关职能部门（专业系室、教务、科研、学工等组织）从"资源配备状况、课程体系设置、教师教学工作、教学服务管理"等角度全方位剖析、测

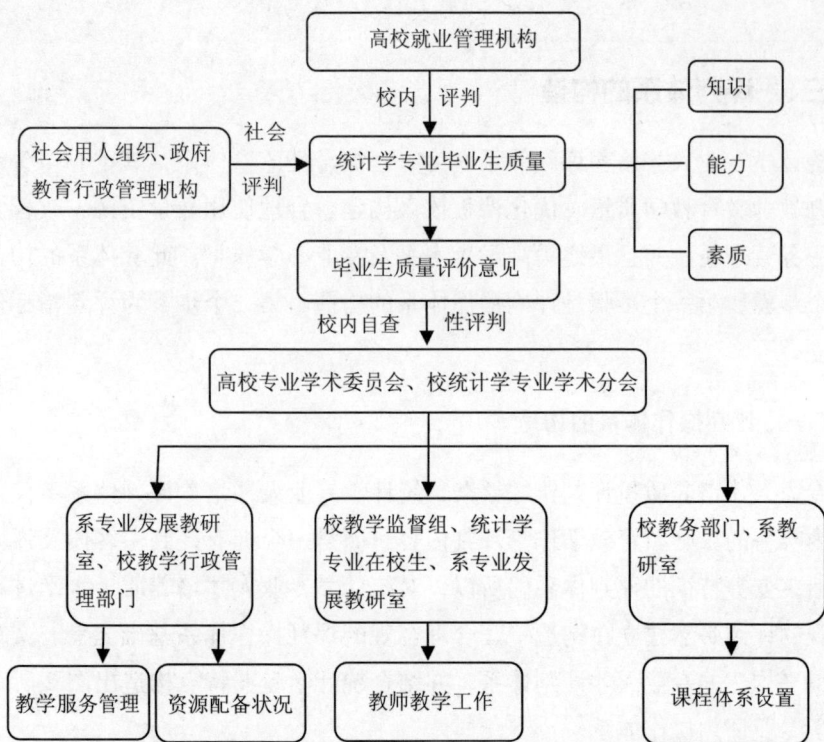

图 2 统计学专业评判操作体系示意图

验、研讨出培养出的统计学专业人才不适应社会需求的根源所在，并在此基础上制订出不断优化人才培养板块体系的对应方案。

（二）评判指标体系的设立

在理顺评判操作体系的基础之上，用何种准绳来评判评判客体的状况，是决定评判体系是否具有科学性、合理性，人才培养方式是否符合统计学人才培养的需要的关键。为此，在完成评判操作体系构造的基础之上，对评判客体进行尽可能客观全面地评判，本文将根据评判客体、评判内容侧重点的不同设立知识、能力、素质、课程体系、教师教学、资源配备、教学服务管理七个一级指标及若干二级指标（见表1）。

表1 评判指标体系一览表

评判客体	评判内容（一级指标）		二级指标
毕业生	知识	基础知识	是否通过考试、学科知识竞赛、专业知识竞赛及获奖次数
		专业知识	
		计算机、外语	是否获得相关证书
		毕业设计	是不是优秀毕业设计
	能力	软件操作	灵活性
		沟通表达	灵活性、流畅性
		创新创业	创新创业竞赛获奖次数、自主创业成功次数、论文数量、专利数量
		领导能力	班干部、学生会、社团任职个数
		职业技能大赛	获奖次数
	素质	个人品德	是否合格
		社会公德	违法违纪次数、青年志愿者活动参加次数、其他为社会奉献次数
		心理素质	是否通过心理健康测试
		团队精神	班级活动、社团活动、团队工作参与度
高校人才培养体系	课程体系	基础课程	合理性、学时占比、市场需求满足度
		专业课程	
		综合课程	
	教师教学	课前准备	充足性
		授课内容	相关性、深度、延伸性、丰富性
		授课方式	灵活性、多样性
		工作态度	热情度、积极性
		学生评判	喜爱度、吸引力、知识掌握度
		学生成绩	考试通过率、相关学科竞赛获奖次数
	资源配备	教师队伍	师生比
			高学历教师占比
			教授、副教授分别占比

续表

评判客体	评判内容（一级指标）		二级指标
高校人才培养体系	资源配备	教师队伍	省级及以上教学队伍占比
			省级及以上名师占比
		教学经费投入	专业实习经费占比
			学术交流经费占比
			教师科研经费占比
			设备购买与维护费占比
		设施配备	专业教室、实验室个数
		无形资源获取状况	学校知名度与荣誉
	教学服务管理	科研管理	精品课程开发数目
			科研队伍数目
			专利、论文数目
			科研成果市场转化率
		学生学习咨询	省级、校级教学名师数目
		学生德育、生活管理	思想政治教育、心理咨询、职业道德教育、校园文化活动、社团活动、勤工助学组织次数
		招生就业管理	高中就读院校属非重点、重点分别占比
			毕业率
			就业率
			就职单位属事业单位、世界500强企业、其他企业分别占比

　　评判操作体系引导高校按照流程对专业人才培养质量、人才培养体系进行评判，而指标体系的设立使对毕业生质量、高校人才培养体系各个板块的量化得到确立，两者构成整套人才培养评判体系，利用此评判体系对高校人才培养的各个模块进行全面详细的评判，能够找出不符合专业人才培养要求的部分并及时调整更正，最终形成一套全新的、符合经济社会发展的专业人才培养体系。

四、 结语

对于整套统计学专业人才培育运转体制来说，评判机制是核验人才优异的根本途径和直接标尺，扮演着整个统计学专业人才培养板块体系要害部位的角色。在大数据和人工智能背景下，虽然我国统计学教学经过不断探索、调整革新后有了飞速的发展和突破，但在人才培养质量评判板块还存在一系列问题值得我们去思考和改进。基于此，本文结合当今大数据时代、人工智能及统计学三者之间的关联关系，借鉴国内外相关优秀评判指标体系，以统计学专业人才培养评判体系的构造作为切入点及研究目标，旨在提升人才培养质量这个核心点，突破以往教学评判仅仅搁浅在注重评判教师教学工作的局限，全方位评判统计学专业办学工作的每个部位。千里之行，始于足下，我们都应相信，只要我国统计学人才培养方式不断顺应时代的需求进行教学改革，统计学专业教学就会更上一层楼，从而为国家培养出更多栋梁之材。

参考文献

[1] 曾月征，袁乐平. 创新型人才培养评判指标体系的构建 [J]. 统计与决策，2016（18）：55-58.

[2] 范新英. 大数据背景下统计学专业人才培养之探讨 [J]. 内蒙古统计，2019（2）：48-52.

[3] 韩春花. 大数据时代和人工智能双重影响下的统计学教学模式研究 [J]. 课程教育研究，2019（40）：31-32.

[4] 林世平. 风景园林专业人才培养评价体系构建 [J]. 高等建筑教育，2012，21（5）：46-50.

[5] 杨彦，袁宁一. 高校产学研协同创新人才培养评判研究——基于DEMATEL-ANP 模型 [J]. 常州大学学报（社会科学版），2016，17（3）：72-78.

[6]黄星. 基于 CIPP 模型的广西高等医学院校订单式全科医学人才培养模式评判研究 [D]. 南宁：广西医科大学，2014.

[7]吴宏锷，郭学军. 基于大数据的应用统计学专业人才培养探析 [J]. 中州大学学报，2018，35（5）：114-118.

[8]廖书. 人工智能背景下统计学专业课程建设的思考和探索 [J]. 课程教育研究，2018（46）：247-248.

[9]雷宇，胡月英. 市场营销专业人才培养质量 CIPP 评判指标体系构建——以安徽科技学院为例 [J]. 教书育人（高教论坛），2019（30）：23-25.

[10]赵霞，仇国英. 新旧动能转换视角下物流管理专业人才培养质量评判体系研究 [J]. 现代商贸工业，2019，40（34）：26-27.

[11]Markus Zwick. Statistical education in times of Big Data [J]. *AStA Wirtschafts- und Sozialstatistisches Archiv*，2016，10（2-3）.

大数据时代统计应用型人才培养模式探析

符建华

（哈尔滨商业大学　哈尔滨　150028）

【摘要】大数据时代的加速到来，使作为培养统计学专业人才的高校面临了更高的挑战。高校教学的深度和广度直接影响到学生在实际工作中应用统计的综合能力。本文基于大数据时代对统计学专业核心能力的新要求，对人才培养模式加以探讨，以期为统计学专业应用型本科建设提供有效借鉴。

【关键词】大数据；统计学；人才培养模式

格雷布雷克在《纽约时报》的一篇专栏中称"大数据时代"已经降临，在商业、经济和其他领域中，管理者决策越来越依靠数据分析，而不是依靠经验和直觉。当前的大数据概念越来越丰富，不仅包含传统意义上的数据较多，更包含了数据分析和处理中的一系列环节，如数据的收集、污染数据的净化、数据的存储以及利用现代统计技术的数据分析和应用。大数据以数据为基础，赋予了数据的商业价值，如利用京东和淘宝上的海量大数据，分析消费者的消费需求倾向、商家应该生产什么样的商品、销售店铺如何摆放商品，从而提升商品的销售量就是最简单的数据价值的体现。从未来社会的发展来看，大数据会与人工智能、物联网相结合，充分发挥数据的价值，拓展大数据的应用空间，提升数据的应用价值。随着数据价值的提升，如何更好地分析和处理数据，更深层次地挖掘数据的价值对统计学的教学方式提出了新的要求。因此，在大数据时代对统计应用型人才培养模式的探析具有重要的理论意义和现实参考价值。

一、 传统的统计学教学模式

(一) 注重以数学为基础的理论传授

统计学是应用数学的一个分支，主要通过利用概率论建立数学模型，收集所观察系统的数据，进行量化的分析、总结，进而进行推断和预测。因此，从课程设置上大多沿袭的是数学专业的模式，设置了数学分析、线性代数、实变函数论、泛函分析等基础理论课程，逐渐地开始加入时间序列分析、多元统计分析、非参数统计和随机过程等课程。这些课程的理论性较强，能够为学生打下了坚实的数学基础，但同时也存在一定的问题。比如，学生在完成这些课程之后，虽然增强了逻辑思维能力、数学推导能力、计算能力和空间想象能力，但很多学生却不知道该如何将这些理论应用到实际问题中，理论与实践难以有效匹配。除了一些学生毕业后继续留在大学里当老师，从事本专业教学可以运用到这些知识外，大部分毕业后从事其他行业的学生很少能应用到这些抽象的理论。

(二) 学生缺乏统计实践的经验

国内高校也有一部分统计学专业隶属经济学院或者其他的文科类学院。这类统计学专业往往开设经济管理类课程，如宏观经济学、微观经济学、金融学和会计学等课程。这类学校的毕业生毕业后可以从事经济类相关专业的工作，但在学校学习中往往缺乏统计实践的锻炼，更缺少通过查找数据对一些理论进行实证检验的能力，因此在解决企业中面临的统计问题时显得心有余而力不足。当然有的学校为了弥补这方面的不足，建立了一些虚拟仿真实验室，目的是让学生能够获得一些相关训练，但虚拟仿真和真实的企业运营还是存在一定的差别的。

(三) 对统计软件的重视程度不够

在大数据时代，统计数据的获取变得比以前更加容易，数据量也比以前大了很多。原有的一些统计软件很多还是比较占计算机内存的，而一些老旧的计算机的设备可能达不到统计教学的要求，统计运算过程中也会出现计算机卡死的情况，这样大大影响了教学效果。现有的统计软件主要包括 SPSS、SAS、R 语言、SPLUS、STATA 等软件，而 EVIEWS 和 MATlAB 也能做一些基本的统计分析。这些统计软件存在一些共性，但每种软件也有自身的特点，而现有的教学模式更加注重理论学习，或者只学一种最简单的统计软件，统计软件的学习学时和学生的练习时间往往不够充足。

二、 新教学模式探究

（一）完善统计学课程设置

现代统计学课程设置应该充分兼顾到理论与实践，在学习数学和统计理论的基础上最好再学习一些经济管理类相关学科，为了减轻学生的学习压力可以将其设置为选修课。专业课中只需开设一些与统计学高度相关的课程，可以弱化一些与统计关系较弱的基础课，引导学生学习一些诸如 Python、Excel 中的 VBA 编程软件，这样即使学生毕业后不再从事专业的统计工作也可以提高工作效率，同时能够提高学生在择业中的竞争力。统计学本身虽然与数学专业比较接近，大部分专业课学习起来也比较枯燥，教学过程中可以倡导任课教师多引入一些经济管理学的案例，这样不仅可以拓展学生的知识面，也会提高学生的学习兴趣。大数据时代人工智能、机器学习等统计算法在生产和生活中逐渐发挥着越来越大的作用，可以在统计学的课堂中逐渐适当地加入这方面的基础知识，从而使学生能够适应更多的工作岗位，同时也增加工作效率。统计算法的研发在统计学中是一个古老的方向，在统计学的学习中难度也较大，所以应将统计理论与计算机软件的学习结合起来，使学生在掌握基本的统计理论的同时，也能活学活用研究一些新的统计算法，提高估计的精度和统计推断的可信度。掌握统计算法也有助于学生在机器学习和人工智能领域做出更大的贡献。

（二）加强实践教学

现代统计学教学过多地强调统计理论，导致学生学习完抽象的统计学理论后，并不知道这些知识能用到哪里，如何去用，或多或少都存在着一定的理论与现实相脱节问题。如果能够在校外多建立一些实习培训基地，给予学生较多的培训机会，同时也让学生在本科阶段提前接触社会，会对学生未来的成长大有裨益。同时，让学生到一些企业实习，也能让学生了解一下现在的公司企业如何看待统计学，都有哪些业务需要统计学，这样学生在回到课堂后，就会有的放矢地对统计学进行针对性的学习，而不会花了大量工夫也学了很多课程，但最后都只学个皮毛，过一段时间再问就什么都不知道了。统计学课程其实都是相通的，作为大学生并没有必要开设过多的专业课程，只需要将与现在公司企业需要相联系的主要课程学习透彻，同时再熟练运用一些统计软件即可，这样会对未来的工作有很大的好处。当然，对于那些有志于继续深造的学生，多参加实践学习也是非常有用的，只有到公司企业或培训基地实习后才能知道未来哪些专业更有应用前景，对自身的硕士甚至未来博士专业的选择也会有很大帮助。综上所述，学校应该多为本科生搭建实习平台，让学生早日了解统计学在公司企业中的应用价值，避免课堂教学与未来的工作过度脱节。

（三）加强统计软件的学习

现在的统计软件非常多，导致学生不知道该学哪一个，最后都是一知半解的，哪种都没有精通。其实统计软件都是相通的，只需要掌握其中一到两种就足够了。比如 SPSS 软件是现代统计学课程中应用较为广泛的一种软件，不管是专业的统计学学生，还是其他相关专业学生都有必要学习一下。这个软件的优点是比较简单，大多为界面化的操作，只需要点点点就可以把结果计算出来了，而且统计学的很多方面如描述统计、回归分析、方差分析、回归分析、非参数统计、多元统计分析等学科中的大部分理论知识都可以通过 SPSS 软件实现。这个软件在医学、心理学、教育学、经管类学科中都有较为广泛的应用。但这个软件也有一些缺点，就是只能做一些已经成型的算法，对于一些新的统计算法则较难实现。其他的统计软件大部分都是编程软件了，比如 R 语言和 SPLUS。之所以把这两种软件放在一起是因为二者比较像，很多代码都是通用的，只不过 SPLUS 界面更加友好，但也是收费软件。而 R 语言则是开源软件，每个人都可以到官方网站根据自己的计算机系统下载适合自身计算机系统的 R 语言软件。这个软件相对比较灵活，在一个空白界面下可以按照自己的想法编写程序，当然这些程序需要满足 R 语言规则。而且 R 语言可以下载很多程序包，这些程序包就是一些统计算法，是由一些专业的统计人士编写出来，在得到官方验证后上传平台的，有需求的人员只需直接下载安装，然后就可以使用这些算法。虽然 R 语言应用起来比较灵活和自由，尤其可以做一些统计数值模拟和统计算法的研发，但是对一般的初学者来说上手还是比较难的，需要花费大量的时间才能熟练应用。当然 SAS 软件也是比较流行的软件，可以解决统计学中的大部分问题，缺点就是软件比较大，安装起来比较占内存，对计算机性能有些要求。Stata 也是比较流行的统计软件，尤其在计量经济学中应用更加广泛。这个软件的优点是不需要进行大规模的编写程序，很多算法只需几行程序就可以解决了，而且在解决空间计量方面还是比较方便的。现在这两年 Python 也比较流行，尤其在数据抓取方面有着一定的优势，很多功能和 R 语言相似，但对初学者来说上手比 R 语言稍微难一点。介绍了这么多软件，对于一般的本科学生真的没有必要都学习。个人认为只需要学习一种编程软件，一种非编程软件即可，比如 SPSS+R 就比较好，这样比较成型的算法可以用 SPSS 软件，不成型的算法可以用 R 语言编写。当然如果学习数量经济专业的学生可以选择Stata +R，成型算法直接用 Stata，需要复杂计算的再用 R 语言。总而言之，统计软件不用掌握得太多，精通两种基本就够用了，关键是软件算出来的结果如何分析。结果分析、模型的调试这些则需要根据统计理论，可见理论分析和软件应用都是很重要的，需要二者较好结合才能更好地解决现实问题。

（四）建设高质量的教学团队

大数据时代下，要将学生培养成统计学专业应用型人才，教师应该是统计学专业复合型的高级人才，除了具备经济领域的背景知识和扎实的统计理论及方法外，还要精通各种统计软件的应用。这就要求高校为统计学专业建设一支高质量、创新型教学队伍。首先，要鼓励教师一专多能，每名教师不仅要熟练掌握几门主打课程，而且还要具备课程设计、课程体系开发的能力，能够运用多媒体辅助教学手段和统计软件工具，提高教学效果。其次，发挥教师自主学习能力，跟上时代的步伐，鼓励教师参加与统计学专业相关的教学和学术会议，迅速更新专业前沿知识。最后，鼓励教师到企事业单位挂职锻炼，积极开展社会实践和横向课题研究，建设一支双师型教师队伍。

（五）改善学生评价方法

学生评价是教学成果检验的关键一环，科学合理的评价方式能够激励学生高效获取知识，培养应用型人才要求对学生的评价更加全面。统计教学不仅要求学生能够对相关知识点充分掌握，还要有独立解决问题的实践能力。对比传统"平时分+考试成绩"的评价模式，我校统计教学的学生评价方法可以包括课堂练习、分组作业和期末考试三个部分，这种评价方式更能体现学生对知识的掌握水平、实践操作能力和协作能力，评价更为全面。为适应大数据时代的发展和需求，我校课程考核方式可以进行如下改革：首先，通过参考目前企业网络笔试答题模式，将期末考试由传统笔试改为上机实践操作，以电子文档形式提交答案，试题内容注重考查学生对实际问题和案例的全过程处理能力，以培养他们的实践能力。其次，通过增设奖励分制度，奖励能够在课堂上发现问题、提出问题和组队解决问题的学生，以培养他们的创新能力。最后，平时作业通过借鉴企业考核模式，模拟企业案例撰写实验报告，尽可能减少企业二次培训，可以与社会无缝接轨。

全面从严治党新常态下大学生党员
培养发展问题分析

姚春艳　刘　鑫　张超蕊

（哈尔滨商业大学　哈尔滨　150028）

【摘要】大学生党员培养发展的质量直接影响着全面从严治党的落实。本文分析了大学生党员培养发展存在的问题，并从实际工作中汲取经验提出对策建议。

【关键词】从严治党；学生党员；培养；发展

2014 年 12 月，习近平总书记在江苏调研时第一次提出"全面从严治党"。党的十八大以来，以习近平同志为核心的党中央领导集体围绕全面从严治党问题提出了一系列新思想、新举措，全面探索新形势下从严治党的特点和规律，党要管党、从严治党俨然成为党建新常态。习近平总书记在党的十九大报告中指出："全面从严治党永远在路上。"习总书记在十九届中央纪委二次全会上又强调"重整行装再出发，以永远在路上的执着把全面从严治党引向深入"。

与政府部门相比，高校的大学生党员培养发展、教育和管理等基层党建工作相对薄弱，大学生党员对于全面从严治党的理解和认识往往还停留在感性层面上。大学生党员毕业后走上工作岗位，将成为各行各业的建设者，走出大学的毕业生党员是我们党的伟大事业的接班人，是我们党的后备力量。从严要求和从严管理大学生党员培养发展工作，从严教育大学生党员，将有助于将全面从严治党具体贯彻落实在大学，有助于把党的指导思想传达到每一名大学生党员，有助于提高大学生党员和入党积极分子的思想政治素质，有助于将大学生基层党组织的组织力和凝聚力全面提升。

习近平总书记在全国高校思想政治工作会议上强调，要加强高校党的基层组织建设，创新体制机制，改进工作方式，提高党的基层组织做思想政治工作能力。要做好在高校教师和学生中发展党员工作，加强党员队伍教育管理，使每个师生党员都做到在党爱党、在党言党、在党为党。然而面对国际形势的风云变幻和信息网络的高速发展普及，价值多元化和信仰自由化的倾向在大学生中有所呈现，这就使得大学生党员的培养发展、教育和管理工作中面对一定的问题和压力，而面对新问题和新情况，大学的党建工作者必须探求解决问题的新途径、提出新对策。

一、 大学生党员培养发展存在的问题

大学党建工作的重要内容之一就是大学生党员的培养发展工作。重视并创新大学的学生党建工作，是大学培养教育大学生人才的需要，也是高等教育发展的保证，这对于大学生党员建设中国特色社会主义的事业具有重要意义。大学生党员的培养发展、教育和管理工作是大学学生党建工作中的重要内容，因此必须以系列党内法规制度为约束，以全面从严治党理论为指导，强化大学生党员的纪律规矩意识。

随着全面从严治党的不断深入，大学生党员的培养发展、教育和管理工作得到了改进。认真完成大学生党员的民主生活会和大学生基层党支部的民主评议会等；鼓励大学基层党组织结合实际制定务实管用的党员发展培养制度；加强对大学生党员的教育和管理；有效提升了大学党建工作的规范化水平；开展学生党建工作督查等形式，以保证大学生党员培养发展、教育和管理工作有序进行。目前虽然大学生党员的培养发展工作取得了一些改进和加强，但是还存在一些问题。

第一，具有坚定的理想信念、牢记党的服务宗旨、发挥党员的带头作用是一名合格共产党员必须具备的思想素质，但是目前一些大学生对自己的思想要求并不严格，比如体现在缺乏思想政治理论知识、缺乏党员服务意识、缺乏党员带头作用等。第二，用什么样的标准、选择怎样的大学生培养发展成为党员也是亟待关注的问题。比如过分注重专业课成绩和排名、把学生干部经历作为发展培养党员的必要条件、发展党员过程中没有充分发动民主权利等问题。第三，在培养和发展党员的全程教育尚缺乏系统的学习和培训。比如为培养入党

积极分子开设的党课，在大学生学习过程中是否能够达到预定的学习效果，党课的教学形式和内容能否满足大学生的需求，能否适应新时代大学生的特点。此外，对预备党员思想政治理论的继续教育也尚缺乏，以及缺乏对大学生党员的基层实践锻炼，缺乏检验理论学习效果和培养大学生党员吃苦耐劳精神的环节。第四，大学的学生党支部没有经常开展组织生活，通常周期较长，有的学生党支部在开展组织生活过程中存在为了交材料而走形式、走过场的现象，开展组织生活不够严肃，组织生活的重视程度和基层党组织凝聚力都有待加强。

二、 大学生党员培养发展的对策

（一）加强对大学生党员的思想政治理论教育

对大学生党员的思政理论教育的内容要结合大学生特征和思想状况的实际情况，不断充实新的内容，通过创新思政教育内容来提升思政教育效果。此外，思政教育方法方式也直接影响着思政教育效果，创新思政教育方法方式能够吸引大学生党员的注意力，增强党课课堂授课效果，提升思政教育成果。比如采取形式多样的教育实践活动、将大学生融入思政教育课堂中；通过设立大学生党员示范岗来增强大学生党员的服务意识，从而加强对大学生党员的实践教育；为了提高大学生党员学习思想政治理论课的积极性，还要兼顾采取学生喜欢的形式来进行。此外，还应该建立并加强大学生党支部与社区党支部、企业党支部等基层党支部之间的联系，使大学生党员在基层党支部的实践锻炼中，切身体会党的服务意识，领悟党的宗旨。还可以运用新媒体手段，如微信、QQ、微博、博客等方式传播思想政治理论的教育内容。

（二）严把大学生党员的培养发展入口

在大学生党员的培养发展工作中，发展的党员质量是工作的重中之重。在实际工作中，必须严格按照《中国共产党发展党员工作细则（试行）》的要求和党章的标准进行，必须认真贯彻"坚持标准、保证质量、改善结构、慎重发展"的方针，通过严格履行党员发展流程，制定各项制度，杜绝形式主义，把真正符合发展党员标准的大学生吸收到党组织来。在大学生党员的培养发展过程中，必须把政治标准作为发展的首要标准，把思想政治理论素质的高低作为能否发展大学生入党的首要因素，在培养过程中更要重点关注大学生的思想政治理论素养，在发展大学生党员工作中真正做到"德才兼备、以德为先"。此外，还要避免将学习成绩作为考察能否发展大学生党员的唯一标准，在大学生党员的培养和发展工作中，要全面考量大学生入党积极分子的综合素质，包括学习成绩优良、具有良好群众基础、具有为集体服务意识、工作态度积极认真等方面。在大学生党员的发展工作中，必须严格按照党员发展流程进行，绝不可以走过场、走形式。此外，还要规范民主投票环节，并且投票人应该确保真实掌握发展对象的学习、工作和生活，了解其对老师、同学的情感和态度，了解其对工作的态度、能力水平等。

（三）严格对大学生党支部组织生活管理

严格党组织管理是党的历代领导集体的共识，全面从严治党必定要求基层党组织的从严管理。中国共产党建党百年以来，始终高度重视组织建设，对党组织进行从严管理，是从严治党的重要内容也是重要保证。为建设出高素质、高水平党的大学生基层党支部和党员队伍，对大学生党员来说，需要基层党组织加强对其组织生活的管理，从而提升大学生党员培养发展中的组织生活实效。在全面从严治党下，对大学生党员进行严格管理是工作的基础，因此在大学生党员的管理工作中，必须从严肃党内的政治生活抓起。大学生党员是实现中国梦的生力军也是社会主义事业的建设者和接班人，大学生党支部是党的基层组织，是党的重要组成部分，严肃管理大学生党支部的组织生活质量，要把严格的党内生活作为锻炼大学生党员的品格和党性、提高大学生党员的思想道德觉悟的熔炉，从而通过组织生活，使大学生党员的党性修养得到不断增强。

（四）严格对大学生党员监督管理

大学的学生党建工作需要结合实际工作情况建立对大学生党员的监督管理制度，学院党委与基层学生党支部之间实行相互监督。在日常生活中，基层学生党支部书记和委员应该与党支部的大学生党员经常开展学习交流和谈心谈话，通过交流和谈话，了解和掌握支部大学生党员的学习状态、生活情况和思想状况。党支部成员要接受党支部书记和委员的监督管理，同时，党支部书记和委员也要接受党支部成员的反监督，这样基层党支部委员与成员之间实现相互发现问题、相互查找不足，并且共同改进、取得进步。此外，学生党支部还要接受学生群众的监督管理，通过学生群众了解全面从严治党下党员的培养发展工作中存在的问题和不足，让学生党员时刻处于监督管理中，真正做到时刻用党员的标准对自己各方面进行严格要求，从而培养出政治素质高的大学生党员，营造出风清气正的学生党支部。

三、 结语

做好大学生党员的培养和发展工作，把好为我们党注入新鲜血液的总开关，从严培养和发展大学生党员，将有助于推进我们党伟大事业的前行。

参考文献

[1]党评文.把全面从严治党要求落到实处［J］.学校党建与思想教育，2015（2）：1.

[2]张伯里.不断探索新形势下从严治党的特点和规律［N］.光明日报，2014-10-18：1.

[3]张烁.把思想政治工作贯穿教育教学全过程，开创我国高等教育事业发展新局面［N］.人民日报，2016-12-09：1.

[4]赵贵松.当前高校思想政治教育实效性建设现状及探索［J］.学理论，2016（7）：236-238.

课程改革与建设

《宏观经济学》课程思政教学探索研究

蒋抒博 倪沐阳

（哈尔滨商业大学 哈尔滨 150028）

【摘要】 课程思政教学改革是当前全面贯彻落实"立德树人"根本任务的关键举措，也是新时代实现"全方位育人"的有效途径。宏观经济学既是经管类专业的学科基础课，也是重要通识选修课程，可以融入的思政元素非常丰富。论文分析了宏观经济学开展思政课程的必要性，研究了目前在教学内容、教学方法等方面实施课程思政存在的问题，并从转变教学理念、增加教学内容、优化教学方法、完善考核方式等方面提出了对策建议。

【关键词】 课程思政；宏观经济学；课程建设

2020 年 8 月，习近平总书记在《思政课是落实立德树人根本任务的关键课程》一文中指出，"要挖掘其他课程和教学方式中蕴含的思政教育资源，实现全员全程全方位育人"。这是自 2016 年习近平总书记在全国高校思想政治工作会议上提出"使各类课程与思想政治理论课同向同行，形成协同效应"以来，对推进课程思政的再次强调。宏观经济学课程是高校中经管类各专业的公共基础课，也是学生理解、认识和分析宏观经济现象和经济发展实践的基本理论工具，在社科类各专业的教学中都具有重要地位。宏观经济学课程思政对于培养学生思考和分析问题、预测宏观经济发展趋势并形成判断决策等能力，具有重要的现实意义。

一、《宏观经济学》实施课程思政的必要性

首先，传统《宏观经济学》内容不能满足学生理解新时代中国经济发展的

需要。中国经济发展阶段已经进入新时代，适应实践发展需要的经济理论、思维方式和政策举措都在发生重要变化。传统《宏观经济学》教学内容仍以西方典型经济运行模式为前提进行理论和政策分析，已经不能满足学生认识当前中国经济现实、解决经济问题的学习和训练要求。将习近平新时代中国特色社会主义经济思想融入《宏观经济学》教学中，对于培养学生认知中国、服务中国的能力具有重要意义。

其次，宏观经济学中存在一定意识形态问题。宏观经济学是经济类专业学生考研进修乃至管理类专业的必修课程，但很多理论尚存在分歧、争论和质疑。同时宏观经济学存在资本主义意识形态，该理论本身是西方社会上层建筑的一部分。宏观经济学的理论体系来自资本主义西方经济学"非道德性"学科体系，如理性的"经济人"、效用最大化、成本最小化、利润最大化等一系列的假设和原理体现出无论是个人还是企业的主体本位和功利主义倾向，从而在社会关系中表现为极大利己主义或者功利主义，对许多大学生价值观产生潜移默化的负面影响。思政教育融入课堂可在学生中广泛树立正确的世界观、学习观、价值观，打破对大学生进行价值观教育主要依赖于思想政治理论课的认识，将社会主义核心价值观融入专业课学习中。

最后，国家经济社会发展需要培养德才兼备的经管人才。当前中国外部环境更加严峻复杂，国内长期积累的结构性矛盾依然突出。《宏观经济学》课程思政的重要意义在于，通过结合课程主要内容的各个知识点和思政元素，将我国经济体制改革、社会主义制度优越性渗透进来，潜移默化地加强学生对我国经济体系、市场经济体制改革更深层次的理解，从学科知识点的角度进一步理解并坚定"四个自信"。进而培养出既符合社会、行业发展需要，又具备爱党爱国、德育双修的经管人才。

二、《宏观经济学》 课程思政实施存在的问题

随着对课程思政的重视，《宏观经济学》课程思政建设也在推进，教学内容中逐步融入课程思政内容，教学方法上不断丰富，一定程度上加强了课程思政的建设。但目前仍存在以下问题：

（一）对课程思政教育的重要性认识不够

长期以来，经济学基础授课教师主要讲授西方经济学的理论知识，更多注重传授国民收入核算和决定、失业和通货膨胀、经济周期和经济增长、宏观经济政策等基本概念，课程教学团队已经形成了相对稳定的教学模式。课程思政是一个新生事物，如何把思政观点加入教学当中需要不断思考和探索，专业课任课教师在思想认识上对课程思政教育的重要性认识不够，没有和马克思主义学院的思政类课程专业教师共同组建课程思政教学团队，彼此之间缺乏沟通和交流，专业课隐性思政与思想政治理论课的显性思政共同育人的力度还需要加大。

（二）教材内容与课程思政融合不足

在宏观经济学授课内容中，主要涉及国民收入核算的方法、国民收入决定理论、失业和通货膨胀理论、经济周期和经济增长理论、宏观经济政策等内容，但对结合改革开放 40 年的数据变化，结合中国国情和实际经济生活来剖析、研究和思考的思政元素缺乏有效挖掘。由于内容上缺少跟经济相关的思政知识，学生在学习西方经济学的时候结合的思想政治内容较少。一些教材内容陈旧，思政内容仍停留在批判西方经济学的层面，并没有涉及专业的思政教材的核心内容。有的教材思政内容体系与经济学知识没有融合，在章节前面介绍该章节的重点概念、理论框架、模型假设和重要结论，在总结部分却安排了对之前内容的批判和否定，在实际教学过程中导致学生产生一些困惑。

（三）教学过程中缺乏对学生的价值引导，教学目标育人功能不强

一般制定课程的教学大纲主要从知识目标和能力目标两方面着手，要求学生能够运用所学理论与实际相联系，利用所学的宏观经济理论和方法分析思考和研究中国经济改革和经济建设中的实际问题，增强分析问题和解决问题的能力。在实际教学中，该课程在教学目标中主要侧重《宏观经济学》理论知识的传授与能力的培养，鲜有教师去思考《宏观经济学》课程的育人功能，难以发挥该课程在培养学生人文主义精神和高尚的道德品格方面的作用。

（四）教学过程中学生自主学习积极性不足

当前学生在就业的驱动与影响下，在课程及学习内容的选择方面功利主义思想根深蒂固，重实务课、轻理论课的倾向比较严重，凡是有助于就业或能为就业加分的课程与内容，学生非常重视与主动，而对于一些看似对其就业没有影响或影响不大的课程和内容就比较忽视或没有兴趣，《宏观经济学》作为一门理论基础课，理论性比较强，所涉及的各种宏观经济问题学生感觉与自己似乎关系不大，学习兴趣较弱。这种错误认知需要在教学过程中进行"纠偏"，引导学生在学习过程中树立正确的人生观和价值取向。另外，一门课程的"课程思政"是一个系统工程，要真正实现课程教学全程育人目标，对于学生德育方面的考核也应该是"课程思政"教学过程中的重要环节。目前德育因素尚未融入学生期末考核内容中，德育因素尚未充分挖掘，未能完全发挥该课程的育人功能。

三、 实施《宏观经济学》 课程思政的对策建议

（一）转变教学理念是实施课程思政的重要前提

首先，在《宏观经济学》教学中要改变以往单纯传授知识，不强调价值取向的问题。在讲授宏观经济理论时，要用马克思主义的立场、价值观和方法论向学生讲解经济理论，让理论服务于中国社会主义经济发展实践，让学生能够更全面、辩证地对待宏观经济学理论，坚持正确的价值导向。同时还要将品德教育和素质教育融入讲授内容中，如在讲授消费理论时，让学生懂得"由俭入奢易，由奢入俭难"的道理，谨慎使用花呗等超前消费，鼓励学生理性消费，养成崇尚节俭的品德；在讲授就业理论时，引导学生提高忧患意识，清楚认识复杂的就业形势，扎实学习知识和技能，提高自身的综合能力和素质。

其次，以培养大学生民族自豪感和使命担当作为教学的出发点。目前中国经济建设取得重大成就，GDP 总量稳居世界第二，人均收入水平不断提高，经济结构不断优化，经济竞争力不断增强。但当前中国经济也面临增速放缓，经济结构转型、提质增效升级的动能不足，外部国际经济环境恶化、中美贸易摩

擦等诸多问题。在教学中要把中国经济建设所取得的伟大成就、面临的现实与未来的严峻挑战融入课本知识的讲授中，使大学生自觉地把自身成长成才与国家未来发展命运紧密联系起来，潜移默化地培养民族自信心和为国奋斗的使命担当。

（二）从教学内容中挖掘思政映射与融入点

课程思政融入《宏观经济学》离不开对教学内容的优化。从《宏观经济学》的教学需要出发，课程思政的重点是加入习近平新时代中国特色社会主义经济思想相关理论和实践经验的教学内容。

首先，要围绕中国宏观经济实践成就和理论创新，找准课程思政内容与宏观经济学教学需要的合理结合点。认真梳理习近平新时代中国特色社会主义经济思想中与其相关的主要知识点，将习近平新时代中国特色社会主义经济思想相关知识内容纳入宏观经济学教学体系中。对传统西方宏观理论要进一步对最基本、最核心的知识体系进行提炼，压缩已经过时和与实际脱节的内容；同时，要分析西方经济理论解释和解决中国问题的局限和不足，加入习近平新时代中国特色社会主义经济思想相关内容的讲解、与西方理论的比较分析、对中国发展现实问题的讨论等。

其次，进一步完善讲义，优化教学内容。在宏观经济政策相关章节，融入中国近年来财政政策和货币政策，结合我国社会主要市场经济体系不断完善的成就，引导学生理解我国宏观调控的制度优势和治理效能；在总需求—总供给章节中，结合供给侧结构性改革，全面分析讲解供给的作用机制和调控手段，比较我国供给侧结构性改革与西方供给学派相关理论的区别，分析我国供给侧结构性改革取得的成效；在经济增长章节，加入新发展理念、经济高质量发展、增强创新驱动等内容，使学生更加全面和系统地认知中国经济发展的根本目的，提升学生对我国经济发展的规律性认识；在开放条件下宏观经济相关章节，加入"一带一路"建设、构建人类命运共同体、开放发展理念等内容，使学生更加深入地理解在现有国际环境中高水平开放与宏观经济高质量发展的关系。

（三）不断优化《宏观经济学》课程中的思政教学方法

应不断优化《宏观经济学》课程中的思政教学方法，在专业课教学中融入思想政治教育元素，真正让学生入脑、入心。

首先，优化教学方法，提高学生参与和自主学习的积极性。课程思政讲究"润物细无声"，即承担"课程思政"的教师应在课堂教学的点滴之间影响学生，使其在学习专业课程的同时潜移默化地巩固思政内容。《宏观经济学》本身具有很强的现实性，要结合现实问题才能激发学生兴趣，让学生真正掌握和学会运用。在教学方法方面，为了达到思政化课程的目的，专业课教师应探索恰当的方式甚至多种方式的结合，以实现思政教学效果。可以使用案例教学、模拟教学、对比教学等方法，让学生通过收集案例、提出问题、课题讨论、展示汇报等方式，提高学生的问题意识、锻炼学生分析和研究问题能力。

其次，丰富教学手段，运用好"课堂+互联网"的混合多元模式。新媒体的迅猛发展深刻改变了年轻学生获取信息的方式，互联网与教育教学的深度融合已成必然趋势。借此将思政内容转变为"可听、可看、可思考"的在线教学片段，改变传统填鸭式灌输，提高学生自觉学习热情。除了课堂上教师讲授外，将课程思政的内容利用慕课视频和信息化教学平台展现和推送给学生，以线上、线下互动方式开展案例分析、答疑、探讨等活动，形成课程思政教育在时空和载体上的拓展，能够增强教学资源整合程度，更充分提供教学互动平台，也更有利于激励和监督学生参与课程互动。同时也有利于发挥互联网平台便于记录过程数据的优势，更加注重过程考核，更好地激励、引导和评价学生学习过程。

（四）完善考核方式，提升思政教育成效

宏观经济学课程思政改革不仅要求有针对性地调整原有的教学方法和教学方案，还应适度调整对该课程教学效果的考核，综合性动态考查学生学习的全过程，以检验该课程全面育人的效果。在考核内容上，应调整课程的考核范围，以有效考察学生综合学习效果。不仅要考查学生对宏观经济理论与政策的理解与把握，同时应增加对与德育元素结合紧密的相关知识点的考核，如在考核内容中要合理增加习近平新时代中国特色社会主义经济思想相关知识点理解

和分析运用能力的考察，以全面检视宏观经济学课程思政改革的成效。在考核方式上，要注重过程考核和综合运用能力考察，适当提高平时成绩，平时成绩可增加依据学生在"课程思政"教学实践中的积极参与和临场表现所得分数的占比，以强化"课程思政"的过程考核。

参考文献

[1] 王晓军，刘加林. 课程思政融入宏观经济学课程教学的探索 [J]. 高教学刊，2021，7（20）：110-113.

[2] 茆健，李梓毓，杨晓丹. 宏观经济学课程思政元素的挖掘及其融合探究 [J]. 对外经贸，2021（2）：120-123.

[3] 李舟. 宏观经济学课程思政教学实施探析——以广西科技大学的教学实践为例 [J]. 对外经贸，2021（1）：147-151.

[4] 吴万宗，潘瑞姣. "比较式"案例教学方法在课程思政建设中的应用——以《宏观经济学》课程为例 [J]. 创新创业理论研究与实践，2018，1（16）：15-16.

[5] 张申，万静，高倩然. 金融专业"课程思政"建设方法探讨——以"国际金融""宏观经济学"课程为例 [J]. 教育教学论坛，2021（16）：81-84.

一流课程建设背景下《统计学》课程
教学改革的探讨

张恩英

（哈尔滨商业大学　哈尔滨　150028）

【摘要】根据教育部一流课程建设标准，思考《统计学》课程教学改革，挖掘思政元素，强化课程思政；贯彻学为中心、产出导向、持续改进的 OBE 教学理念，开展"线上+线下""课前+课中+课后"的混合式教学，重构"三模块""四层次"的教学内容和教学方法体系，着力培养学生自主学习能力和探索能力，做到"两性一度"。

【关键词】一流课程；课程思政；OBE 理念；线上线下混合式教学

一、 引言

　　课程是人才培养的核心要素，课程质量直接决定人才培养的质量。为贯彻落实习近平总书记关于教育的重要论述和全国教育大会精神，必须深化教育教学改革，把教学改革成果落实到课程建设上。2019 年 10 月，中华人民共和国教育部发布《关于一流本科课程建设的实施意见》（教高〔2019〕8 号），提出关于"一流课程"建设的总体要求、建设内容和实施一流本科课程双万计划等方面的内容。一流本科课程的建设，将示范并带动更多的高校和教师积极参与，全面推动课程内容、课程结构和教学方式方法的改革，助力推动中国高等教育跃上新台阶。

　　《统计学》课程既是经济管理类专业的学科基础课，也是其他诸多人文社科类专业及计算机等理学专业的通识性课程，同时还是广大实务工作者的普及性课程。可以说统计学课程具有应用性广、基础性强、实用性高的特点。结合我校教学研究型大学的办学定位和实际学情校情，对标线上线下混合式一流课程要求，依托于智慧树共享课和翻转课在线平台，打造线上线下混合式一流本科课程。

二、 一流课程建设与《统计学》 课程思政

根据一流本科课程建设的总体要求，"以习近平新时代中国特色社会主义思想为指导，贯彻落实党的十九大精神，落实立德树人根本任务，把立德树人成效作为检验高校一切工作的根本标准，深入挖掘各类课程和教学方式中蕴含的思想政治教育元素，建设适应新时代要求的一流本科课程"。通过专业知识教育与思想政治教育的紧密结合，将价值塑造、知识传授和能力培养三者融为一体，是一流本科课程建设的重要条件。

《统计学》是一门关于数据的通用方法论科学，应用范围几乎覆盖了社会科学和自然科学的各个领域。它提供收集、整理、描述、分析数据的方法，并以此推断事物的本质，预测其未来发展的课程，主要培养学生分析处理数据，将所学知识应用于分析社会经济问题的能力。随着数据科学的迅速发展，统计学已成为未来个人职业发展的必备技能。因此，把课程思政融入统计学课程教学中，对各类人才价值塑造均会起到至关重要的作用。

（一）挖掘思政元素

在《统计学》课程教学中，善于发掘并运用思政元素，培养大学生的统计素养，能够以严谨、求真、务实的态度收集数据，以精益求精的精神处理数据，以唯物辩证的思维分析数据，以客观、公正、谨慎的方式解释数据。在这一过程中，隐含着很多为人处事的思想、思维方式，对大学生的成长起着潜移默化的影响。因此，《统计学》教学大纲及教学设计中，思政理念应充分体现在教学目标中，引导学生树立起科学、正确的价值观、世界观、人生观，培养学生的科学精神、爱国情操。例如，可以运用统计数据讲好中国共产党百年故事，通过统计数据展现中国共产党带领全中国各族人民从积贫积弱到国富民强，从备受欺凌到屹立东方，从站起来、富起来到强起来的伟大飞跃，使学生

树立民族自豪感和使命感。通过实际问题的线性回归分析和时间序列分析，使学生了解中华民族伟大复兴的历史必然、发展条件及长期趋势。将《统计学》课程教学与思政教育紧密融合，促进大学生全面发展。

（二）培养科学精神

统计学是一门科学，在实践应用过程中要具备科学精神，坚持科学的经验原则，浸透实证精神。统计学中数据的收集、整理、分析与解释的过程要基于事实，客观完整、精益求精、严谨求真。在统计实践中数据的准确度、分析方法的合理性、结果的可解释性必须严格掌控。统计分析需要数据准确，准确性是统计工作的生命线，没有真实可靠的统计数据，就难以得出正确的结论。因此，在讲授统计数据收集时，可以结合案例讲授各种统计信息失真的危害。统计数据的收集必须具有求真精神和踏实严谨的工作作风。在做数据处理时，要实事求是，切不可随意为了某些目的而篡改数据。选用分析方法时，要严谨地检验方法的适用性，例如，假设检验和方差分析通常要求数据服从正态分布和方差齐性。回归模型的建立也应通过统计学检验、经济理论检验、计量经济检验，通过对这些方法的运用培养学生一丝不苟、求真至善的科学精神，对模型精雕细琢、精益求精的工匠精神。再如，回归分析中参数求解的最小平方法，让学生理解摸着石头过河是改革的最佳路径。解释分析结果时，要结合现实进行验证。面对问题时，通过数据进行分析研判，形成科学结论，树立追求真理的科学精神。另外，也要求学生对已有数据、选用方法、分析结果及解释结论等进行辩证的思考，培养统计思辨及创新能力。

（三）树立正确的伦理操守

学生要树立正确的统计伦理操守，提高学生的统计尽责与统计问责的伦理精神，增强学生统计责任意识。统计工作的最终目的是服务社会，归根结底应该对社会公众负责。因此要求在做统计工作时应在职业作风、职业态度、职业观念等方面严格要求自己。"忠诚统计，乐于奉献；实事求是，不出假数；依法统计，严守秘密；公正透明，服务社会。"保障统计资料的准确性、及时性和全面性也是《统计法》的基本要求。在课程教学中，培养学生对数据敬畏的态度，促进学生法治思维的培育和能力提升，同时培养学生强烈的道德感，增强社会责任感，树立正确的统计伦理操守。

三、 一流课程建设与教学理念改革

立足一流本科建设和经济管理类专业人才培养的总体目标，适应人工智能、大数据、云计算、区块链等智能化时代来临对统计与数据分析的技术、手段和方法带来颠覆性的变革与挑战，贯彻 OBE 理念，打造统计学线上线下混合式一流本科课程，为培养高素质经管类人才提供支撑。具体从以下几个方面入手：

（一） 设定教学目标

OBE 理念关注学生通过教学活动最终获得的学习成果，因此，课程教学目标应与人才培养目标相契合，致力于学生知识目标、能力目标、素质目标及价值目标的培养，将社会需求与教学活动紧密相连，注重学生素质和能力的培养，确实提高教学质量。

知识目标：在整个教学过程中，贯彻"学为中心、产出导向、持续改进"的 OBE 教学理念，通过本课程的学习，使学生获得如何收集、整理、分析统计资料的基础知识和基本技能。

能力目标：使学生在"学中做、做中学"，促进学生养成自觉获取知识和运用统计数据的习惯，具备在已掌握的统计学方法的基础上进行相关方法进一步学习与拓展的基本能力；熟练运用统计学的理论和方法解决所学专业实际问题的基本能力。

素质目标：统计学课程教学致力于人才素质与时代发展特征、社会经济需求、人才培养目标及学生个性发展相适应，培养学生的统计学思辨素养与家国情怀。

价值目标：统计学课程着眼于培养社会主义事业的建设者与接班人，把课程思政、立德树人贯穿于统计学教学的全过程，发挥课程育人和价值引领作用。

（二） 瞄准"两性一度"

针对大学生学习动力不强、学习热情不高、学业压力不大、学业成就不足等现象，统计学课程教学必须设立高标准，强调"两性一度"，即高阶性、创新性、挑战度，培养高阶思维，增强智力挑战，加大创新力度。

（三）实现产教融合

建立产教融合、协同育人的培养模式，提升学生的统计数据分析的实践创新能力。加强实习基地建设，聘请专业人士对学生的实践操作进行指导，以真实案例拓宽学生的眼界，提高学生实践操作能力。

四、 一流课程建设与线上线下混合式教学模式改革

"线上+线下"混合式教学改革不只是教育技术的创新和改革，更是在内容上、理念上的深度革新，是高校人才培养的基石。当下，除传统课堂，学生还有更多获取信息的手段，线上的学习资源也越来越丰富。在传统课堂上，教师怎样能够让学生燃起热情，主动参与课堂，达到良好的学习效果，是高等教育改革需要迫切关注和解决的问题。

（一）"线上+线下"混合式教学模式的特征

与传统教学模式相比，"线上+线下"混合式教学具有如下特征：第一，混合式教学模式不是"线上"和"线下"两种途径教学活动的简单相加，线上教学环节和线下教学环节并不是独立存在的，而是紧密结合在一起，相互配合的教学环节；第二，"线上"教学环节是整个教学活动的必备活动，不是仅仅作为"线下"课堂教学环节的辅助活动而存在；第三，混合式教学的"线下"教学环节，不能照搬传统的课堂教学，要基于"线上"教学开展更加深入的教学活动；第四，"线上+线下"混合式教学模式改革，是实现传统课堂教学的重构，有效拓展传统教学模式的时间和空间限制，激发学生自主学习的主动性和积极性，有效提高课程教学效果。

（二）"线上+线下"混合式教学模式的组织实施

课前自学要求学生充分利用线上教学资源，包括教学视频、教学 PPT、电子教材、相关纪录片等课程资源进行预习，发现并整理自学过程中存在的疑

惑，让学生带着较好的知识基础和对问题的深入思考走进教室。

课中采取"测试+学生课堂研讨+教师点评讲授"的互动式教学方式，利用随机点名、抢答、投票、头脑风暴等数字化教学技术，把学生课下预习中存在的问题通过生讲生评、生讲师评进行研讨式教学，使学生既学到了知识，又拓宽了思路，让学生真正融入课堂教学中，提高学生参与度。

课后，学生通过完成作业和小组讨论，巩固复习，训练学生解决实际问题的能力。课后老师通过翻转课堂布置作业，同学们按时上传至"线上"学习平台，通过翻转课堂的"线上"平台可以随时接收并批阅学生的作业，同时给出成绩和评价。通过"线上"教学平台学生不仅可以向老师咨询问题，而且可以通过"线上"教学平台与同学之间进行相互交流学习。

五、 一流课程建设与课程教学内容教学方法改革

依据《统计学》课程的培养目标，结合大数据时代对统计数据分析人才的需求，重构"三模块""四层次"的教学内容与教学方法体系。

（一）聚焦"四新""四融"，设计三模块教学内容

统计学课程作为通用的方法论科学，在内容设计上应聚焦新工科、新医科、新农科、新文科建设，增加体现多学科思维融合、产业技术与学科理论融合、跨专业能力融合、多学科项目实践融合的内容，设计"三模块"内容体系。即描述统计方法模块，包括统计图、表的设计和运用，对现象集中趋势的描述，离散趋势的描述等；推断统计方法模块，包括参数估计方法，假设检验方法，方差分析方法等；专门性统计分析方法模块，一些统计方法具有描述和推断的共同特征，并应用于特定的研究对象，如相关与回归分析、时间序列分析、统计指数等。

（二）坚持"两性一度"，打造四层次的方法体系

针对"三模块"内容体系，依托课程培养目标，注重提升课程的高阶性、突出课程的创新性，增加课程的挑战度，打造"四层次"方法体系。基础性层次，使学生掌握统计学的基本理论和基本方法，对客观现象进行统计描述；高

阶性层次，使学生可以利用统计指标解释现实经济问题，设计统计调查、整理与分析的具体方案；创新性层次，使学生可以对现实经济问题进行分析、推断与检验，提出具体的解决办法；挑战度层次，组织学生参与经济普查、农业普查等普查工作、参加学科竞赛及教师的课题研究，拓展课程内容，提升学生利用统计学知识解决实际问题的能力。

六、 结语

根据一流课程建设的总体要求，我校统计学课程团队在《统计学》一流课程建设中，充分挖掘思政元素，把课程思政贯穿于教学全过程。确立学生中心、产出导向、持续改进的理念，注重课程内容与方法的改革，提升课程的高阶性，突出课程的创新性，增加课程的挑战度。积极推进"线上+线下"混合式教学模式改革，强化师生互动、生生互动，让课堂活起来，让学生忙起来，不断优化教学设计和实施，培养学生自主学习和独立思考的能力，着力建设《统计学》线上线下混合式一流课程。

参考文献

[1]韩中."互联网+"时代线上线下混合式教学模式的设计与应用——以《统计学》国家精品在线课程为例 [J]. 广西教育学院学报，2020（6）：169-172.

[2]景湘李. OBE 理念下的统计学导论课程教学改革实践 [J]. 科技视界，2021（14）：8-10.

[3]石红溶. 大数据背景下的统计学教学改革 [J]. 西安文理学院学报（社会科学版），2021（1）：84-87.

[4]张馨文等. 课程思政背景下统计学混合式金课建设 [J]. 教育观察，2021（2）：43-45，53.

经济学类研究型课程建设的理论与实践研究

——以网络经济学为例

韩朝亮　尹　龙

（哈尔滨商业大学　经济学院　哈尔滨　150028）

【摘要】 经济学作为社会科学的基础学科，其已形成相对规范的学科体系。相对于规范的学科体系，经济学教学过程中仍以传统的知识讲授为主，缺乏对学生自主研究能力的培养，限制了同学运用经济学理论与方法解释现实问题的能力。随着新经济现象的不断涌现，亟须构建以研究型课程为主导的全新授课体系，以适应经济实践的要求。本研究以网络经济学课程为例，系统论述了研究型课程建设的具体实践，以期适应新经济特征要求。

【关键词】 新经济现象；网络经济学；研究型课程

一、引言

经济学作为社会科学的基础，为社会科学研究提供了基本理论与研究方法。经济学以其规范性、科学性，一直被誉为"社会科学皇冠上的明珠"。随着经济实践的不断变化，经济学也不断尝试修正其基本假设、理论体系与研究方法，不断从数学、物理学等自然科学吸取方法论基础，更好地解释变化中的经济新情况、新特征。相对于动态变化的经济学研究，经济学教学过程中仍以传统的知识讲授为主，缺乏对学生自主研究能力的培养，缺乏提出问题—文献综述—理论模型—实证检验—结论规范范式的培养，限制了同学运用经济学理论与方法解释现实问题的能力。随着数字经济时代的来临，经济现象日新月异，如果仍然以新古典经济学的讲授为主，那么不仅不能有效地解释新经济现象，更为重要的是无法从实证角度验证其基本理论。因此亟须建立规范的经济学研究型课程，培养学生规范的研究范式，以解释新经济现象，适应不断变化的未来。

二、 经济学类研究型课程建设的理论范式

经济学学习的目的是更好地解释不断变化的经济学实践，相应地如果经济实践发展深刻变化，那么经济学学习的理论体系与方法体系都需要重构。在数字经济时代，新经济现象层出不穷，如果仍然以知识讲授，通过对过去的经验总结，去应对未来变化，显然难以适应新时代特征的要求。因此，亟须建立研究型课堂，通过规范的研究范式的讲解与应用，强化学生自主研究的能力。通过自主研究能力的确立，学生可以自主发现问题，通过文献梳理发现边际贡献，通过理论模型的构建与实证检验，自主产生该问题研究的结论，从而自主运用经济学理论与方法解释新经济现象。

为了适应研究型课程建设，需要重构课程体系。在授课之前，需要学生基本了解课程内容，因此线上课程建设尤为重要，通过假期对线上课程的自学，学生基本了解课程的基本知识点与课程逻辑。更为关键的是，学生带着问题进入课堂，使课程真正进入问题导向。同时，学生会尝试利用线上学习理论体系，解释不断发展的经济现象，如果在解释过程中存在偏差，学生会带着偏差（问题）进入课堂，增强了学生学习的主动性。在实际授课过程中，需要重塑课程体系。首先需要从内容讲授向前沿讲授转化，需要授课教师将课程理论前沿、研究方法前沿主动讲授给学生，进一步夯实学生理论基础。其次，要借助案例库建设，不断尝试利用理论体系，解释不断变化的新经济现象，锻炼学生利用理论方法不断解释新经济现象的能力。再次，需要大量的课堂讨论过程，将学生前期积累的问题集中讨论，锻炼学生自主产生结论的能力。最后，在实际授课的过程中，需要大量翻转课堂的实践，教师通过翻转课堂，使学生在学习过程中汲取新知识。在课后，需要全新的考核形式。论文作为考核形式的主要依据，需要学生利用"提出问题—文献综述—理论模型—实证检验—结论"的规范范式，自主研究问题，产生结论。同时在考核过程中，需要增加面试环

节，考核每个学生的知识体系完整性，通过面试过程的旁听，其他学生也重新梳理课程的知识体系。

三、 网络经济学课程的典型实践

随着数字经济时代的来临，计算机网络、移动互联网、物联网深度融合构成了万物互联的社会经济网络，网络组织成为配置资源的主要方式。网络组织在配置资源的过程中，出现了新的经济现象。从网络节点看，存在显著的外部性。提供网络产品的厂商采取免费甚至补贴的方式，获取用户安装基础，价格不再是决定资源配置的主要方式。网络产品在相关市场具有寡头垄断的市场结构，滥用市场行为的可能性增加。传统微观经济学、产业经济学、信息经济学对上述新经济现象的解释能力有限，亟须新的理论对上述经济现象进行解释，因此《网络经济学》课程应运而生。

《网络经济学》课程主要研究网络组织的产生原因、经济特征、竞争策略、市场结构、公共政策。在实际授课过程中，课程团队创新性地将科研成果引入课堂，以计算机网络、移动互联网、物联网、区块链、大数据、算法、人工智能、云计算、边缘计算等通用信息技术的经济学逻辑讲解为切入点，解释网络外部性的产生原因与过程。在此基础上介绍网络外部性的概念、特征、分类，重点说明网络外部性对消费者效用、厂商供给以及市场均衡的影响。由于网络外部性的存在，导致网络产品供求过程中存在显著的转移成本、锁定、路径依赖、正反馈、临界容量等新经济特征。因此，对于网络产品供给厂商而言，往往采取兼容、锁定、定价、限制进入等策略，获取网络外部性与寡头垄断市场结构。由于网络外部性与厂商竞争策略的存在，导致网络产品在相关市场往往处于寡头垄断的市场结构，因此根据产业组织理论的前沿成果，需要重点识别厂商的市场行为，对市场行为产生的市场绩效进行考察。由于垄断、外部性、公共物品和信息不对称等因素的存在，网络产品存在显著的市场失灵，具体表现为滥用市场支配地位、价格离散、次优技术获胜、数字鸿沟等。为了实现网络产品的最优配置，需要政府提供反垄断政策、标准政策、普遍服务、知识产权政策等，同时规避政府失灵。

四、 网络经济学课程的教学改革

为了适应新经济现象的需要，根据课程内容的要求，我们积极探索教学改革。重点以科研成果为依托，探索从教学型课堂向研究型课堂转变。通过线上课程和教材的前期学习，要求学生掌握基本的知识点，课堂授课主要梳理相应知识点的逻辑关系，并在每一章节分享经典文献，开展课堂讨论，训练学生提出问题—文献综述—理论模型—实证检验—结论建议的科学范式，加速学生由学习知识向自主创新转变。由于网络经济学海量的现实经典案例，课程团队积极探索从例证教学向案例教学的转化。通过对经典案例的前期挖掘与动态更新，初步形成 25 个规范案例，覆盖主要授课内容。通过案例教学，重点验证网络经济学的课程内容，并对内容进行补充和修正。由于案例教学的实施，伴生了师生角色的转变，翻转课堂自然实现。顺应教学改革的需要，课程团队积极探索"期末考试+结构化面试+课程论文"的多元考核方式。期末考试主要考核学生的知识点掌握情况，结构化面试重点考察学生的知识逻辑，课程论文集中关注学生知识的运用。尤其在结构化面试环节，不仅可以对学生的逻辑框架进行清晰判断，更为关键的是，可以有效收集学生对课程进一步改进的意见与建议，为下一轮课程动态更新提供依据。

为了确保教学改革的顺利实施，课程团队建设了形式多样、内容丰富的教学资源，主要涵盖线上课程、纪录片、案例库、经典文献、科研项目等。借助厦门大学《网络经济学》国家级精品课资源，学生可以完成课程知识点的学习。通过《互联网时代》《互联网之子》等纪录片资源，拓展学生对通用信息技术的认知。借助自主开发案例库，鼓励同学自我探索精神。通过经典文献阅读，实现学生由知识学习向自主创新转化。借助科研项目，提升了学生具体运用知识的能力。

通过课程建设，课程团队初步形成了部分创新与成效。课程契合数字经济时代对科学技术与经济学规律的要求，以通用信息技术的引入，剖析其底层逻辑，带动了学生科学素养的整体提高。以研究为主导的基本思路，培养了学生科学研究能力，实现从知识输出向能力输出转变。以问题驱动的教学模式创新，学生带科学问题进课堂，自己寻求问题解决，通过课程团队辅导，有效解决了学生发现问题能力薄弱的问题。课程教学内容贴近现实,并根据实践变化,动态更新教学案例,实现了理论与现实的无缝衔接。

在课程实施的 5 年时间里,学生课堂学习兴趣盎然,效果显著,在学生评教与督导专家评教过程中都取得了优秀的评价意见。依托《网络经济学》课程,学生获得国家级竞赛奖励 16 项,省级竞赛奖励 5 项,厅级竞赛奖励 2 项;获批大学生创新创业训练计划项目 7 项,其中,国家级 1 项,省级 2 项,校级 4 项;发表各类论文 17 篇。课程团队依托《网络经济学》课程获得黑龙江省高等教育教学成果奖特等奖 1 项,哈尔滨商业大学高等教育教学成果奖 1 项;获批黑龙江省高等教育教学改革重点委托项目 1 项,发表各类教学科研论文 12 篇。《网络经济学》课程是为了适应数字经济时代需求,是课程团队将长期科研成果转化的结果,我们的初衷是尝试对传统经济学的修正,更好地解释不断变化的网络新经济现象。

五、 结语

经济学作为社会科学的基础学科,其已形成相对规范的学科体系。相对于规范的学科体系,经济学教学过程中仍以传统的知识讲授为主,缺乏对学生自主研究能力的培养,限制了学生运用经济学理论与方法解释现实问题的能力。随着新经济现象的不断涌现,亟须构建以研究型课程为主导的全新授课体系,以适应经济实践的要求。本研究认为,在授课之前,需要强化在线课程建设,使同学基本了解课程的基本知识点与课程逻辑。在授课过程中,需要讲授前沿理论与方法,增加案例教学与翻转课堂实践,增强学生主动研究能力。在授课之后,需要辅助课程论文与面试考核方式,进一步夯实学生研究能力与知识体系。

参考文献

[1]李艳梅，冯婉玲. 研究型教学模式下的本科精品课程建设 [J]. 中国大学教学，2003，(8)：4-11.

[2]钟文芳. 研究型课程的定位、特点及实施中的难点问题 [J]. 课程·教材·教法，2002，(12)：142-144，147.

[3]王纾. 中美研究型大学本科课程教学的比较研究：以学生课程学习体验为视角 [J]. 外国教育研究，2012，39 (4)：74-78.

[4]陈甜. 地方本科院校应用型课程体系重构问题研究 [J]. 教育探索，2021 (5)：64-68.

[5]汪洪桥，蔡艳宁. 面向科研能力培养的研究型教学在人工智能课程中的实践 [J]. 高教学刊，2021，7 (12)：59-65.

基金项目：2019 年度黑龙江省高等教育教学改革研究重点委托项目"新商科人才培养体系构建与人才培养质量评价研究"（项目编号：SJGZ20190025）阶段性成果。

基于线上与线下融合的《产业经济学》
"金课"建设研究

王彦庆

（哈尔滨商业大学　哈尔滨　150028）

【摘要】互联网时代要求教学方式手段随之调整，如何结合线上与线下优势，打造基于二者融合的"金课"，成为产业经济学人才培养质量提升的关键环节。针对产业经济学课程建设中存在教学方式落后，教学考核方式、考核标准等不适合"金课"问题，提出产业经济学课程建设应从教学方式、教材等教学资源建设、考核方式、课程评价方式等方面进行完善，最终实现"金课"建设目标。

【关键词】产业经济学；线上线下；"金课"；融合

"金课"一词是在新时代全国高等学校本科教育工作会议首次提出的，要求各高校合理增加课程难度、拓展课程深度，建设有深度、有难度、有挑战度的"金课"。互联网时代的到来，信息技术的发展及应用颠覆了传统的教学理念，并推动了课程教学改革与创新，促使线上与线下融合的教学模式产生。产业经济学是高校经管专业重要的理论基础课程，也是产业经济学专业硕士、博士的核心课程。作为哈尔滨商业大学的校级精品课程与一流建设课程，产业经济学在"金课"与"互联网+教育"的时代背景下，迎来了新的挑战与考验。

"金课"具有高阶性、创新性与挑战度。基于高度发达的互联网技术等现代手段，在传统线下课堂教学的优点基础上，将线上教学与之融合可以形成一种新型的教学模式。产业经济学作为一门应用性较强的应用学科，其最大的特点就在于其和实践相结合而产生的应用性。将产业经济学建设为"金课"的目的在于提高学生对基本概念、原理和相关方法的理解，进而提高学生运用基本的产业经济学理论去分析问题、解决问题，尤其在产业发展过程中解决实践问题的能力。通过能力与思维训练方面的训练，使学生将所学的理论知识内化于心、外化于行，能够自觉运用产业经济学的思维与方法看待、分析实际问题。基于线上和线下的优势，将线上和线下相结合打造产业经济学"金课"，就成为提高学生实践能力的重要手段。

一、 产业经济学课程建设存在的问题

（一）传统教学方式导致课程质量较低

产业经济学培养目标是教会学生利用产业经济学理论解决实践过程中发生的产业经济问题。但在产业经济学的实际教学过程中，更多的是以课堂理论教学方式展开，教师在授课过程中往往更多地强调基础理论知识，将基本概念的讲解和知识点分析放在课程重心上，从而忽视了最为重要的实际理论运用与学生的严密思维训练，以及学生对实践问题解决的逻辑能力。在教学方式上，与大多数其他经济类课程一样，仍局限于课堂教学：一种是传统的老师板书讲解，另一种是老师制作精美的教学课件，结合板书进行讲解。还有就是在新冠肺炎疫情期间，为应对疫情，各学校利用网络资源和多媒体技术开展线上教学，进而形成了线上与线下融合的新趋势。但总体而言，目前的产业经济学教学方式仍以传统的线下课堂教学为主，"满堂灌"仍是主流的教学模式。课上学生只能被动接收信息，基本没有自主思考的时间，很少有师生交流互动，这就导致课堂参与积极性不高，学生课上学习兴趣不大，课堂效率低下，难以培养起学生的自主分析能力。

以哈尔滨商业大学经济学院经济学专业为例，产业经济学课程开设在大三第一学期，共 44 学时，线下全部为理论学时，线上安排 40 个实践学时。其课程安排紧凑，且仍采用传统的教学模式，信息化教学手段不足，课程多以教师讲授理论知识为主，只注重学生的"学"，而忽视了产业经济学的实际应用。大三的学生对产业现实情况了解不足，也缺少相关的产业实习经历，仅靠老师在课堂上对理论知识的讲解，这就使得学生很难把相关知识点理解透彻。这直接导致学生的学习积极性不高，同时也无法实现培养学生对产业经济学实践问题的解决能力，难以真正形成严密的产业经济学思维。

（二）教材更新缓慢导致课程内容滞后实践

改革开放四十多年来，中国经济快速发展，相关的产业体系不断健全，产业相关政策执行有力，产业经济也不断发展，积累了大量产业发展成功经验。因此，原有的产业经济学理论急需进行调整，尤其是应该紧密联系中国产业发展取得的巨大成就，只有这样才能使学生更好地理解产业经济学，并灵活运用相关理论解释我国的成就。目前哈尔滨商业大学产业经济学授课使用的教材是苏东水老先生编写的教材，教材内容体系很好，但是教材在内容上更多是阐述基础产业理论知识，具体与我国产业发展实际案例结合的内容较少。同时教材虽然每几年就有修订，但内容变化不大，总体来说更新缓慢，无法体现产业经济学发展前沿。同时理论与我国产业发展实际联系也不够紧密，教学内容的创新性有待提升。

（三）传统考核方式导致学生学习主动性不高

传统的教学模式下，学生已经习惯于"饭来张口"，老师也就是讲授重复的内容，很难挖掘课程难度与深度。同时，现代学生对于学习的目的并不是很清晰，同时学习的态度也并不是非常端正，因此，课程的考核方式对于学生的学习影响非常大。目前课程的考核方式仍然主要是试卷考核方式，因此，学生采用的应对策略是平时不怎么学，期末考前突击学习，背背老师给画的重点，借鉴学习好学生的笔记，有的时候反而考试还能取得一个好成绩。如何调整课程的考核方式，把平时课程学习过程、讨论情况等纳入考核指标，充分调动学生的学习积极性，就是教师在课程的讲授过程中需要认真思考的问题。

（四）课程评价体系不完善

对于课程进行评价，发现问题，才能及时解决问题，实现课程的提质升级，而课程教学效果的好坏，应该由课程的接受者，也就是学生来评判。但现实的评价体系存在很多问题，比如，我们现在的评教系统就是让学生给老师打分，但是打分的时候，学生能否客观公正就很重要，学生所持的态度就起很大作用。有的学生为了个人的目的，并没有实事求是。课程讲得很好的老师由于考核严格，导致学生给老师评了很低的分数。而上课讨好学生的老师，反而获得了较高的评价分数。此外，评教结果出来后，教务部门的工作就算结束，基本没有及时对老师教学评价结果的反馈与约束，这就导致任课老师难以根据教学中的问题提升教学水平。再有就是同行评价，由于碍于面子，很多情况下这种同行评价流于形式，不能客观反映实际的教学效果。

（五）培养方案调整的刚性导致学时调整困难

目前的大学课堂教学是在有限的课堂时间内，知识的讲解占据了大部分时间，学生的自主探究能力难以得到提升。同时，在大学教育中，由于课时量的限制，大多数课程都存在学时紧张的情况，即使需要结合实际情况，需要增加课时量，但是由于专业的培养方案是既定的，临时增加课程的课时量是不太现实的，这就需要进行教学培养方案方面的创新。

二、 基于线上与线下融合的产业经济学课程"金课" 建设的措施

结合目前线上教学的优势，未来的互联网对教学的影响越来越大，目前产业经济学的教学如果要打造金课，提升教学效果，必须提升含金量。但也不能放弃线下教学的优势，因此，基于线上与线下相结合的混合式教学方式，可以突破时空限制，将课程延伸至课外，有利于提高课堂讲课效果；同时教学方式的改变，有利于激发学生的学习热情，提高课程参与度，提升学生对理论的实际应用能力。具体措施包括：

（一）转变教学方式提升教学效果

转变传统的单纯的课堂板书讲解，结合产业经济学课程特点，必须将理论知识学习、专业能力训练和经济知识理论素质培养贯穿于教学过程，将产业经济理论知识转化为学生知识素质，培养学生联系理论、解决产业经济发展过程中实际问题的综合能力。对于教师而言，对课程教学内容的重新梳理显得尤为必要。可将产业经济学课程内容结合经济学专业特点，精简部分教学内容，可以将授课内容分为产业组织、产业结构、产业布局、产业政策四大部分，每一部分可以以案例引入，同时又以"概念—理论"为主线，再融入最新产业经济学前沿知识。通过前沿知识的引入以及实际案例讲解，可以加深学生对专业理

论的理解，进而引导学生主动探索产业理论发展前沿；同时也能增强学生实际的知识应用能力与素质。

（二）更新教材等相关教学资源建设

中国经济发展的成就举世瞩目，产业方面的发展经验和教训值得经济学者深入研究。因此，教材方面需要结合我国的发展经验进行更新，将教材体系建设纳入教学体系规划。基于优化后的教学内容，可采用现代信息技术，建立在线课程，打造特色教学资源，以满足学生个性化学习需求。目前，哈尔滨商业大学采用智慧树平台作为网络教学平台。产业经济学在线课程包含知识讲解、案例分析、拓展学习、章节测验等模块。知识讲解侧重对课程基本知识点的讲解，针对每一个知识点选取网络优秀开放课程资源或录制视频的方式呈现。案例分析则基于每章节知识点，根据最新产业新闻制作相关案例。拓展学习则引入学科前沿动态，推荐相关学习资源，使学生对前沿理论有更加深入的学习与理解。章节测验则提供章节测试题，供学生检查自身学习掌握程度。此外，产业经济学在线课程为学生提供教学课件、电子教材、课程资料、题库等丰富的课程资源。

（三）创新考核方式

在教学方式上，采用"线上+线下"混合式教学方法，打造以学生为中心的课堂。课前，利用超星线上学习平台发布预习通知及学习任务，培养学生的自主学习能力；课中在对重点、难点知识讲解的基础上，结合案例教学与研讨式教学，引导学生提出问题、分析问题，提高学生课堂参与度，培养学生分析问题与解决问题的能力，同时引入学科前沿理论，培养学生自主探究能力；课后，通过线上作业的发布、主题讨论、答疑，加强师生的交流互动。

"线上+线下"混合式教学成功将课堂延伸至课外，不仅能为不同层次的学生提供个性化的学习服务，也有利于学生利用碎片化时间加强自主学习，有效地解决了学时紧张的情况。由于课前、课后的线上学习不受时空限制，老师可以将较容易掌握的知识点作为课前自主学习任务，留下更多的课堂时间对学生进行启发式、引导式、研讨式教学，以培养学生实际运用能力与探究精神，增强学生的获得感。

（四）创新完善课程评价体系

课程评价体系的建设可以从课堂上的授课、考核、课下学习和期末考核等环节进行完善。在课堂上的授课中，可以通过专业案例分析、经济专题讨论以及分小组作业等环节进行引入，促进学生积极思考，并进行展示，进而提升课程难度；同时融入学科前沿理论知识及自主探究相关研究项目的开展，比如现在的大学生创新创业项目的进行，可以有效拓展课程深度，这方面的成果可以成为考核指标的一部分。随着教学方式的改变，多元化、全面的考核方式将更注重学习过程的考核，从而增加课程挑战度。可以考虑调整考核中各方面成绩的比重，如将课程平时成绩比重由目前的30%调整为40%，甚至50%到60%，而期末可能最后只占成绩的40%。这就避免了学生平时不学，期末突击的情况发生。此外，在期末考核的试卷设计中也要考虑基础理论和实际分析案例方面的比例关系，避免考试变成把老师的讲稿搬到试卷这种情况。课程线上部分的学习情况一般除了考核听课完成率外，可以结合学生课堂上对知识的理解情况，更好地了解学生实际网上学习情况。此外，课程考核的主体除了任课老师外，还可以包括学生之间的互评，这样课程成绩的评定更客观。

（五）适度增加培养方案调整的弹性

目前各专业的培养方案都是学校统一制订，在聘课的时候，直接调用培养方案，老师没有权利调整。可以建议学院统筹规划整体课时，根据需要适当进行调整，增加课时或者减少课时量。这就需要学校教学管理机制更加灵活，更加考虑教学实践需要。需要教务管理人员进行教师访谈，了解教师对教学课时的需要；对学生进行访谈，了解是否有感觉老师在上课时因课程时间过紧，必须加快速度，赶进度这种情况的发生。如有就说明课程的课时量存在较少的情况，教务管理部门就可以和教师进行沟通，协调课时量，进而保证课程的授课质量，真正实现"金课"课程建设目标。

基于线上线下融合进行产业经济学"金课"课程建设，是一个长期的建设过程，需要教学的各个环节参与，全面、多元化、多举措建设，最终实现提升学生综合能力与素质，增强学生的获得感，实现能力与素质的全面提升。

参考文献

［1］陈宝生. 在新时代全国高等学校本科教育工作会议上的讲话［J］. 中国高等教育：2018（3）：4-10.

［2］吴岩. 建设中国"金课"［J］. 中国大学教学，2018（12）：4-9.

［3］谭永平. 混合式教学模式的基本特征及实施策略［J］. 中国职业技术教育，2018，（32）：6-10.

产教融合背景下《国际结算与融资》课程改革初探

吕 佳 吴英艳

（哈尔滨商业大学 哈尔滨 150028）

【摘要】 在产教融合背景下，《国际结算与融资》课程的教学改革应紧跟时代特点，在特色人才培养目标和要求下进行改革创新。要使学生具有银行或进出口企业国际结算岗位所应具备的各种能力，达到从业人员的相关要求。

【关键词】 国际结算与融资；产教融合；特色人才培养；教学改革

2019 年 10 月，伴随国家发展改革委、教育部等六部门印发《国家产教融合建设试点实施方案》，产教融合成为推动教育优先发展、产业创新发展、经济高质量发展的重要战略性举措。《国际结算与融资》是国际经济与贸易、国际商务、金融学、金融工程等专业的主干课。作为一门具有较强实务性和操作性的课程，其教学改革应紧跟时代特点。对《国际结算与融资》课程的改革，整合更多互动性内容以提高教学效果，真正意义上实现教学与实践融合。本课程的改革将课程内容与课堂互动紧密结合，同时，根据国际经济与贸易专业人才培养方案的要求，坚持工作职能为教学内容服务，教学结果为工作岗位加分的实用型人才培养原则。

一、《国际结算与融资》 课程教学中存在的问题

（一）教学模式"重理论、轻实践"

《国际结算与融资》课程的教学内容主要以理论为主，老师在课堂的讲授

内容大多为按照教材的理论讲解，加之板书及 PPT 教学模式，已经无法满足对专业领域知识的深入化了解。课程虽然有相关的实践和案例教学环节，但总体来说，仍缺乏系统性设计。对于学生应用能力的培养主要依赖于填写票据、单据等课后作业，单纯深化理解课程中的相关知识点，对后期实践能力培养缺乏实操性。《国际结算与融资》教材也存在缺少配套性实践操作的问题，缺乏理论结合前沿性研究的相关内容。

（二）学习主要局限在课堂

高校教师大都没有在外贸企业从事国际贸易业务的经验。通常只会针对《国际结算与融资》课程的理论知识来讲解，无法结合实践深入分析，如对单据和票据的制作方面的最新信息掌握不及时，等等。学生在照本宣科的教学方式下学习，校外实习机会较少，毕业后很难将所学内容与实际业务紧密结合。培养国际贸易职业能力训练为主体的实践教学较少。只注重理论教学不能充分调动学生的积极性，也不能培养学生独立开展国际贸易业务的实践能力。

（三）考试方式单一

《国际结算与融资》课程大多注重理论知识考试，训练职业技能和提高素质占比较小。试卷笔试形式较多，口试或论文写作较少；总结性考试较多，过程性考试较少。考试方式按照 7∶3 的比例以卷面考试结合平时成绩来进行测评，一方面，卷面考试题型大体分为选择题、判断题、名词解析和案例分析等，考查学生对基本理论知识、实际操作程序以及结算方式使用的理解和掌握程度，但卷面形式缺乏对学生实际操作能力的评估，且容易养成期末考试前突击复习的习惯，这种方式不利于学生综合能力的提升，阻碍了学生的创新意识。另一方面，学生出勤、课堂表现及课后作业等教学内容要通过学生积极主动学习的方式获得较好的效果，但学生是否真正做到理论结合实践，是否达到所需的学习效果等都无法直观地体现。既不能充分反映该课程的教学质量和教学效果，又不能准确考核学生的全面素质和真实能力。

（四）学生学习动力不足

国际经济与贸易专业学生开设《国际结算与融资》的学期是"大三"上

学期。近年来，很多学生未来的职业规划更倾向于较为稳定的职业，如"考研"和"公考"等，对于进入外贸公司从事外贸业务工作兴趣不大，影响专业学习的主观能动性，缺乏自主创新意识，影响专业能力的正常发挥。此外，学生虽然想亲自参与实践操作，但缺少去贸易公司实习、实践的机会，不能将理论知识很好地运用于实际操作和业务。

二、《国际结算与融资》 课程教学改革措施

（一） 明确改革目标

国际贸易专业特色人才培养模式，既具有一般人才培养模式的特征，又存在国际贸易专业的个性。产教融合背景下，在《国际结算与融资》课程教学中，应明确改革的具体目标和任务，进一步突出对国际结算实践能力的培养，理论教学应围绕实践需要来设置，并能实现学生对各种相关职业资格证书考试需求和提高就业率的要求。

为达到产教融合发展的需求，要进一步明确课程标准，完善考核体系，改革课程内容与课程结构。在课程设计上要参照当前本科教学标准，同时完善课程资源库建设。力求扩充教学内容和方法，完善教学教材和资源库建设，丰富教学方式和教学用具以提高专业主干课水平，结合教学内容设计与教学资源的构建实现教学形态转变和高质量人才培养。

（二） 完善教材建设

在教材建设与选用方面，应制定完善的教材遴选、评审机制，并且能够根据实际要求严格执行。《国际结算与融资》课程的内容更新速度较快，应结合学生层次和教学的实际情况，选用符合国际经济与贸易专业本科教学培养方案的新版教材。

具体而言，即在突出基础教材核心知识点的同时，扩充企业案例以及多媒体形式的辅助材料，尤其可推荐相关企业专家进行专业讲座，提高课程实践性特点，借以辅助教学。

（三） 优化教学内容

《国际结算与融资》课程改革首先从优化教学内容入手，将课程明确分为两大类：理论教学与实践教学，并根据国际贸易中出现的新做法对原教学内容进行调整。如对新出现的结算工具、结算方式进行补充，并据此对教学内容进行补充和完善，保证教学内容的先进性。安排授课内容时应充分考虑到后续课程的衔接。针对不同的授课对象进行个性化教学，将教师对教学的感悟融入讲义、课件，使用不同的案例等。

在突出核心知识的基础上，当前国际结算方式在经济大环境下面临改革创新和挑战，因此需重点强调新兴国际结算和融资方式相关应用，如福费廷业务和备用信用证；此外，根据当前中小企业融资难的现状，增加了融资方法教学的比例；同时，在各种结算方式学习中添加了银行间的头寸拨付。一系列的改革使教学内容更具立体感，更符合专业要求。在完成相关学业课程后，学生可更好地为企业服务，并达到以工作流程为指导、以提升专业能力为目标的人才培养目标，进一步达到产教融合。

（四） 改革教学方法与手段

在教学环节安排上特别注重应用性，加大实践环节的课时，多给学生实践机会，切实加强实验、实习、专业技能训练等实践性课程和教学环节。注意激发学生的学习兴趣，对学生进行学习方法的指导而不是灌输知识。让学生参加一些与教学内容相关的社会实践，使学生既掌握理论知识，又提高动手能力。灵活运用案例教学法、互动式教学法、现场教学法等多种教学方法，来达到以学生为中心，教师起组织者、指导者、帮助者和促进者的作用，利用各种手段充分调动学生的积极性和主动性。

采用现代化的教学手段，打破传统教学方法的时空限制，把无法感知的世界在课堂上活生生地展现在学生面前，通过多媒体课件、模拟软件等现代化的教学手段来使学生更深刻地了解教学内容，在实践中掌握和巩固知识。利用网络技术加强教师和学生的沟通，及时解决学生的各种问题。建立网络教学平台，将授课计划、教学大纲、教案等上传到网络教学平台上，便于学生课下学习和复习。

（五）改革考试制度

在考核内容上注意知识的涵盖面，既有教师在课堂上讲授的内容，又有要求学生自学的内容，调动学生自主学习的积极性。根据《国际结算与融资》课程内容的特点，采用标准化命题方式，大力开展题库建设，配备了供考试抽取组合试卷的试题库。并适当采用口试或与课程相关的小论文写作与期末笔试相结合的考试方法，并增加期中考试环节。这样既有利于学生全面掌握所学知识内容，还有利于锻炼和提高学生的知识运用能力、实际动手能力及业务素质。

改革后的考核形式无论是从考核的时间广度上还是知识能力的全面性上都较为成熟，可实现多方面考查学生综合素质，评估形式也相对成熟，不仅全面考察学生的学习能力，测试学生的综合素质，而且突出检验实践教学结果的目的，在产教融合背景下转变人才培养模式。

（六）推进实训基地建设

所谓建设实训基地，是与相关专业单位合作，以教学内容为基础进行实地培训。实训基地为师生提供培训实习场地，并进行专业化理论指导，帮助学生将校内学习内容和行业工作范畴紧密衔接，理论与实际相结合，是积极推进产教融合下应用型本科建设的关键。在一线外贸企业和银行的指导下，师生可接触到更为前沿的《国际结算与融资》方面的知识，加深对信用证、福费廷、国际保理、托收等结算方式运用的理解，以及对银行的同业拆借等专业术语知识的掌握；同时课程中出现的汇票、支票、本票等结算工具都能在实训基地中一一进行实际操作，丰富课堂教学内容。

校内基地辅助校外基地建设，主要包括国际贸易流程操作培训室、外贸单证实训室等，旨在为学生提供多样化模拟实际操作机会，注重实际业务能力的培养，保证学生在有限时间里不脱离专业情境和职业状态。模拟操作涵盖了国际结算中普遍应用的操作流程，包括各种结算方式与价格条件的搭配，票据、单据的识别与审查，汇款、托收与信用证结算业务的模拟操作，单单审核与单证审核等。校内基地根据实务岗位要求设计实训标准，由学生依据实训标准扮演银行、进出口企业、金融机构等实务岗位角色，通过处理不同岗位业务切身体验实务操作流程，实训内容、考核标准都要严格参照实务岗位要求，使学生切身体验并准确熟练掌握职业操作技能。

总之，自 2017 年以来，教育界高度重视产教融合办学模式，应用型本科模式的改革已成为产教融合的重要突破口。在产教融合的大背景下，《国际结算与融资》课程要实现创新性改革，不仅要优化教学内容，丰富教学方法和教学资源，还要注重多元化考核制度，尤其要推进实训基地建设，以形成一套实用的教学模式，培养面向社会乃至国际领域的复合型国贸人才。

参考文献

[1]邓羽佳.基于应用型人才培养的国际经济与贸易专业"五位一体"+"三位导向"教学模式研究——以《国际结算》课程为例［J］.现代商贸工业，2020（33）：141-142.

[2]贾佳.论国际结算理论教学创新与实践体系构建［J］.对外经贸，2020（8）：145-146.

[3]孟灵玥.应用型本科国贸专业"产教融合"下的课程建设——以《国际结算》为例［J］.现代商贸工业，2020（36）：135-136.

[4]杨鹤.跨境电商背景下"国际结算"课程的创新型改革研究［J］.科教文汇，2020（26）：115-116.

作者简介：吕佳，1974 年生人，哈尔滨商业大学经济学院副教授，研究方向：国际贸易。吴英艳，1988 年生人，哈尔滨商业大学国际合作处，研究方向：国际贸易、世界经济。

基于集智"CBEC跨境商业"的《跨境电子商务》课程改革探索

陈德慧

（哈尔滨商业大学 哈尔滨 150028）

【摘要】结合目前跨境电子商务行业人才需求的新特点及当前跨境电子商务人才培养中存在的主要问题，提出跨境电子商务课程改革的必然性。并与深圳集智科技开展合作，基于集智"CBEC跨境商业"的综合实践平台探索了跨境电子商务课程改革的创新路径，为政府制定跨境电子商务人才培养政策提供借鉴，为相关高校、企业、行业协会和社会教育机构参与跨境电子商务人才培养提供依据。

【关键词】跨境电子商务；课程改革；产学合作；协同育人

跨境电子商务在高速发展的同时对人才的需求也在激增，然而，我国跨境电子商务领域的人才培养无论从数量和质量上都无法满足企业的巨大需求。跨境电子商务企业紧缺通晓电子商务知识，熟悉跨境电子商务的营销与运营，知晓国际贸易、跨境电子商务产品设计、跨境物流和供应链管理等相关知识，具有良好外语沟通能力的复合型人才。而高校跨境电子商务人才培养往往局限于以理论研究和课堂教学为主，缺乏持续开展实践教学的软硬件条件，学生经过跨境电子商务课程的理论学习和少量的校内模拟实训，并不具备直接上岗工作的能力和素质，因此，造成了跨境电子商务人才供需严重失衡。在此背景下，以高校和企业为主体，产学合作协同培养跨境电子商务专门人才具有重要现实意义。

一、 跨境电子商务课程改革的必要性

跨境电子商务是一门实践性很强的新兴学科，在教学内容组织与安排上，

需要从跨境电子商务理论和实务两个层面开展，以启发和引导学生根据国际市场需求和不同的跨境电子商务平台的特点，进行跨境网络调研、独立寻求货源并进行采购，通过学习使学生具备在跨境电子商务平台建立店铺、运营店铺、维护和管理店铺、进行平台基本操作和订单处理流程等业务操作能力和从事跨境电子商务运营与客服工作的基础技能。目前，开设跨境电子商务课程的部分本科高校已不同程度地开展了产学合作协同育人项目，但合作的深度和广度还需进一步提高。本科高校跨境电子商务人才培养主体仍较单一，以高校教师讲授课程内容为主，而这部分教师虽然理论基础扎实，但真正参与跨境电子商务平台运营者较少，对于国际贸易规则变化、网络营销新动态了解程度不足，导致培养的人才与跨境电子商务企业实际需求脱节。

基于此，哈尔滨商业大学国际经济与贸易专业与深圳集智软件开发有限公司（下文简称集智）展开协同育人、创新创业项目的深度合作。在加强跨境电子商务课堂理论教学的同时，重构跨境电子商务实践教学体系，基于集智"跨境新商业综合实践平台"开展学生专业技能、就业培训和师资培训；加强与集智建立的校企实践基地建设，聘请集智跨境电子商务实战经验丰富的企业导师指导师生实践；同时，通过产学深度合作，协同开发实践教学课程，共建教学案例库、试题库。构建出以企业人才需求为导向，以学生发展为中心，以专业技能为核心的产学合作协同育人的跨境电子商务人才培养体系。

二、 跨境电子商务课程改革的目标

将跨境电子商务课程的实践教学划分为认知实践、体验实践和运营实践三个教育层次。调研跨境电子商务产业人才的真实需求，构建人才需求模型；结合企业对人才的新需求，与集智合作，完善哈尔滨商业大学国际经济与贸易专业人才培养方案；并基于"集智'CBEC 跨境商业'综合实践平台"融合企业真实的业务工作流程、岗位工作技能和管理方法，进行新的教学内容设计和实践课程体系开发；通过校内的课程讲授和软件仿真模拟实训、到集智公司参加顶岗实习和就业指导与培训等，使学生获得跨境电子商务售前、售中和售后的相关运营知识，具备理性地理解和分析有关跨境电子商务实践问题的能力，并获得跨境电子商务运营和管理的实践操作能力，解决学生所学专业知识和技能与跨境电子商务企业需求脱节的难题。

三、 跨境电子商务课程改革创新路径探索

（一） 深入企业调研跨境电子商务人才需求

通过前程无忧、智联招聘、中华英才网等招聘网站发布的跨境电子商务人才需求信息进行网络调研，同时结合发放调查问卷和深入跨境电子商务企业实地考察等方式，调研跨境电子商务企业实际需求的岗位及能力要求，将跨境电子商务岗位分成基础类、技术类和管理类三大类，并对每一类的核心岗位及其主要能力要求进行分析总结，构建出跨境电子商务人才需求模型（如表 1 所示）。模型建立后，注重跟踪跨境电子商务领域发展的最新动态，实时调整和更新人才需求模型的相关内容。同时，授课教师真正走进集智和相关跨境电商企业学习调研，加强跨境电子商务运营能力训练，进一步明确教学中对学生能力训练的具体要求，将新知识和新技能引入教学，以期在人才培养中更好地对接跨境电子商务企业真实需求。

表 1　跨境电子商务人才需求模型

类型	核心岗位	主要能力要求
基础类岗位	跨境电子商务客服	具备国际贸易专业知识，熟悉外贸电商平台的规则和操作；熟练使用 Office 办公软件；能够根据客户需求做好各项信息咨询服务；能够回复客户信函和邮件，处理产品订单及退换货服务；能处理客户投诉，产品中差评及客户范库意见；具备较强的谈判能力和客户管理能力
	跨境电子商务运营	具备国际贸易、电子商务专业知识技能，熟悉 PS 操作，熟练操作办公软件；熟练编辑产品、上传产品，与客户无障碍交流；能处理交易订单；能独立管理账户，根据产品销量做数据分析，制定营销策略，能协助主管做产品推广
	跨境电子商务推广	具备国际贸易专业知识技能，能进行国际市场开拓、客户开发、国际客户服务、国际订单处理、CRM 系统操作、客户关系管理等
	跨境电子商务物流采购	具备物流、仓储专业知识，能根据销售情况做发货计划；能够做物流询价、物流成本控制、优化物流渠道；能够处理订单的上下架、包装、出入库和在途跟踪；能填制相关货运单据

续表

类型	核心岗位	主要能力要求
技术类岗位	平面设计/视觉美工	具备美术、平面设计相关专业知识，有扎实的美术功底、精通PS，熟悉网页切图、网页排版，能拍摄产品主图、附图、视频及其后期处理，制作符合要求的产品页面；能挖掘产品功能卖点，制作卖点清晰、图文并茂的图片
	网站规划与设计	具备计算机网络、管理学的相关专业知识，制订网站的发展战略、总体方案，安排项目开发计划；制订网站建设的资源分配计划
	店铺装修设计	具备扎实的美术功底、丰富的想象力、良好的创造力和良好的沟通能力；有店铺装修海报设计、详情页面设计能力；能对店铺的内容和布局进行策划和日常更新与维护，美化修改产品页面
管理类岗位	研发运营管理	具有跟踪监控产品研发过程中相关标准、法规和内部体系流程的符合性，提出改进要求并跟踪落实的能力；对产品研发过程中的设计验证和确认；能建立产品相关质量标准；能对产品质量体系建立和注册相关的工作进行协调和实施
	市场运营管理	具有敏锐的观察能力，能够及时感知国际市场的变化，了解目标市场国的宏微观环境，熟悉目标消费群体的消费偏好从而正确把握店铺的定位。同时，能够对选品、销售、运营推广、订单管理、物流发货、售后服务等各环节统筹管理与规划

（二）校企深度合作进行课程开发

推动校企深度合作，采取"请进来"和"走出去"相结合的方式，形成课程开发的长效共赢机制。

一方面，将企业专家和讲师"请进来"。在跨境电子商务人才需求调研的基础上，邀请集智相关专家和富有丰富跨境电子商务实践经验的培训讲师来学校进行课程开发的研究与论证，共同拟定跨境电子商务课程教学大纲和讲义，根据课程教学内容与形式分配教学任务。并将相关专家和企业讲师聘请为专业特聘教授或实践教学教师，邀请其走进跨境电子商务课堂，使其更充分了解学生的特点，在共同开发课程时更具针对性，真正做到因材施教。同时，也为学生带来更具象的跨境电子商务实践认知，为深入相关企业实训打下坚实基础。

另一方面，鼓励授课教师"走出去"。鼓励教师深入集智兼职，在企业的实践中学习和成长，积累跨境电子商务实践经验，从而打造出一支双师型专兼职结合的跨境电子商务教学团队，满足国际经济与贸易一流本科专业建设和教学改革的需要，促进教师整体实践教学水平的提高。同时，授课教师与集智合作开发跨境电子商务教材，以进一步推进校企深度合作。

（三）产学协同育人开展教学方法改革

1. 理论教学环节

为了更有效地调动学生学习的积极性，在课堂教学中，授课教师恰当运用问题引导式和师生互动式教学及线上自主学习与线下讲授相结合式教学。通过案例引入，引导学生带着问题边听讲边研讨；将学生分组讨论，并通过学生互评和老师点评相结合的方式，促使学生在讨论和点评环节深入思考，以更好地理解和掌握所学习的理论知识。由于跨境电子商务领域发展变化快，课程的内容实践性较强，因此采取线上自主学习与线下讲授相结合式教学。将与跨境电子商务有关的阅读书目、材料、思考题等相关教学资料通过集智"CBEC 跨境商业"的综合实践平台、钉钉群或微信群等及时发布给学生，督促学生课前、课后进行线上自主学习；同时授课教师将学生自主学习的内容融合进课上讲授的相关内容中，以帮助学生消化和吸收课程内容。通过上述先进的教学方法，增加授课内容的趣味性和灵活性，促进学生积极思考，激发学生潜能，侧重培养学生思考力、思维力，调动学生学习和参与课堂教学的积极性，提高学生分析问题和解决问题的能力。

2. 实验教学环节

将集智"CBEC 跨境商业"的综合实践平台的实验环节根据工作任务解构成具体教学项目，将学生分组，组建跨境电子商务实验团队，每个实验团队选出一名同学任命为 CEO，由 CEO 带领本团队成员调研招聘网站，熟悉跨境电子商务企业典型的岗位职责及能力要求，并将本组成员合理分工，明确各岗位职责。进一步创建团队文化，设计与跨境电子商务相关的团队名称、愿景、口号和 LOGO。之后的每项实验教学项目均以团队为单位，每名成员各司其职，根据每次实验课的任务特点，由与任务相关的岗位负责人带领团队成员分工协作完成实验任务。例如，选品环节由各团队的产品总监负责带队，产品发布实验由各团队的平台运营总监负责带队，物流运费计算和运费模板设置由各团队的物流总监带队。通过任务驱动，团队成员分工协作，不仅提高了学生上机实验的兴趣，在完成任务中还能进行工作岗位情景体验，充分调动学生参与实验教学的积极性，真正做到教与学双向互动。

综上，通过政府搭台、企业支持、高校对接、共建共享的产学合作协同育人方式，一方面解决目前本科高校跨境电商人才培养主体单一问题，另一方面解决学生所学专业知识和技能与跨境电子商务企业需求脱节的难题。跨境电子商务授课团队需深入企业调研，准确把握跨境电子商务人才需求，在课程开发方面进行校企深度合作，在教学方法改革方面进行产学协同育人。

参考文献

[1]王友青.基于校企合作的跨境电子商务课程教学改革与创新探讨 [J].营销界，2020（21）：46-47.

[2]邓志超.跨境电子商务人才岗位需求与职业能力分析——以广东省为例 [J].电子商务，2019（5）：61-62.

[3]成宝芝，徐权，张国发.产教深度融合的产业学院人才培养机制探究 [J].中国高校科技，2021，（Z1）：98-102.

[4]高子清，张金萍.跨境电子商务人才校企行政协同培养模式的构建 [J].黑龙江高教研究，2017（5）：146-148.

基金项目：教育部产学合作协同育人项目：基于集智"CBEC 跨境商业"的跨境电商运营管理（AliExpress）实践课程建设（201901219001）

基于教赛研融合的《市场调查与统计分析实训》课程教学改革探讨

路春艳

（哈尔滨商业大学　哈尔滨　150028）

【摘要】《市场调查与统计分析实训》是一门理论和实践紧密结合的课程，传统教学模式重理论轻实践，缺乏全面系统的学习案例，学生应用能力较弱。全国大学生市场调查与分析大赛的宗旨与《市场调查与统计分析实训》课程的培养目标相吻合，因此，在教学过程中，要将课程与全国大学生市场调查与分析大赛紧密结合，将比赛获奖作品与理论教学相结合，将比赛要求与课程实践相结合，让学生能将理论知识真正运用到实践中，培养学生科研水平、创新能力和实践能力。通过信息化技术与课堂教学相结合，进行基于混合式学习的翻转课堂教学，实现理论与实训一体化学习。

【关键词】市场调查；教赛研融合模式；课程教学改革

市场调查与统计分析实训是一门理论紧密联系实践的课程，通过学习，要求学生掌握市场调查的方案设计、问卷设计、数据收集、数据处理分析以及报告撰写与展示的流程和技能，锻炼学生的数据敏感性及市场洞察力，培养学生用知识技能解决实际问题的能力。因此，教学中应该紧扣应用型人才的培养目标，紧密结合全国大学生市场调查与分析大赛，提高学生市场调查的实践能力。

全国大学生市场调查与分析大赛（CRA）由教育部高等学校统计学类专业教学指导委员会与中国商业统计学会共同主办。该大赛自 2010 年开始举办，旨在引导大学生创新和实践，提高学生的组织、策划、调查实施和数据调查与分析等专业实践能力。该项赛事因在高校竞赛中有较高的影响力，于 2019 年 2

月纳入教育部 2014—2018 年高校学科竞赛排行榜。大赛的宗旨与《市场调查与统计分析实训》课程的培养目标相吻合，旨在提高学生组织、调查设计与实施和数据处理与分析等实践能力。二者培养目标是一致的，都要求学生掌握市场调查的基本理论知识；学会调查方案的设计及实施；具有调查分析及撰写市场调查报告的能力。培养学生发现问题、分析问题与解决问题的能力；培养学生自主学习的能力；培养学生实地调查的能力；培养学生团队协作与沟通的能力。因此，将全国大学生市场调查与分析大赛与《市场调查与统计分析实训》课程融合的教学模式是可行的。

一、《市场调查与统计分析实训》 课程教学的现状

（一） 重理论轻实践

传统教学模式注重理论教学，忽视对学生实践能力的培养。该课程考核方式多以试卷理论知识考试为主，无法真实反映出学生的市场调查及分析的能力。在教学过程中老师比较注重理论知识的讲授，学生也比较关注理论知识的学习，对于实际的运用能力培养并没有太多关注。教师布置的实验任务是让学生以团队形式开展调查完成调查报告。但在实际实施过程中，由于实践课时较少，大量的调研工作是让学生在课外时间完成，老师无法进行及时的指导，最终学生在实践环节很难达到预期效果，学习效果不佳，调查分析能力没有得到锻炼和提升。

（二） 缺乏全面系统的相关案例

该课程在教学过程中需要穿插相关调查分析案例供学生学习和借鉴，案例主要来自教材和网络搜集资料，各章节之间的案例相互独立，缺少系统性和连贯性。并且大多数案例侧重调查结果，很少有案例会针对调查方案的详细设计与实施、样本选择、调查方法的运用等方面进行详细描述。因此在讲授这些内容时难以有合适的案例进行借鉴和学习，导致学生对这些内容的理解不够深入，掌握较有难度。并且有些案例选题不够新颖，学生对案例学习兴趣不大。

（三）学生应用能力较弱

该课程学习注重调查实施和分析的能力，要求学生掌握调查分析相关理论知识，有对调查数据进行整理分析的能力。学生实践环节通过问卷设计，进行数据收集，然后调查分析，完成调查报告。但从学生实践环节来看，存在很多不足，主要问题如下：一是忽视调查方案设计及调查方法的运用。学生在调查时往往注重调查问卷的设计，对如何进行调查及调查过程中如何运用调查方法获取样本的过程不够重视。二是问卷设计得不合理。在教学过程中教师虽已讲授问卷设计应注意的问题，但是在实际操作过程中，发现学生在设计问卷时仍会出现设计问题没有紧扣主题，问题表述不清等问题。三是样本不具有代表性。学生在调查过程中没有选用合适的调查方法进行调查，大多运用问卷星进行抽样，从而导致样本数据获取不具有代表性。四是调查分析能力不足。由于学生大多选用问卷星进行调查，问卷星有自动生成分析图表，学生分析大多只限于简单的描述分析，没有进行更深入的分析。

二、 基于教赛研融合的《市场调查与统计分析实训》 课程教学思考

"教赛研融合"的教学模式集教学、比赛、科研于一体，旨在加强学生对市场调查知识的理解和掌握，提高学生将理论知识运用到实践中的能力，培养学生的社会责任感、服务意识、市场敏锐度和团队协作精神。因此，在教学过程中应注重理论和实践的结合，结合大赛要求与目标，改善教学内容及教学方式。

（一）完善教学内容

根据市场调查、大赛的要求及该门课程的培养目标，可以将理论教学内容和实践环节结合，将理论知识体系分成四大部分内容：调查方案的设计、调查问卷的设计、调查数据的整理与分析、市场调查报告的撰写。在理论教学过程中，可以选择一些在大赛中选题新颖、有实际意义和价值的获奖作品作为案例分享，供学生们学习和借鉴。在课程实践环节可以根据市场调查与分析大赛比

赛要求进行设计。根据大赛要求可以将课程实践环节分成四个项目内容：制订市场调查方案、设计调查问卷、整理分析调查数据、撰写市场调查报告。在进行实际调查之前，需要根据调查研究的目的和调查对象的性质，对调查工作的各个方面和各个阶段进行通盘的考虑和安排，提出相应的调查实施方案，制定出合理的工作程序。然后根据调查主题设计出合理的调查问卷，选择合适的调查方法获取样本数据，对数据进行整理统计分析，最后完成市场调查报告。每个模块都有明确的任务要求，只有上一个项目考核完成才能进入下一个项目的实践，全部项目完成，课程实践才完成。整个教学过程中以项目任务为驱动，以小组团队自主学习形式，注重学生自主学习能力和实践能力的培养。并且鼓励学生以小组团队形式参加市场调查与分析大赛，每届市场调查与分析大赛后及时进行全面分析总结，评估学生知识应用能力。通过与指导老师和参赛学生的交流，了解学生在调查方案设计及调查分析方面存在的不足，在教学内容设计上加强学生们的学习及训练。

（二）创新教学方法和手段

通过信息化技术与课堂教学相结合，进行基于混合式学习的翻转课堂教学，实现理论与实训一体化学习。即借助信息化教学平台，开展混合式教学，翻转课堂，利用信息化平台将与课程内容相关的教学课件、案例及习题、相关视频及资料等上线供同学们学习，并利用信息化教学平台对教学过程进行重新设计安排，融入提问、讨论、互评等内容，通过线上线下的相互融合，重构教学结构和体系。理论教学和实践教学两个阶段均以项目制的形式完成。在第一阶段的理论课程内的项目制教学是学生以小组为单位，自选主题，拟定调查项目，并围绕该项目，制定市场调查策划书、调查问卷、抽样方案，选择相应调查方法展开调查，将市场调查内容的全过程纳入项目中，通过完成项目中规定的任务，掌握市场调查的内容和技能。这个阶段虽然是学生们自选项目主题进行调查，但是把课程内容与学生感兴趣的主题调查相结合，提升了学生们学习的参与度，也能够在实践中加强对理论内容的认知和理解，同时，可以把第一阶段的市场调查活动作为第二阶段独立实践环节的提前演练。在第二阶段的独立实践教学环节，将开展校企合作，以企业的实际需求为主，学生围绕企业提出的项目主题组队进行市场调查，真题真做，以此提升学生市场分析能力、调查能力和解决问题的能力。

基于教赛研融合的模式进行《市场调查与统计分析实训》课程的教学，不仅提升了学生们的市场调查实践操作能力，也能够提升同学们操作商务办公软件能力和沟通表达能力，从而更好地提升学生们的综合素质和能力。激发学生主动参与、自主协作的意识，进行深度参与探究，掌握理论知识，进一步提升学生的核心素养和能力。

参考文献

[1]柯晶琳，姜维军.基于赛教融合的《市场调查与预测》课程教学思考 [J].
　　教育现代化，2020（28）：87-89，98.

[2]梁乐.基于理论和实践教学一体化的教学模式改革 [J].湖北开放职业学
　　院学报，2020（17）：136-138.

[3]贺红燕，王倩.基于研教结合的课程教学改革实践 [J].晋城职业技术学
　　院学报，2020（1）：60-62.

新文科背景下《当代西方经济学流派》课程发展新思路

王文卓

（哈尔滨商业大学　哈尔滨　150028）

【摘要】 当代西方经济学流派是经济学教学体系中理论性较强的一门课程，体现着经济、历史、哲学等领域的专业知识互相融合。在全面推进"新文科"建设背景下，传统的培养模式不仅收获新机遇，也面临新的挑战，理论教学也需要更多地结合实践环节，建立适应新经济、新时代的学生培养体系，提高学生的创新思维和创新能力。

【关键词】 新文科；人才培养；教学改革

2018 年，教育部发布《教育部关于加快建设高水平本科教育全面提高人才培养能力的意见》，提出建设高水平本科教育的重要意义、形势要求、指导思想和目标原则，对围绕激发学生学习兴趣和潜能深化教学改革、推进现代信息技术与教育教学深度融合提出具体要求。随后，教育部、中央政法委、科技部等 13 个部门联合启动"六卓越一拔尖"计划 2.0，全面推进新工科、新医科、新农科、新文科建设，提高高校服务经济社会发展能力。

一、新文科建设的意义

当今世界，新经济发展瞬息万变、新科技方法难以预测，改变了人们的传统思维方式，法律、道德、伦理等新问题层出不穷，作为认识世界、改造世界重要工具的人文社会科学，肩负了更艰巨的任务。新文科建设的提出正好符合了当下塑造新时代精神、改造传统观念的社会发展需要，突破传统人文学科的思维模式，以创新、融合、协同、继承的态度推动传统社会科学的更新升级，促进多学科的交叉研究和深度融合。"新文科"的教育理念最早由美国希拉姆学院提出，学院重新修订培养方案，对29个专业进行重组，把新技术融入哲学、文学、语言、经济等课程中，为学生提供综合性的跨学科学习。我国不断开拓探索新工科、新医科、新农科、新文科高等教育高质量建设的路径，健全协同育人机制，现代信息技术与教育教学深度融合。到2035年，形成中国特色、世界一流的高水平本科教育，为建设高等教育强国、加快实现教育现代化提供有力支撑。

新文科建设有别于传统文科的思维模式，要脱离重理念计划、轻创新实践的建设方法，因为新文科体现了与传统人文科学不同的新特征。一是战略性。随着我国经济由高速增长向高质量发展，正处在转变发展方式、优化经济结构、转换增长动力的攻关期，建设现代经济体系是跨越关口的迫切要求和我们发展的战略目标。新文科建设要服务国家应对当今错综复杂的国际国内形势，增强我国在国际社会的话语表达能力；服务我国经济社会领域的全面深化改革，解决与人们思想观念、精神价值等有关的重大理论和实践问题。二是创新性。党的十九大报告指出："创新是引领发展的第一动力，是建设现代化经济体系的战略支撑。要瞄准世界科技前沿，强化基础研究，实现前瞻性基础研究、引领性原创成果重大突破……倡导创新文化，强化知识产权创造、保护、运用，培养造就一大批具有国际水平的战略科技人才、科技领军人才、青年科技人才和高水平创新团队。"新文科建设通过对传统社会科学的升级、融合、转型，寻求人文科学领域的新发展、新突破，实现实践创新、理论创新、制度创新。三是融合性。如何打破传统人文学科如文学、哲学、历史学、教育学、经济学、管理学、法学等专业界限，适应时代发展需要，学界在不断地寻找和实验。新文科的出现，对人文社会科学领域内多学科的交叉、融合、渗透，倡导培养综合型人才，打破原有的人才培养模式。此外，新文科与人工智能技术、大数据技术、电子信息技术等融合，借助新技术方法提出合理、优化的专业融合方案，促进文理交叉、文医交叉、文工交叉等新兴领域迅速发展，肩负起培养新时代人才的重任。

二、 当代西方经济学流派的课程特点

当代西方经济学流派是指 20 世纪 20—30 年代经济大危机后，产生并流行于西欧、北美和受其直接影响的国家及地区的经济学说。尽管当今西方经济学界流派众多，观点截然不同甚至是相互对立，但为资本主义经济服务的本质不会动摇。当代西方经济学流派的思想内容和政策主张与当代西方主要国家宏观经济政策的实施关系密切，而每一个流派产生的历史背景、思想渊源、理论体系和政策主张都各不相同，因而当代西方经济学流派这门课程兼具实践性和理论性，课程特点亦与其他经济学课程不同。

西方经济学流派的经济理论具有极强的抽象性。随着资本主义制度的成熟和经济全球化的发展趋势，西方经济理论体系日臻完善，研究领域不断延伸拓展，学者从不同角度和领域来分析经济现象，解决现实经济问题。例如，亚当·斯密在《国富论》中提出了"看不见的手"的原理，强调市场通过价格、供求、竞争等实现对资源的最优配置，把"自由竞争"的资本主义社会看作"理想社会"。新古典综合派采用"相机抉择"的政策组合方式"熨平"经济波动，认为"政府根据经济形势的变化和财政货币政策措施的特点，灵活、主动地决定选择什么样的政策组合和政策力度来削平经济周期的波峰，填平经济周期的谷底"。

西方经济学流派的理论复杂庞大，与其他人文学科关系密切。学派理论的发展背景和环境与史学关系密不可分。重农学派、重商主义、古典经济学派、新古典经济学、凯恩斯经济学、新古典综合派、新凯恩斯主义、货币主义学派、供给学派、新古典宏观经济学派、公共选择学派等先后登上历史舞台，学派的政策主张被多个国家和政府在不同时期采用过。例如，凯恩斯经济学被认为是"二战"后维持资本主义繁荣发展的"济世良方"，成为西方经济理论的主流学派。但自 20 世纪 70 年代出现"滞胀"后，凯恩斯经济学的继承者——新古典综合派和新凯恩斯主义陷入两难境地，理论研究和政策主张无法有效缓解"滞胀"问题。处于从属地位的货币主义、供给学派、新制度经济学等自由主义学派针对"滞胀"也提出各自的政策建议，但收效甚微。实际上，这与当时国际格局重大变革密不可分。20 世纪 70 年代爆发两次石油危机，危机引发

了世界能源市场长远的结构性变化，迫使石油进口国寻找替代能源、开发节能技术。同时，西欧与日本在政治和经济上逐渐脱离美国的掌控，资本主义阵营内部日渐分化。美国国内工业大幅度衰退、科技发展处于低谷时期、出口贸易额逐年下降等导致经济"滞胀"情况难以消除。从历史背景看，美国内部面临难以缓和的社会矛盾，外部国际地位受到挑战，短时间内"滞胀"问题难有"灵丹妙药"能够"药到病除"。

此外，西方经济理论的发展与法学、哲学、管理学等学科联系密切。随着经济学与这些学科的融合发展，不断涌现出新兴学科和边缘学科，例如经济哲学、法经济学、经济管理学等，这些新兴学科的理论和研究方法也被纳入经济学理论体系中。

西方经济学流派的研究方法，与自然学科趋同。西方经济学理论通常借助数学分析工具论证经济变量间的关系，解释经济现象，例如宏观经济学的 IS-LM 模型分析、AD-AS 模型、乘数-加速数模型和微观经济学的无差异曲线、一般均衡模型等。进入 21 世纪，随着计算机技术、人工智能技术、大数据技术的成熟，计算机模拟仿真系统、计量分析软件被开发出来，使经济学研究与自然科学更为同化。经济学家的实证研究通过数学计算对得到的实验数据进行分析、整理和加工，用以检验已有的经济理论及其前提假设，或者发现新的理论，或为经济决策提供分析依据。西方经济理论运用自然学科的研究方法对经济学的拓展和实践活动具有重要的创新意义，逻辑推理更为严谨，结论更具针对性。例如，新古典宏观经济学派的理性预期概念就是和高等数学知识（概率论和微积分）结合在一起的，理性预期模型通常需要比较高深的数学知识，大量使用计量经济学的分析方法，他们的论著都是高度数学化的。

三、 当代西方经济学流派教学方法新思考

在当代西方经济学流派的教学过程中，传统授课方式以教师为主体，讲授学习内容。学生单向接受知识，往往忙于听讲或整理笔记，没有时间思考和探讨，体现不出学习的主动性和积极性，创新思维受到约束。因而在新文科建设背景下，针对西方经济学流派的课程特点，将其与教学实践相结合，突出学生的主体性特征，对探索提高课堂教学质量和教学模式具有重要意义。

建立以学生为主体的人才培养模式。良好的课堂氛围是师生双向互动，教师作为引导者，要组织营造积极活跃的课堂氛围，提升学生的学习兴趣。教师通过示范性讲解，启发学生的发散性思维，充分发挥学生的主观能动性和主体作用，通过自身的学习发现并总结经济现象的发展规律和趋势，形成自己独立的看法。学生围绕现实经济热点展开讨论，运用所学知识自主探索问题、分析问题、发现问题、解决问题，以主动学习的方式完善知识体系、提高综合能力的培养。比如，在我国金融市场中国有商业银行对不同所有制、不同规模的企业普遍存在信贷配给，民营企业和中小企业一直存在着"融资难、融资贵"的问题。新凯恩斯主义的信贷配给理论对于学生认识信贷配给的原因以及如何化解这一难题提供了思路。信贷配给理论试图证明为什么在金融市场上会出现信贷配给，根本原因在于信贷市场上存在信息不对称，利率机制受到极大限制，银行对贷款者风险认识不足，进而对贷款的定价不合理。课堂上，学生结合所掌握的知识和经济背景，增强主动思考和创新思维，认为从建立中小民营企业信用机制、完善相关法律制度、加快现代企业制度改革、商业银行加强对中小民营企业的专业化服务等方面提出建议措施。

培养教师的主导地位。教师作为教学活动的组织者、策划者，要在教育的内容、方法和教育对象培养方面体现主导作用。当代西方经济学流派众多，每个学派的产生背景、发展历程、理论观点、分析方法和政策主张等各不相同，如何在有限的课堂教学时间内讲解透彻，任务十分艰巨。课前，教师围绕教材内容整理课堂研讨的相关信息、资料和知识点，选择难度适中、具有关注性和创新性的研讨题目，创设丰富的教学情境，调动学生的学习积极性。此外，教师告知学生需要了解的内容和所涉及的参考文献，学生根据自身能力提前掌握相应知识点。课中，改变教学中教师唱"独角戏"的形式，鼓励学生参与到教学活动中，教师以自身的学识和人格魅力来引导学生逐步深入问题研究，使学生通过合作研究、探讨沟通、质疑争辩等方式学会自主思考和创新能力的提升，亦有益于师生间良性的互动交流，真正做到"授人以渔"，促进学生用理论知识分析并解决现实经济问题的能力的提升。课后，加强师生沟通交流。通过不同形式的"一对一""一对多"方式，令师生间的交流互动更为融洽，使得教师了解学生的理解和认知差异，进而了解学生的最新需求，促进课程内容的更新和提高。

当代西方经济学流派具有极高的理论性和实践性，课程内容纷繁复杂，学生个体学习和理解能力也各有不同。因此在教学过程中，通过建立以学生为主体的人才培养模式和培养教师主导地位的"双主体"互动教学模式，既增强了教师的教学业务水平和科研水平，又提升了学生独立自主的创新思维和辨别分析能力，充分发挥两者的主观能动性。通过师生共同努力，促进"新文科"建设背景下学生的创新思维能力和实践技能的提升，加快新时代创新型人才的培养。

参考文献

[1]教育部.关于加快建设高水平本科教育全面提高人才培养能力的意见. [EB/OL].（2018-10-08）. http：//www. moe. gov. cn/srcsite/A08/s7056/ 201810/t2018 1017_ 351887. html.

[2]党的十九大报告学习辅导百问 [M]. 北京：学习出版社，2017：24.

[3]方福前主编. 西方经济学流派评析 [M]. 北京：高等教育出版社，2019： 47.

双创教育背景下贸易经济专业课程体系设置研究

张　贺　云雨韩

（哈尔滨商业大学经济学院）

【摘要】 "大众创业、万众创新"理念自提出以来，不仅形成了全社会创新创业的新生态，也为高等学校的人才培养提出了新的具体目标和方向。贸易经济专业是应用性和实践性很强的专业，进行双创教育、培养双创人才是专业建设发展的题中应有之义。本文从贸易经济专业课程体系融入双创教育的必要性和可行性出发，提出贸易经济专业课程体系设置的基本构想，通过仿真商业模拟实践平台建设和真实商业环境实践平台建设，有利于帮助学生更好地理解贸易经济专业课程，促进贸易经济专业培养目标实现。

【关键词】 双创教育；贸易经济专业；课程体系

一、引言

自 2014 年"大众创业、万众创新"理念被李克强总理首次明确提出以来，全社会掀起了"大众创业"的新浪潮，形成了"万众创新"的新态势。2016年，国务院进一步提出以高校为载体，为创业理论研究搭建发展平台，完善相关课程，进而实现双创教育的制度化、系统化的指导意见。2018 年国务院发布双创教育升级版指导意见，倡导将创新创业教育和实践性课程纳入高校必修课程体系，开放创新创业教育优质课程，加强创业实践和实践能力培养，依托高校示范基地开展创新创业园建设，促进科技成果转化与创新创业实践紧密结合。这为双创教育的发展提供全面保障，也为高校创新创业人才的培养提供了目标和方向。

随着双创战略的深入落实，各地纷纷响应号召出台系列政策支持大学生创新创业。贸易经济专业以培养社会适用的应用型人才为目标，不仅具很强的应用性，同时也是一门极具实践性的经济学专业。从贸易经济专业毕业生的就业情况来看，学生毕业后主要在商业、贸易企业、外贸系统等领域从事相关工作。而这些领域是在中美贸易摩擦、自贸区建设、国内国际双循环等大背景和新发展格局下，需要的是具备能够随外部环境变化、洞悉掌握市场变化规律而不断提升自身素质和能力的双创型人才。因此，贸易经济专业的人才培养过程在注重专业知识教育的同时，更应以提升专业学生的双创能力作为主要目标。随着贸易经济环境的改变，在贸易经济专业与其他相关专业之间的竞争愈演愈烈，它们之间的界限也日益模糊，正因如此，贸易经济专业学生的就业形势十分严峻。面对贸易环境和贸易模式的变动，贸易经济专业的课程内容已经滞后于实际贸易经济环境的发展，亟须对相关内容进行更新，并融入双创基因。所以，为了使贸易经济专业学生在未来发展中能够获得更多主动权，促进专业的高质量发展，需要合理设置专业课程体系。

二、 贸易经济专业课程体系融入双创教育的必要性

高校是贯彻落实双创理念的重要先行基地，培养双创人才也是其重要的工作内容，而专业课程体系的有效设置是决定人才培养成功的关键。在新的经济环境下，高校要对目前的专业进行分析选择，对高度吻合的专业实行双创教育试点，并且不断改进完善双创教育试点的运行，由于贸易经济专业具有很高实践性，因此成功地当选为双创教育的试点专业。贸易经济专业的强实践性只有通过双创才能得以体现，贸易经济专业在培养方案设置中虽然设有实习的环节，但由于在实习期间，学生大概率从事实践性弱的简单工作，这无疑对学生实践创新能力培养没有作用。如果学生在学校有条件获得有效的双创教育的话，不但能够帮助学生尽早树立双创精神，也有助于学生积累实践经验，从而提高双创能力。无论是自主创业还是到企业实习，学生都可以在实习中更好地提高自己的实践能力。

在国家新的发展形势下，贸易经济专业也需要根据经济发展需求培养高质

量贸易人才，而双创教育就是高校贸易经济专业进行专业人才培养的不二之选，是贸易经济专业课程体系的一个必要部分和亮点，由于双创教育能够对专业教育进行补充，所以贸易经济专业学生可以获得更多未来发展的机会。随着我国经济的发展势头越来越强劲，美国为了维护美元世界霸权而恶意阻止中国发展，对中国直接实施关税挟制，试图利用极端压制使中国低头。在这样的形势下，我们仅仅专注于维护自身利益是不够的，在提高国际市场竞争力的同时，我们还要提高贸易人员在应对复杂多变贸易环境时的创新能力。而想要提高贸易人员的创新能力，则要求高校结合双创教育培养能够适应多变贸易经济环境的高质量人才。

三、 贸易经济专业课程体系融入双创教育的可行性

随着"双创"时代的到来，双创教育理念与贸易经济专业紧密联系，贸易经济专业的高实践性为双创教育融入贸易经济专业课程培养方案创造了可能性。

（一）符合贸易经济专业人才培养目标

贸易经济专业的知识目标是培养应用型人才，重点要求学生娴熟地处理贸易业务各个环节，而对于贸易经济政策方面的学习，则通过课程教育的方式教导学生掌握基本的国际经济贸易惯例和法律，并对最新的国内外经贸法律法规及时进行更新补充。利用双创教育来激发贸易经济专业知识教育的活力，在双创教育中促进学生对课堂所学知识充分地理解，从而能够培养既具有国际贸易专业知识又拥有双创思维的贸易经济专业人才，将双创教育融入贸易经济专业课程体系中不仅可以助力提高学生实践能力，也与企业对贸易经济方面人才的要求相吻合。

贸易经济专业的能力目标是培养具有实践能力、沟通能力和创新能力的贸易人才。实际技能包括解决贸易合同的能力、修改和核查文件的能力以及搞定贸易纷争的能力。沟通技巧是指语言技巧、外语能力技巧和跨文化对话技巧，创新思维能力是在解决现实问题时所表现出的创造性能力，通过双创教育可以有针对性地提高大学生的专业能力，利用所掌握的创新性知识指导专业技术技

能学习。

贸易经济专业的素质目标是培养贸易专业人才的职业道德和工作态度等素质，双创教育不应只是创新创业的外在教育，同时也要注重对双创型人才内在精神的培养，中国外贸企业在招聘管理人才时也十分重视道德素质的考察，诚实守信、责任心强和爱岗敬业是一个合格的贸易经济专业人才必须具备的职业素养，从贸易经济专业的课程体系设置中不难发现，提高学生的职业素质和职业道德恰好也是非常重要的培养内容。

（二）贸易经济专业的核心课程为双创能力培育提供基础

贸易经济专业的核心课程为学生市场调查能力的培养提供基础，贸易经济专业在课程设置和方案建设等方面均将市场调查能力培养目标融入系统的培养方案之中。贸易经济专业开设有市场调查教程等方面课程，主要内容是了解市场调查的功能，清楚市场调查的实施范畴，调整市场调查的人员部署，并对市场调查的整体流程进行合理安排，针对市场调查的结果设计合适的方案，按照设计方案进行数据的收集，并且将先进的调查技术应用到具体的市场调查中。与此同时，贸易经济专业会设置市场调查方面的项目研究来加强对学生市场调查能力的培养，这种课程设置为培养学生双创能力奠定坚实基础。

贸易经济专业的核心课程为学生数据分析能力的培养提供基础，开设有计量经济学等课程，计量经济学可以分为理论计量经济学和应用计量经济学两大部分，理论计量经济学是对数理统计方法恰当地应用、调整和改良，使变动后的数理方法与随机经济社会关系更加匹配，从而更加精准地测定经济社会关系。应用计量经济学利用统计数据，使用计量方法对经济数学模型的实际应用进行研究，并对实证经济的规律进行探求。另外，统计学通过对数据的检索、整合、剖析和阐述，对被测对象的实质进行推测。贸易经济专业课程主要教授学生数据分析方面的理论知识，足够的专业理论知识储备有利于学生双创能力的培养。

贸易经济专业的核心课程为学生经营管理能力的培养提供基础，随着互联网技术的迅速发展，教师的教学方法也越来越多样化。贸易经济专业设有管理学等课程，强调在数字贸易经济环境下，以提升生产力水平为最终目标，合理地配置人、财、物等资源。授课教师通过情境模拟法等多种方法，在模拟练习中培育学生的专业核心能力，并且采取多样化的课堂组织形式，比如运用 3D 模拟真实场景的电子图文等，这样的授课形式有助于提升贸易经济专业学生的管理能力，为学生之后双创活动的开展提供了一定的体验基础。

（三）贸易经济专业类竞赛与双创类竞赛高度契合

贸易经济专业课程为学生提供了大量理论知识，为了能够提高学生实践能力，学校积极鼓励学生参加贸易经济类的比赛，在比赛中熟练掌握贸易实务操作，将课堂中所学到的理论知识与贸易经济中具体的实践活动相结合，让学生得到良好的锻炼。贸易经济专业每年都会有很多竞赛举办，如 POCIB 全国外贸从业能力大赛，比赛内容主要是考查学生在贸易买卖合同磋商的过程中，能否对询盘、发盘、还盘和接受的各个环节交流往来的英文函电正确写作，同时也会对贸易经济专业学生的销售合同的谈判能力进行考查，除此之外还包括进出口业务基本技能以及进出口单证制作和应用方面的考查。双创类竞赛比如"创青春"全国大学生创业大赛，主要比赛内容以商业计划书评审、现场答辩、参赛项目盈利状况、创办非营利性质社会组织的计划和实践等。无论是贸易经济专业竞赛还是双创类竞赛，都将学生专业实践创新能力作为考查重点，学生通过参加相关比赛，运用在学校课程中所学到的专业知识完成比赛过程，有助于学生创新精神的树立。

四、 双创教育背景下贸易经济专业课程体系设置构想

随着双创时代的到来，高校培养结构向应用型转变已是大势所趋，而贸易经济专业极具实践性，必然也要向应用型专业转型，其专业转型能否成功，关键在实践教学环节是否能够得到完善，所以，需要依托双创教育背景，以培养社会适用型专业人才为目标，对贸易经济专业课程体系进行合理的设置。

（一）贸易经济专业课程设置

依据教育部坚持专业课与双创教育有机融合的指导思想，充分挖掘贸易经济专业课程的创新创业教育资源，开设了连锁经营、门店管理与运营、创业管理等面向产业的双创课程。融入 OBE、STEM 等科学教育理念，通过一体化课

程设计与相适应的教学策略，更加注重学生能力的培养，使学生具备专业的知识、能力和实践素质。（具体专业课程设置见表1）

表1 贸易经济本科专业课程模块设置

模块名称	课程类别	核心课程设置
专业知识模块	专业基础课	贸易经济学；产业经济学；消费经济学；经济法；物流学；世界经济与政治
	贸易理论课	国际贸易理论；贸易理论前沿专题；零售学；供应链管理
	专业实践课	国际贸易实务；进出口贸易模拟；网络贸易；商务谈判
专业能力模块	专业素养课	商业伦理学；市场调查技术；数据分析；市场预测与决策
专业素质模块	双创实践课	大学生就业与创业；职业生涯规划；互联网创业管理；商业模式设计；连锁经营综合实训；商贸公司运作；零售门店开发与管理

（二）实践教学平台建设

实践教育是双创教育与贸易经济专业课程建设的最合适结合点，以强化贸易经济专业实践性和应用性的专业特色。因此，应围绕学生实践能力的培养与强化，加大对专业的人财物投入，可以通过引进企业贸易发展基地，建设学校教育与企业相结合的一体化大型实训中心来打造具有双创特色、注重应用能力的专业课程平台体系。具体实践教学平台包括仿真商业模拟实践平台和真实商业环境实践平台。

1. 仿真商业模拟实践平台建设。贸易经济专业在进行人才培养时要与关联性强的专业组建成专业群，在此基础上与行业对接建立实践体系，共同建设大型实验仿真中心。贸易经济、商务英语、市场营销、物流管理等专业有较多的共性与交叉，所以这些关联专业可以共同组建成商贸管理群专业，然后与本地商贸企业达成模拟仿真合作。与此同时建设 Simtrade 外贸实训、SimForwarder 货代外贸平台；综合财务会计投资理财实训平台；仓储物流、港口物流、国际物流实验室平台；电子商务实训室；市场营销综合实训室；新道模拟商业社会环境 VBSE 跨专业综合实践教学等仿真的实训平台。

2. 真实商业环境实践平台建设。模拟仿真虽然能够最大限度地接近真实行业场景，锻炼学生的动手能力，但与真实的商业环境仍有所差别，因此在模拟仿真的基础上创造真实商业环境，让学生参与真实的商业运营操作，对培养学生的专业实际技能有非常大的作用。首先，贸易经济专业可以通过成立由学生实际运营的商业实体，依据实际贸易活动标准配备相关硬件设施，由商贸协会注册成立大学生创新创业孵化公司。经过协调，在大学生创业空间申请入驻开展真实线上线下零售业务活动，由教师监督，学生独立经营，熟悉各个环节在线上线下零售过程的系列程序，并且熟悉营业店铺的管理操作。其次，为学生创造贸易经济实践训练条件，依托本地商贸产业园，贸易经济专业的学生真实介入电商服务，每年"6·18"和"双11"组织学生参与到网络购物服务中去，为品牌商提供线上购物客服服务，处理在贸易往来过程中可能会出现的系列问题。最后，建立实习基地，根据人才培养目标和需要达到的核心能力指标，选择与学生专业就业关联度高的单位建立实践基地，同时还要考虑企业的管理水平、企业文化、规模、效益、校企合作情况，能够为实习生提供实习相关岗位以及企业导师水平等方方面面的因素。实习基地一般选择区位好，规模比较大，实施标准化管理，有其独特的企业文化，有规范的实习生管理制度，导师业务强，有社会责任感，愿意和学校一起努力为社会培养人才的企业作为实习基地。

参考文献

[1] 张林云. OBE 导向下贸易经济类专业课程体系设置研究初探 [J]. 大学教育，2020（5）：23-25，36.

[2] 成谢军."双创"教育融入贸易经济专业建设的可行性研究 [J]. 对外经贸，2020（7）：157-160.

[3] 王法涛，丁立会."新财经"背景下贸易经济专业课程体系构建研究 [J]. 商业经济，2020（10）：188-191.

[4] 吴杰. 创新创业教育的基本模式与发展路径——评《双创时代大学生创新

创业教育的融合发展研究》[J]. 中国高校科技, 2021 (4): 101.

[5] 王磊. 以五大发展理念引领高校双创教育改革发展 [J]. 教育与职业, 2021
(9): 57-62.

课题来源

哈尔滨商业大学 2020 年度教学改革与教学研究一般项目 (项目编号: HS-
DJY202007)

新时代马克思主义政治经济学的创新与发展

朱江梅

（哈尔滨商业大学　经济学院　150028）

【摘要】在新时代背景下，马克思主义政治经济学必须立足我国国情和市场经济发展实践，深入研究世界经济和我国经济发展过程出现的新问题新情况，揭示经济运行的新规律和新特点，提炼和总结市场经济发展实践的规律性成果，持续地创新与发展，构筑我国经济高质量发展和双循环经济新格局的理论基础。

【关键词】新时代；政治经济学；创新发展；经济新常态

马克思主义政治经济学是中国特色社会主义经济理论的一个重要组成部分。在我国改革开放和经济发展过程中，马克思主义政治经济学与我国社会主义初级阶段的国情相结合，形成了具有中国特色的马克思主义政治经济学，并在经济发展实践中获得快速发展。党的十八大以来，我国进入社会主义新时代，经济发展也进入了新时代，面对错综复杂的国内外经济形势，我国经济结构性调整和经济高质量发展，以及构建双循环经济新发展格局，都迫切需要符合我国经济发展实践的马克思主义政治经济学的指导。因而，新时代背景下，如何创新与发展马克思主义政治经济学具有重要的理论价值与实践意义。

一、 对马克思主义政治经济学的正确认识

（一）马克思主义政治经济学唯物史观的方法论

马克思主义政治经济学，是马克思根据历史唯物主义和辩证唯物主义的世

界观和方法论，批判继承德国古典哲学、英国资产阶级古典政治经济学及空想社会主义的思想成果，通过对人类经济活动系统研究而建立起来的，是政治经济学理论体系的全新革命。唯物辩证法是马克思主义政治经济学的基本方法。马克思运用唯物辩证法来分析和研究资本主义社会，揭示出资本主义社会并不是一个永恒存在的制度，它只是人类社会发展过程中的一个阶段，资本主义社会也有一个产生、发展、灭亡的演变过程。科学地论证了资本主义为社会主义所取代的历史必然性，为科学社会主义的建立和发展提供了理论基础。马克思指出：资本主义社会"不是坚实的结晶体，而是一个能够变化并且经常处于变化过程中的机体"。马克思在政治经济学中还运用矛盾分析法，分析了生产力与生产关系的矛盾。马克思在劳动价值论中具体分析了商品内在的使用价值和价值之间的矛盾、具体劳动和抽象劳动之间的矛盾、私人劳动和社会劳动之间的矛盾，其实这些都是生产力与生产关系之间的矛盾。在剩余价值理论中，他着重分析了生产社会化与生产资料资本主义私人占有之间的矛盾，并自然地得出资本主义必然灭亡的科学结论。同时，在政治经济学中，马克思又运用科学的抽象法，即从具体到抽象、再由抽象到具体的研究方法。逻辑方法和历史方法的一致性是马克思主义政治经济学的又一个特点。所有这些都是马克思唯物辩证法的具体体现，是马克思主义的方法论。

(二) 政治经济学的阶级性和实践性

马克思主义政治经济学与其他社会科学一样，具有鲜明的阶级性。它是无产阶级的政治经济学，是无产阶级进行社会主义革命和社会主义建设的理论。虽然在马克思之前出现过古典政治经济学，但那是为资产阶级服务的，是维护资本主义制度的政治经济学。马克思从无产阶级的立场出发，通过对人类社会生产关系与生产力之间关系的分析，揭示出资本主义经济运动的基本规律，指出资本主义一定会灭亡、社会主义必然会胜利，最终实现共产主义的结论。马克思主义政治经济学成为无产阶级反抗资产阶级，用革命的方式推翻资本主义制度的理论武器，为无产阶级革命指明了方向。

马克思主义政治经济学具有鲜明的阶级性，但从本质上看，它同时又具有实践性，实践性是马克思主义政治经济学的一个重要特性。根据实践观点，理论依赖实践，理论来源于实践，反过来为实践服务，又由实践检验。马克思所创立的政治经济学既是对古典政治经济学优秀成果的批判和继承，又是对资本主义社会经济生活实践的科学总结和反思，是人类历史实践经验和理论智慧的有机结合。马克思主义政治经济学的科学性，就建立在它的阶级性和实践性的基础上。马克思主义政治经济学揭示了现代社会经济运动的规律。规律是事物内在的必然性，任何社会都有社会生产力发展规律，生产力与生产关系对立统一的规律，生产关系与分配关系相互关系的规律。在市场经济体制下则表现为价值规律与价值增值规律。正如恩格斯指出：《资本论》是"马克思的主要著作，这部著作叙述了他的经济学观点和社会主义的观点"。在社会主义社会建立后，马克思主义政治经济学为社会主义市场经济的发展提供了重要的理论支撑。

二、 立足市场经济发展实践的马克思主义政治经济学的创新发展

在我国改革开放新发展实践中，马克思主义政治经济学呈现快速发展态势，逐步形成了社会主义本质理论、社会主义初级阶段的基本经济制度理论、社会主义市场经济理论，这些重要的思想观点和理论都是对马克思主义政治经济学的丰富和发展。中国共产党对马克思主义政治经济学不断进行创新和发展，在社会市场经济发展实践中，形成了马克思主义政治经济学的诸多重要理论成果，具体表现为以下三个方面：

（一）创新发展马克思主义政治经济学的研究对象

马克思主义政治经济学的研究对象为社会生产关系及其运动规律。它虽然也会研究生产力，但是主要从生产力和生产关系、经济基础和上层建筑的相互作用和矛盾运动中研究生产关系。我国是从半殖民地半封建社会，通过革命的方式，跃过资本主义社会形态，直接进入社会主义社会的。这与马克思设想的进入社会主义的生产关系有较大差异。我国进入社会主义社会后，在相当长的时期，政治经济学理论都侧重于研究生产关系，而忽视对生产力的研究，先进的生产关系与落后的生产力不相匹配，对我国的经济建设不可避免地产生阻碍作用。

马克思认为生产力和生产关系是对立的统一体。生产力决定生产关系，生

产关系反作用于生产力。生产关系一定要适合生产力的状况，这是人类社会发展的普遍规律，它在一切社会形态中都存在并发生作用。中国特色社会主义政治经济学，在改革开放的实践过程中，立足于我国的具体国情，创新研究对象，重点研究生产力，分析生产力与生产关系之间的耦合关系，陆续提出"社会主义经济是公有制基础上的有计划的商品经济""我国经济体制改革的目标是建立社会主义市场经济体制，以利于进步解放和改革生产力"。在现代生产力发展体系中，科学技术是第一生产力，而人力资源是经济增长与发展的重要资源。解放生产力、发展生产力、保护生产力，成为政治经济学研究的重要维度。

（二）创新发展社会主义经济制度理论

马克思对社会主义社会的构想，对社会主义国家的经济建设与发展具有重要的指导作用。然而，我国社会主义实践与当初马克思的社会主义构想存在较大的现实差距，中华人民共和国成立后，我国极其落后的社会生产力水平无法满足马克思构建社会主义的物质基础要求。特别是，马克思并未对社会主义社会和未来的共产主义社会做出任何明确的规定，我国是在没有成熟的理论指导和任何实践经验的条件下，全面展开社会主义建设的。因而，我国社会主义实践发展的要求，迫切需要将马克思主义的基本理论与我国的国情相结合，创新发展马克思主义政治经济学。

经济制度的创新成为马克思主义政治经济学的重要任务。创新经济制度的理论成果是建立起社会主义初级阶段的基本经济制度。中国特色社会主义政治经济学提出，生产关系的发展要适合生产力的发展，要坚持和完善以公有制为主体，多种所有制共同发展的基本经济制度。党的十八届三中全会明确提出，以公有制为主体，多种所有制共同发展的基本经济制度是具有中国特色社会主义制度的重要支柱，它是社会主义市场经济体制的根基。我国在改革开放的实践中要不断探索和寻找公有制的实现形式。公有制的实现形式是公有制经济在微观领域的具体体现。公有制的实现形式不是一成不变的，而是根据生产力状况不断变化的。一切反映社会化生产规律的经营方式和组织形式都可以大胆利用。股份制是现代企业的一种资本组织形式，有利于所有权和经营权的分离，资本主义可以用，社会主义也可以用。

在收入分配制度上，坚持按劳分配为主体，多种分配制度并存。资本、技术、管理等生产要素参与收入分配。努力促使城镇居民收入增长与经济增长保持同步，要保证劳动者劳动报酬提高的幅度与社会劳动生产率的提高保持同步，不断改善现有的收入分配格局，逐步缩小收入差距，使城乡居民收入持续增长。

（三）创新社会主义经济发展理论

中国特色社会主义政治经济学创新经济发展理论，坚持以人为中心，以促进人的全面发展、实现共同富裕为目标，推动经济发展。在经济发展过程中，逐步提出走新型工业化道路理论；可持续发展理论；"四步同化理论"即新型工业化、信息化、城镇化和农业现代化；经济发展方式转变理论，即转变经济增长方式，由粗放型经济增长转到集约型经济增长，更多地依靠科技进步和劳动者的素质提高。以战略性新兴产业，环保性产业和现代服务业带动经济增长，以管理创新为经济增长提供动力，促进区域之间，城乡之间协调发展。

中国共产党十八届五中全会提出五大发展理念：创新、协调、绿色、开放、共享。这不仅是对中国经济发展实践的总结，更是指导经济发展的重要理念。关于社会主义市场经济理论，明确提出使市场在资源配置中起决定性作用和更好地发挥政府作用，政府与市场的边界得以厘清。用好国际国内两个市场、两种资源理论，加快形成以国内大循环为主体、国内国际双循环相互促进的新发展格局理论，不仅对我国全面建成小康社会发挥重要作用，也为我国建设现代化强国作出重要理论贡献。

三、 新时代下马克思主义政治经济学的创新发展

随着我国社会进入新时代，经济发展出现新的趋势，我国经济呈现出新常态。在新经济形势下，马克思主义政治经济学面临着新的挑战和机遇，需要持续地根据经济发展实践进行创新发展。

（一）经济新常态下的马克思主义政治经济学的创新发展

改革开放以来，中国经济以年均 10% 以上的速度增长，经济总量持续扩

张，居民收入增长较快，但同时也付出了环境污染、资源耗竭的代价。目前，在全球经济增长放缓，外需急剧萎缩的背景下，我国高投资、高投入、高能耗的经济增长方式难以为继，经济进入新常态。

经济新常态就是指我国经济由高速增长转向中高速增长，经济增长的动力由要素驱动转向创新驱动，依靠科学技术的进步。经济新常态的实质就是转变经济发展的方式，优化资源配置方式，推进产业结构的优化升级，促使低级形态的经济增长向高级形态的经济增长转换，进而追求经济增长的长期性和稳定性。马克思主义政治经济学的生产力理论，对经济新常态下的我国经济发展有着重要的指导作用。马克思认为，生产力是由劳动者和生产资料构成的。其中，劳动者在生产力中具有特殊重要的地位，起着最根本的作用。现阶段，我国低劳动成本的时代已悄然过去，人口红利正在消失，在经济新常态下，劳动者素质已成为影响经济增长的重要因素。只有提升劳动者素质，才能从根本上提高社会生产力的水平，促进经济增长。马克思还认为，科学技术不是生产力的构成要素，但却渗透到生产力的诸要素中，引起它们素质的变化，从而促进社会生产力的发展。经济新常态下，经济增长必须依靠科技创新驱动，实现自主创新。

（二）供给侧改革下的政治经济学的创新发展

供给与需求是经济分析的两个重要方面。投资、消费、出口是影响需求的重要因素，而劳动、土地、资本、制度则是影响供给的重要因素。我国经济发展进入新时代以后，经济发展供给端的问题日益突出，结构性失衡成为经济持续增长的障碍，供需失衡的形势严峻。一方面，水泥、煤炭、石化、有色金属等产业的产能严重过剩；另一方面，低附加值产品过剩，而高附加值产品供给不足。

经济新常态下，供给侧改革就是运用改革的方式，调整供给结构，有效配置资源，提高全要素生产率，改变生产要素扭曲配置的状况，促使供给结构与需求结构相吻合，最终提高社会生产力。马克思的社会再生产理论，为中国经济的供给侧改革提供了理论指导。马克思认为，为保证社会再生产的顺利进行，两大部类之间需要保持一定的比例关系。第一部类生产资料的供给与第二部类对生产资料的需求之间保持平衡；第二部类消费资料的供给与第一部类对消费资料的需求之间保持平衡。这种供给与需求的平衡不仅表现为总量平衡，还表现为结构平衡。我国的供给侧改革可以从马克思的社会再生产理论中寻找解决策略，并在实践中发展马克思的社会再生产理论。

参考文献

[1]马克思恩格斯全集第16卷 [M]. 北京：人民出版社，1964：411.

[2]马克思恩格斯全集第1卷 [M]. 北京：人民出版社，1964：12.

[3]方茜. 新发展理念：马克思主义发展观的中国实践与创新 [J]. 邓小平研究，2020（1）：52-64.

[4]洪银兴. 政治经济学视角的新发展格局 [J]. 马克思主义与现实，2021（1）：7-11.

SPSS 教学过程中存在的问题与对策研究

宋德军

（哈尔滨商业大学 哈尔滨 150028）

【摘要】本文分析目前 SPSS 教学过程中存在的教学内容与职业需要关联度低、课堂实践机会不足等问题，从课程内容定位准确、在实验环节加入项目研究的内容的视角出发寻找解决问题的办法，提出多元主体视角下 SPSS 教学改革的思考，并通过调整内外环境激发大学生的学习热情，推动和提高 SPSS 课程的教育质量提升。

【关键词】SPSS；综合实践；项目研究

SPSS 采用人机交互界面，学生们可以较快地上手，通过简单的按键操作便能够得到准确的分析数字和美观的整理结果，并且 SPSS 软件是一种基于变量及其数据结构、菜单加窗口式操作的统计分析模式，这是其他统计软件所不具备的优越条件，能够据此大大地提高 SPSS 教学效果。

一、 SPSS 课程简介

统计分析软件有很多，其中 SPSS 软件是统计分析比较常用的软件。SPSS 英文全称为 "Statistical Product and Service Solutions"，意为 "统计产品与服务解决方案"，是由 IBM 公司推出的一款专业统计软件，也是应用范围最为广泛的专业统计软件之一。可以利用 SPSS 进行数据整理、分析、输出结果等。统计分析离不开数据，因此数据管理是 SPSS 的重要组成部分。SPSS 操作简单、易于上手，只需通过简单的按键操作便可得到美观的整理结果，无须进行编程，适合刚入门的新手使用。SPSS 的使用范围较为广泛，在通信、医疗、银行、证券、保险、制造、商业、市场研究等领域都可以使用 SPSS 对数据进行整理和分析。

在以大数据为中心的时代，经济、社会领域的管理者进行决策，更多地依赖于数据分析，而不是单纯的经验和直觉。在这个背景的驱动下，数据分析人才的需求与日俱增，但人才供给却很少。据不完全统计，今后 3~5 年中国需要 180 万大数据人才，但现在只有 30 万人，缺少近 150 万人，2025 年预计将缺少 200 万人。由此可知，熟练使用 SPSS 等统计软件，能够增强数据分析能力，满足社会需求。

二、 SPSS 课程教学实践中的主要问题

（一）教学内容与职业需要关联度低

在教学中，教师讲述的 SPSS 专业知识在未来的工作中得不到实践，学生不能灵活运用专业知识，只能用课堂中掌握的专业知识应付考试，只能按照书本中所显示的教学实例进行软件的操作，不能在实际工作中应用。在实际操作中，学生不能利用得到的数据选择和分析合适的统计方法，更难进入实际工作中，相关理论知识也不能及时转化为实践操作，学生个人职业生涯将受到严重影响。从该专业的培养目标和课程体系出发，减弱学生的畏难情绪，合理安排教学内容，调整具体的授课安排，加强理论联系实际，通过这些方法提高该课程的教学效果，为学生实证类毕业论文的撰写、学业深造等打下良好的统计方法基础。

（二）实验内容缺乏数据分析的"真实感"与"实战感"

实验安排存在与实际数据分析工作相脱离的问题，表现之一，是平时练习所接触的数据分析模式与实际数据分析工作不一样。比如说，在观测量概述过程的章后习题往往是列出一个表格，在 Frequencies 过程章节，章后习题往往是列出两行数据表格，让学生分析表中两个变量的关系。Explore 过程、crosstab 过程缺少实际数据等。但在实际工作中，呈现在数据分析人员面前的往往是一份 SPSS 中的原始问卷数据，所以，学生平时做的习题和实际工作面对的情境是

完全不相同的。这就直接影响了学生练习的效果，数据分析工作的实战性大打折扣。

（三）课堂实践机会不足

对于 SPSS 软件的课程教学而言，一个大难题是如何将"按部就班"的程序过程变成生动、有趣的教学过程，而缺少专门进行软件课程教学是很大的原因。在一些高校，尤其是硬件设施比较完备的高校，二级学院都能配备专门的机房；而在另一些资源相对紧张的高校，机房主要用于大学生计算机课程，SPSS 软件作为专业基础课难以申请到机房集中上课的机会，只能在普通教室上课的情况，很难让大学生每次都带上笔记本电脑，学生缺少上机操作环节，导致这些相对比较晦涩、难懂的统计方法与现实当中实际的操作很难结合在一起。

三、　建议

（一）　调整与改革 SPSS 授课内容

最常用的 SPSS 统计方法是描述性统计、推断统计分析、统计分析报告、均值比较分析、方差分析、回归分析、聚类分析、因子分析等，所以，在讲课的过程中，一定要把这些方法按照学生学习、研究的需要，比较全面地向学生讲解。学生掌握了这些方法，不仅有利于调查类毕业论文的写作，也有利于以后的工作和学业深造。调查统计中，很多学生都反映讲课的内容较多，且进度较快。为了解决这个问题，可以适当减少一些内容，如分层报告过程是对原始数据进行描述性分析，这是统计工作的出发点。统计学的一系列基本描述指标，主要介绍如何完成均数、标准差、标准误等指标的计算，通过学习能够处理一些简单的统计数据，让学生掌握其操作方法，熟悉基本原理、过程及解释方法。

（二）　根据每节课的内容特点采用多种教学方法

每节课内容以课堂讲授与启发式、案例分析教学方法相结合的方式展开；

利用板书和多媒体课件相结合的教学手段；通过引导、分析、讲解和归纳总结等过程实施课堂教学，加强学生对重点内容和难点内容的理解和掌握，在整个教学活动中发挥教师的主导作用和学生的主体地位。

（三）在实验环节加入项目研究的内容，增强数据分析的实战性

将项目研究的内容加入实验阶段，提高数据分析的实战性。作为应用性高的课程，SPSS 和统计学非常强调实战力。经过很多实践应用分析项目，必须活用经验和教训，使优秀的数据分析人员成长。因此，实战在 SPSS 学习中占有非常重要的地位，学生必须通过大量的实战分析熟练掌握 SPSS。

（四）课程内容定位准确，满足未来职业发展需求

在实际的教育活动中，老师应该根据 SPSS 课程以及学生的特点和学习能力制订科学合理的教育计划。通过本课程的学习，学生应具备系统的观察能力、全面的认知能力、理性的理解和分析能力、严谨的逻辑思维能力、专业的思考能力和运用 SPSS 软件分析和解决现实经济问题等基本能力，注重与实际相结合，避免理论与实践脱节，使学生能够学以致用，培养学生对就业岗位、职业能力要求的认识。

（五）提高学生的综合实践能力

第一，将学生分成几个小组，用统计分析方法确定适合解决的课题；第二，要求各小组的学生设计相应课题的问卷调查；第三，要求各小组进行数据收集、整理及抽样调查；第四，基于这些整理后的数据展开后续的实验环节，要求学生对获得的数据进行相应的统计分析方法的练习；第五，改变课程审查方式，不以习题方式让学生进行期末考试，让学生根据问卷数据并运用统计分析方法单独完成一份报告。显然，在这样的实验模式下，每次实验的情况和实际的数据分析工作基本一致，相信通过从选题到写论文的完全训练，可以大大提高学生使用统计分析方法进行科学研究的能力。

综上所述，在大数据时代，通过 SPSS 教育模式的持续革新，可以改善学科体系，在多方面提高教育效果，有效实现现代大学生数据分析和职业道德素质。鉴于 SPSS 教育实践过程中存在的问题，要以学生为基础，更多地从学生

的角度和需求改善教育内容,并通过调整内外环境激发大学生的学习热情,给学生更多的实践机会和空间,推动和提高 SPSS 课程的教育质量和水平。

参考文献

[1]王波. SPSS 软件在提高统计学教学效果中的应用 [J]. 黑龙江科学,2019:
1–3.

[2]搜狐网. 大数据催生新职业,数据分析师为何如此"抢手"? https://www.
sohu. com/a/339288259_ 178408.

[3]叶平芳. SPSS 课程教学中存在的问题和对策思考 [J]. 新西部,2020:
167–168.

[4]谢芳. 高效计算机软件教学中的问题与措施 [J]. 科技资讯,2019:
132–133.

[5]黄河,高佳妮,夏丽莎. "互联网+"背景下智慧课堂的翻转式教学模式构
建 [J]. 科技风,2021:27–28.

[6]袁迎春.《SPSS 统计软件应用》课程的教学实践与改革思考 [J]. 科技风,
2021 (1):37–39.

《社会主义市场经济理论》课程的
思政建设研究

庞柏林

（哈尔滨商业大学　哈尔滨　150028）

【摘要】社会主义市场经济理论这门课程可以有效挖掘和充分利用的思想政治教育资源和元素，天然就具有思想政治教育的特殊属性。在教学过程中，应注重以"四个自信"为主线，利用典型教学案例，综合运用多元化的教学方法和教学手段，探索线上线下混合教学模式。

【关键词】社会主义市场经济理论；思政建设

课程思政指以构建全员、全程、全课程育人格局的形式将各类课程与思想政治理论课同向同行，形成协同效应，把"立德树人"作为教育的根本任务的一种综合教育理念。课程思政主要形式是将思想政治教育元素，包括思想政治教育的理论知识、价值理念以及精神追求等融入各门课程中去，潜移默化地对学生的思想意识、行为举止产生影响。

一、 社会主义市场经济理论课程的思政属性

20 世纪 70 年代末，中国的经济体制改革拉开了帷幕，开始从计划经济体制向市场经济体制的逐步转轨。1992 年，党的十四大正式确定了建立社会主义市场经济体制改革的目标，科学概括了建设有中国特色的社会主义理论。经过 30 多年的改革和发展，有中国特色的社会主义市场经济理论逐渐形成。从市场辅助到市场本位，从有计划的商品经济到社会主义市场经济，随着改革开放的不断深入，人们对社会主义市场经济的理论认识也不断深化。社会主义经济理论体系以社会主义市场经济运行为主线，在所有制结构、市场体系、收入分

配、企业制度、对外经济关系、宏观调控、经济增长和经济发展等方面有了许多理论发展和创新，极大地丰富和发展了马克思主义理论。

社会主义市场经济理论，是在马克思主义理论总体指导下，对当今世界和发达国家的市场经济进行批评和借鉴，不是照抄资本主义的市场经济理论。社会主义市场经济理论，本质上是马克思主义政治经济学理论的社会主义部分，在坚持社会主义根本制度的前提下，借鉴西方市场经济理论中合理的思想和方法，最终把社会主义市场经济与社会主义基本社会制度有机结合起来。因此，社会主义市场经济，是立足社会主义初级阶段的特定现实，符合我国基本国情的重大创新。恩格斯说过，马克思主义的整个世界观不是教义是方法。马克思主义理论为社会主义市场经济理论研究提供了正确的世界观和科学的方法论，有助于社会主义市场经济健康发展。实践已经证明，市场经济不是万能的，市场自发作用的结果，经常会出现各种问题，如经济外部性问题、垄断问题、总量平衡问题、社会公平问题等。这些问题的解决，需要我们以马克思主义理论为指导，从全局出发，加强对经济的调节和控制，保障国民经济健康持续发展。

显然，社会主义市场经济理论这门课程可以有效挖掘和充分利用的思想政治教育资源和元素比较丰富，天然就具有思想政治教育的特殊属性，应该在课程建设过程中更多融入思政要素，更好地为学科专业建设服务、为学生提高品德修养服务。

二、 社会主义市场经济理论课程思政建设的主要难点

一直以来，经济学院政治经济学教研室都十分重视课程思政建设，在社会主义市场经济理论这门课程的教学实践中，进行了一系列探索和尝试，从有针对性的集体备课，到经验丰富的教师进行典型示范，从案例教学、混合式教学到以学生为中心的课堂辩论，任课教师的课程思政意识普遍增强，也取得了令人满意的教学效果。但是，我们也遇到了诸多难题，包括以下几个方面：

首先，社会主义市场经济理论课开在大一年级下学期，作为大一年级的年轻学生，他们具备强烈的求知欲望，也具备一定的独立思考能力，但学生们从高中校门直接进入大学校门，没有社会经验，缺少对现实问题的感性认识，考

虑问题往往不够全面，容易偏激，他们不喜欢老师讲"大道理"，对于思想政治方面的说教容易有抵触情绪。学生们多数都是独生子女，个性上往往特立独行，因而在学习方面合作意识不强，思想观念追求个性解放，更容易受网络环境的影响。对于《社会主义市场经济理论》这门课程，由于理论构架宏大，内容庞杂，许多观点想让学生真心接受并不容易。

其次，思政建设对教师的知识水平和教学能力提出了挑战。在社会主义市场经济理论的教学中，潜移默化地融入思政教育，这大大增加了教师备课及授课的难度，极大地考验着教师的知识水平和教学能力。推进课程思政建设，对于教师而言，最基本的变化就是教师要从过去那种单打独斗、只注重知识传授的教育，向同时承担知识传授和价值引领双重任务转变。为适应这一转变，要求教师有高度的敬业精神、自觉的育人意识以及关心国家前途命运的使命担当。而教师这方面素质的培养与提升需要一个过程。在教学活动中，要恰到好处地把做人做事的基本道理、社会主义核心价值观、实现中华民族伟大复兴中国梦的使命与担当以及马克思主义基本立场观点方法贯穿到教育教学中，这对于教师而言，其难度是不言而喻的。需要教师对教育事业抱有极大的热情和激情。思政教育要求教师自觉将价值塑造、知识传授和能力培养三者融为一体，兼顾知识传授和价值引领，不断提高课程思政建设意识和能力。

最后，在教学方式上，课程思政与社会主义市场经济理论融合方式上创新难度大。社会主义市场经济理论课程涉及很多现实问题和理论问题，对于不同方面的问题，怎样进行教学切入，选取什么样的分析视角，以及如何把握力度轻重、繁简安排等，都需要精心的设计。在社会主义市场经济理论课程思政教学实践中，课程与思政的融合方式应该体现"个性化""案例化"特征，同样的授课内容针对不同专业的学生，课程思政融入方式也应该有所不同。这些都需要我们在教学实践中不断探索、不断创新。

三、 社会主义市场经济理论课程思政建设的对策

（一） 思政建设要以"四个自信"为主线

精心挖掘课程教学内容中所蕴含的思政元素要以"四个自信"为主线，在

教学内容融入课程思政元素。教学内容要在尊重原创性的同时体现时代性，积极批判性吸收国内外政治经济学关于资本主义和社会主义的最新研究成果，合理借鉴当代西方经济学的某些理论，注重原理的科学性、稳定性和预见性相统一，体现时代性。比如，增加对公有制与市场经济兼容性、公平与效率、中等收入陷阱、"一带一路"与新基建等内容的导入与分析，通过研究型教学，体现新的理论探索精神，并使之潜移默化，融合课程思政的核心内容。同时，认真梳理教学大纲的具体要求，在导论、市场经济基本原理、社会主义与市场经济、社会主义市场体系、社会主义市场经济运行的主体、社会主义市场经济宏观调控等章节中挖掘思政元素，既要讲清楚市场经济的基本原理，又要深入剖析社会主义市场经济的独特属性，把理论分析与课程思政有机结合起来。

（二）利用典型的课程教学案例

当今世界正处于百年未有之大变局，"黑天鹅"事件时有发生，为课堂教学提供了丰富、精彩的典型案例资源，其中的部分典型案例意义重大，能够与社会主义市场经济这门课程的教学内容紧密结合，也足以引起学生的学习兴趣，从而引发学生进行深入的研究和思考。我们在教学过程中，注重以典型事件作为教学案例，从中提炼与课程内容相关的要素，并在其中融入课程思政的内容。比如2008年美国引发的世界金融危机，我们把它与马克思的危机理论联系起来进行深度剖析，让学生更深入地理解经济危机的实质和根源。2020年发生的新冠肺炎疫情，所有国家都面临着同一个问题，我们在教学活动中，注重对比不同国家的抗疫反应及抗疫结果，引导学生思考：为什么在中国首先遭遇疫情，并给出了漂亮答案的前提下，很多国家仍然回答不好这份问卷呢？在比较分析过程中，学生们真正增强了民族自信心和自豪感。

（三）课程教学方法手段追求多样化、动态化、形象化和立体化

社会主义市场经济理论作为普通高校财经类专业的学科基础理论课程，理论范围十分庞杂，理论内容艰深难懂。所以，在教学过程中，除了常规讲授法、案例法、归纳法、演绎法、比较法等教学方法，还可以灵活采用多样化、动态化、形象化和立体化的教学方法与教学手段，有效延长课程讲授、学习的时间与空间。教师在具体授课过程中应避免进行生硬的说教，而是要运用恰当的方法做到"润物细无声"。

（四）线上、线下混合教学模式的运用

线上、线下混合教学模式（见图1），方便师生之间、学生之间充分地讨论交流，使课堂气氛热烈且有序，提高了学生对理论学习的兴趣。在课程学习中更加积极主动。利用超星学习通、智慧树等平台实施课程的过程化管理，作业、在线测验、答疑和辅导等都在线上进行，教师可以跟踪了解学生线上学习的效果，有助于对学生提供差异化辅导，弥补了线上教学的不足，学生更加重视课堂的学习效率，学习绩效会有大的提升。

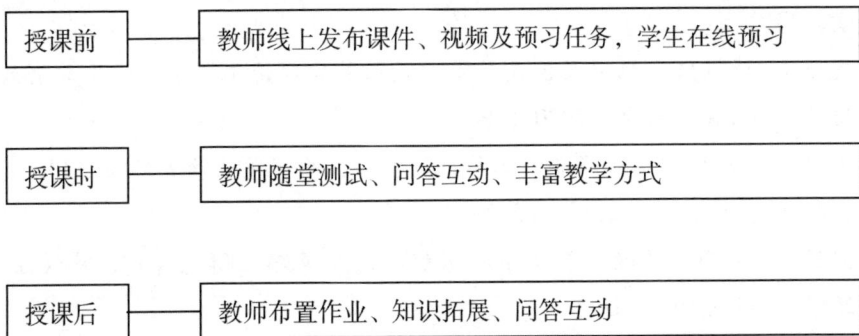

授课前	教师线上发布课件、视频及预习任务，学生在线预习
授课时	教师随堂测试、问答互动、丰富教学方式
授课后	教师布置作业、知识拓展、问答互动

图1　线上、线下混合教学模式

四、　结语

课程思政是新时代的人才培养要求对高校及全体教师的一个大考。应对这一时代命题，不仅要求教师有良好的政治素质，还要求教师有想象力、创造力及高超的教学技能。知识传授与价值引领有机结合的教学形式、层次、侧重较复杂，课程之间的差异较大，课程思政的实施具有较强的"个性化"或"个案化"特征。

课程思政的本质是立德树人，它是为贯彻"三全育人"理念而进行的科学创新，其实施理念为协同育人。马克思主义政治经济学具有显著的思政属性，是"四个自信"的理论基础之一。要把马克思主义政治经济学课程思政落到实处，就需要高屋建瓴地对该课程进行系统化建设，深入挖掘其思政元素，实现显性教育与隐性教育的有机结合，落实知识传授、价值塑造和能力培养的多元统一，而以"四个自信"为主线进行课程思政建设就能够有效抓住该课程建设的"牛鼻子"。

参考文献

［1］习近平．思政课是落实立德树人根本任务的关键课程［J］．求是，2019．

［2］刘口亮，朱慧敏．让课程思政理念融入经济学教学中［J］．群众·大众学堂，2019．1．

［3］吴晓芹．浅议线上线下混合式教学模式在思政理论课课堂教学中的有效运用［J］．法制与社会，2020（中）．

［4］毕鹏飞，罗萍．"课程思政"工作推行中存在的问题及解决路径［J］．教书育人（高教论坛），2019，（27）：73-75．

［5］储丽琴，孟飞．《微观经济学》课程思政改革路径研究［J］．时代经贸，2019，（34）：102-103．

［6］陈新岗，张秀娈．经济学专业"课程思政"建设的实现路径研究：以《经济史》为例［J］．思想政治课研究，2019，（6）：96-102．

《福利经济学》课程教学初探

杜　宁

（哈尔滨商业大学经济学院）

【摘要】《福利经济学》是经济学专业本科学生的课程，是经济学理论与经济实践结合较为紧密的一门专业课程，科学合理的教学对提高该课程的教学质量、达到教学目标具有十分重要的意义。课程的设计应该包括如下几个方面，一要针对课程的性质来进行；二要密切跟随课程的目标要求；三要符合课程特点。教学方法可以采用案例法和讨论法，并遵循相应的教学原则，以实现教学理论性、应用性和全面性的结合。在以上课程设计原则和教学方法的基础上，提出课程的具体内容设计。

【关键词】福利经济学；课程；教学

《福利经济学》是经济学本科专业的重要课程。中国经济的高速发展及政府对民众获得感的日益重视为《福利经济学》提供了现实需要，同时也为这一课程的教学带来了挑战。如何通过教学改革创新，使学生更好地理解本课程的相关知识并学以致用，成为当前的重要任务。《福利经济学》主要是运用西方经济学基础理论和方法来分析社会福利的相关问题，是一门理论性和应用性都很强、理解起来有一定难度的课程，这门课程的特点决定了教学内容和教学方法科学与否直接关系到教学质量的好坏，也关系到教学目标的实现。因此，探索适合《福利经济学》课程内容的教学体系设计，并采用与之相适应的、行之有效的、科学合理的教学方法，对提高《福利经济学》课程的教学质量、增强学生分析实际经济问题的能力具有重要意义。

一、 设计原则

课程的设计要建立在对福利经济学知识领域相关特点进行准确分析的基础上，因此确定课程的设计原则是首要的工作，原则具体包括以下方面。

（一）适合课程性质

《福利经济学》是一门具有很强的理论性和实践性的课程。它以宏观经济学、微观经济学和政治经济基础理论为依托，研究资源配置效率、收入分配及社会福利的测度等方面内容，目的是更好地理解经济发展与社会福利之间的关系，解释现实中出现的问题，总结福利经济学的一般性规律，探索完善实践活动的途径并为政策决策提供理论依据和实际建议。

（二）满足目标要求

根据本科生的知识结构和能力水平，《福利经济学》课程教学应该使学生全面系统地了解福利经济学的实践发展脉络及相关基本知识；透彻理解福利经济学的经济、制度及法律基础；了解基本的社会福利测度方法；学会利用经济理论和分析工具研究福利经济领域中的应用性问题；培养和提高学生正确分析与解决经济理论与现实问题的能力。总之，要学以致用，能够将理论知识融会贯通，从而具备利用相关专业知识对实践进行研究的技能。

（三）符合课程特点

与其他任何一门课程一样，《福利经济学》课程也具有自身独特的学科特点。准确把握课程特点，是实现教学方向正确，教学内容科学，教学方法合理的前提。通过分析，在该课程的教学中需要注意如下三个方面。

1. 注重基础理论的系统性。

注重经济学理论基础。同时兼顾经典文献和前沿理论介绍和分析。学生已经基本掌握了经济学的相关基础理论，系统地学习了宏观微观经济学理论，但在对经济学理论的深入理解和整体掌握方面仍然存在提高空间，因此教学中在涉及福利经济学理论的部分应该着重对理论知识进行详细透彻的讲解，讲解着重于对经济学理论系统性的把握。通过这种理论基础的复习，既照顾到学生来源不同的知识结构差异，又为其将来的进一步学习打下良好的理论基础。

2. 着眼知识的实践应用性。

《福利经济学》课程具有很强的现实应用性，因此应该将教学的重点放在理论在实践中的应用上，即相关的理论和方法的讲授为分析实际经济现象服务。根据这个特点，教学中需要注意避免枯燥的理论和模型讲解，尽量结合经济现实和典型案例来介绍理论的应用，使学生真正学会使用书本知识来解释现实、解决问题。同时，教学还要着眼于未来可能创新的领域，为学生提供未来深入研究的方向，实现前瞻性教学。

3. 兼顾知识全面性。

要重视对基础理论的提升，实现理论与实践结合能力的全面挖掘，包括在相对较短的学习时间内需要深入理论基础理论，熟练掌握分析工具，尽快建立应用理论的能力。这些都要求对经济学领域及其他相关领域的知识进行更为全面的了解。因此，教学中要尽量根据课程内容对相关理论和基本方法进行最大范围的介绍，以利于学生开阔视野，扩充研究手段，利于下一步的研究工作。

二、 教学方法

针对《福利经济学》课程的主要特点和教学设计的主要原则，在教学中需要采取多样化的方法才能满足教学目的，实现课程理论性、应用性和全面性的结合，除了传统的教学方法外，应该着重采用案例法和讨论法来实现教学目标。

（一）讨论教学法

传统的教学方法即教师讲、学生听，至于讲课听课的效果到底如何要到最后考试时才知道。学生被动学习的结果就是学到的都是"死"知识。学生对于概念、原理等内容常常是死记硬背，不加理解。这种"填鸭式"的应试教学模式，无法实现高效率的知识转移，教学目标也很难完全达到，对于《福利经济学》这样具有很高应用性的课程，传统教学方法更是难以胜任。因此有必要采用讨论教学的方式来改善教学效果。

讨论课就是以讨论为中心的综合、启发式课堂教学，是学生根据老师的布置和指导，围绕一个主题事先进行准备，在课堂上集体探讨，比较不同的意见和看法，分析优劣，获取知识的方法。讨论教学法对提高学生学习的兴趣、培养主动思维能力、体现学生在学习中的主体地位具有较大的优势。讨论课的种类很多，既可以整节课讨论，也可以用几分钟讨论；既可以是全班讨论，也可以是小组讨论。根据课程内容可以选择不同的讨论方式。

根据《福利经济学》课程的特点，对讨论课的教学要注意把握如下几个要点。第一，精心设计讨论主题。主题要尽可能贴近现实，对学生具有吸引力，这是学生主动参与讨论，认真准备，积极发言的前提。只有选择了正确的讨论题目，才能保证讨论教学顺利进行。第二，对学生提前做好辅导。学生是讨论的主体，但准备过程不能由学生完全自主进行。教师要提前做好讨论课的辅导工作，不但要适当提示讨论的知识要点和分析的角度，而且可以为学生补充需要阅读的相关文献资料，或是传授学生查找相关资料的途径和方法。这样可以让学生透彻地了解讨论内容，打有准备之仗，使讨论教学进行得更为深入和有效。第三，做好讨论引导工作。学生在讨论中各抒己见，容易产生分歧或是偏离主题，这时需要教师及时归纳学生的观点，启发学生从教学要求的角度进行思考和讨论，使学生注意力集中到要点上并向纵深发展。这个过程中，教师的作用是引导性的，既不能阻碍学生对意见的自由表达，也不要暗示问题的结论。

（二）案例教学法

案例教学法是由美国哈佛法学院首创，是一种代表未来教学方向的一种教学方法。其原理就是利用对现实的模拟或重现，让学生充分联系所研究问题的现实状况，以案例为人造环境，设身处地，代入式思考。通过对案例进行分析，得到具有启示性的经验或是规律性的结论，实现教学目的。这种方法可以将理论最大限度地联系实际，使学生通过自己的思考或从他人的思考来拓宽自己的视野，从而理解或丰富自己的知识。

在《福利经济学》课程中应用案例教学，可以利用案例贴近社会现实，学生易于获取感性认识，吸收经验，满足课程在理论性和应用性两方面的教学要求。这一教学方法的价值体现在三个方面。一是最大限度地保证了学生的主体性。案例教学为学生设置了一个其作为主角来进行思考分析的环境，使学生的学习过程成为一个主动性的创造过程，可以极大地促进每一个学生在不受拘束和没有压力的环境下挖掘自身潜力，学生的主体性获得了充分尊重，学生的生命活力与创造性得到了充分展现。二是很好地实现教学的应用性，实现课堂与社会的对接。案例教学以经济生活中的现实为基本素材，包含着学生日常关心的很多问题，因此不仅可以极大地激发学生主动思考能力，而且可以吸引更多的学生参与到课堂讨论中。在这种情况下，教师可以更好地根据教学要求引导学生的思维和学习方向，实现预定教学目标。更重要的是，案例教学中的应用性因素体现了现实社会的真实情境，具有强烈的针对性和指向性，可以为学生提供理论联系实践的机会，不但使学生了解课程相关的经济现实，而且可以极大程度地锻炼学生的自学能力，培养学生承受社会现实的心理素质。三是可以实现教学互长，提高教师的教学水平，丰富教学内容。《福利经济学》作为一门新开课程，教学中必然存在很多问题。通过案例分析讨论，教师可以提高对案例相关理论和经济现象的解释能力，并从学生的讨论和发言中发现需要进行深入讲解或是补充讲解的内容，及时加以跟进。学生提出的新想法和新思路也可以使教师改变原来的思维定式和分析角度，改善原有的教学理念，使课程设计得更加合理，符合教学规律和学生的需求。

由于案例教学具有显著的优点，因此在《福利经济学》课程的教学中应该适当地采取这一方法。在用案例法教学中，应主要遵循三个原则：第一，规范性。案例的选取要严格体现理论范畴和教学目标，能够使学生在分析案例的过程中正确地理解并掌握相关理论知识，不能出现理论与案例不匹配或是匹配不清晰的情况。同时，案例的内容和数据来源要科学，经得起论证推敲，并且具有翔实充分、结构严谨、条理清晰、符合逻辑的特点，有利于学生进行深度分析。第二，启发性。案例的选取要有代表性，能够体现理论对实践指导的重要意义。同时，要注重案例的前瞻性，尽量选择经济中的新现象、新问题，这有利于学生拓展思路，在今后的学习和工作中更好地将理论与现实对接。第三，趣味性。案例是否能激发学生的学习欲望和研究热情，是案例教学法是否成功的重要前提。在满足案例的规范性和启发性要求下，尽可能提高案例的吸引力，可以提高学生的兴奋度，获得更好的教学效果。趣味性的提升既可以通过增加案例中的流行元素来实现，也可以通过案例采集加工，如增加数据说服力、加强对比度等方法来实现。总之，目的就是使学生受到认识颠覆或心灵震撼后高度提升学习意愿。

三、 课程内容

在确定了设计原则和教学方法的基础上，可以对课程的主要内容进行科学合理的设计，具体如下：

第一部分为导论，包括课程背景、基本概念、课程意义与作用等内容。目的是使学生对学习内容有基本的了解，确定学习目标，掌握基本的学习方法。

第二部分为福利经济学的基本内涵，包括福利学的概念和特征，福利经济的产生和发展。目的是使学生对课程的基本范畴有清晰界定和认识，为后续学习打下基础。

第三部分为福利经济学的思想来源。主要介绍福利经济学思想的发展演变过程及发展演变涉及的相关经济学思想。包括早期的自然法思想如古希腊的思想起源、中世纪经院学者的继承和发展、功利主义与福利经济学的关系等内容。由于西方经济学思想演变历程十分复杂，且与现代主流经济理论的基本概念有着密切的联系，福利经济学也不例外。因此，厘清福利经济学与相关经济思想演变的关系，理清这一学科思想发展的脉络，掌握基本理论范畴在当代主流经济学理论的地位，对学生正确认识福利经济学有着十分重要的意义。这部分内容可以结合讨论教学法进行，以改善学生对知识难点的消化吸收效果。

第四部分是福利经济的基本原理，包括福利经济学的第一定理和第二定理。主要介绍基本原理的内容，原理的理论含义、原理的应用领域及原理之间的发展关系。由于福利经济学的基本原理对主流经济学理论的发展起到了重要的作用，且与经济学实践领域有着紧密联系，因此深入掌握和理解基本原理是学好此课程的重要前提。这部分内容也是建立经济学理论的整体视野，培养学生从经济实践出发应用理论解决问题能力的开端，因此需要重点讲授，可以应用讨论法和案例法结合的方式进行。

第五部分是社会福利的相关理论，包括经济剩余理论、公共物品理论、社会选择理论等。主要是在经济学相关基础理论的基础上，进行社会福利的分配、度量等方面的理论研究。这部分既有大量的理论性内容，又有理论创建的经济实践背景，因此是理论联系实践的教学重点所在。可以重点应用案例法加强学生对实践问题的关注，并强化应用理论分析现实的能力。

以上《福利经济学》课程的教学设计对学科特点进行了初步的分析，提出了有针对性的教学方法和教学内容，其实际效果需要在教学实践中检验。根据学生的反馈和教学效果的评估，不断地对设计方案加以修正，才能使教学工作真正达成目标，取得实效。

参考文献

[1] 张荣伟. 教育理论主体与教育实践主体交往现状及其批判 [J]. 教育与考试，2007 (3).

[2] 王洪席，靳玉乐. 作为过程的课程愿景：可能与路径 [J]. 高等教育研究，2011 (1).

《风险管理》课程教学改革的若干思考

马 辉

【摘要】 目前，全球对风险管理人才需求大幅提升，也对风险管理人才提出了更高的要求。因此，为适应国际金融风险管理新形势，我们有必要对现有的风险管理课程进行教学改革。

【关键词】 风险管理；教学改革；课程体系

2007 年金融危机爆发以来，巨大的市场风险和流动性风险考验着全球金融机构的风险控制能力。分析危机的深层次原因是非常复杂的，但金融机构长期以来对其的漠视是不容忽视的事实。因此有效地管理金融风险已经成为金融机构取得成功的关键，同时也是维持正常的金融秩序、保持金融稳定、促进经济健康发展的重要措施。从亚洲金融危机与全球金融危机的比较分析中可预测，随着危机周期发生频率增加，未来全球风险管理市场业务与风管人才需求高峰期将提前，持续时间将缩短。因此，后金融危机时期出现一个风险管理市场业务和风管人才需求激增的时期，客观上为金融风险管理人才创造了很好的发展空间。

因此，为使相关专业了解风险管理理论、技术、方法和最新发展动态，并提高本科毕业生在实务中识别、度量和控制风险能力，我们需要对《风险管理》的教学体系、教学内容和方式进行改革，以更好地培养风险管理专业人才。

一、 研究意义

风险管理课程是高等教育经济金融类大学生高年级开设的一门专业必修课，前期课程有高等数学、统计学、会计学、保险学、投资学和管理学等，风险管理是在综合运用前期多门专业课的基础上系统学习新的内容，使学生专业知识体系得到完善和深化。对本门专业课进行教学研究，对于提高学生的专业知识技能和综合素质具有积极意义。纵观风险管理理论的发展史和风险管理学科的教育史，我国都是起步较晚的国家，尤其是不少高校是近些年才开设此课程，相关的研究探讨较少，对风险管理进行教学研究具有重要的现实意义。

二、 风险管理课程的特点及现状

我国的风险管理研究起步较晚，在 20 世纪 80 年代以前对风险管理的研究几乎是空白。随着保险业务的恢复，我国学术界才逐步从引进、吸收到综合深入地研究。目前，风险管理正向新的阶段发展，但还缺乏系统性，主要侧重于理论和数理分析，而对风险管理在实践中的应用研究还有待进一步加强，风险管理的意识还有待进一步提高。我国经过近 30 年对风险管理的研究，形成了较为完整的风险管理理论体系，在学科林立的时代确立和巩固了自己的地位，体现出了内容全面、理论深入、体系完善、成果丰富的鲜明特点。风险管理课程具有以下特点：

（一）多元性

风险管理是指各个经济单位通过对风险的识别、衡量、评价和处理，以最小的成本获得最大安全保障的一种管理活动。它建立在经济学、管理学、会计学、财务管理学、保险精算学等学科基础之上，是一门多学科交叉融会的综合性、边缘性学科，带有明显的多元化特征。

（二）实用性

目前，我国大部分企业管理层缺乏风险管理理念。首先，风险管理意识淡薄，没有积极推进风险管理工作。即使有些企业有风险管理活动，往往也是暂时的或者间断性的，意识到了就进行管理，事后则放在一边，置之不理。其次，没有独立的风险管理部门或专职的风险经理。大多数企业存在较为严重的结构问题，导致各个部门和岗位的人员对工作职责和操作程序不清晰，因而很难形成独立的风险管理部门。即便是成立了相应的风险管理部门，也没有专职的部门经理，风险承担的主体不明确，各个部门或者岗位间互相推卸责任，使其风险管理缺乏约束，从而无力承担起独立的、具有权威性的、有效管理企业风险的职责，使得我国企业的风险管理始终停留在以眼前利益为目的的决策层次上。最后，企业管理层未将企业风险管理与内部控制有机结合起来。做好内部控制是做好风险管理的前提，企业应从加强内部控制做起，通过风险意识的提高，尤其应提高企业中处于关键地位的中、高层管理人员的风险意识，才能使企业安全运行。然而，我国企业的管理者通常将风险管理与内部控制完全隔离开来。因此，学好风险管理这门课程，对企业的发展和社会的进步都是非常必要的。

（三）抽象性

风险管理理论汲取了很多学科的营养，但同时也给学生学习带来了困难。如在课程内容上涉及了大量的与风险相关的概念、术语及原理等，特别抽象，学生理解起来有一定难度。

三、 风险管理教学方法探讨

（一）通俗易懂的学习方式

以通俗易懂的方式切入主题，激发学生的学习热情和学习自主性。学生是学习的主体，其自身的学习态度直接影响教学质量，因此必须充分发挥学生的聪明才智，激发他们的学习热情。在授课过程中可适当地进行师生角色的转变，给学生走上讲台的机会，尤其是风险管理基础较好的学生可以讲解部分章节，教师作为学生听课，师生之间呈现为互动式学习。这样不仅让学生们参与到教学中来，还促使他们在理论的深度和广度上得以进一步的探讨。同时，在课堂上鼓励学生畅所欲言，发表自己的观点与想法。

（二）运用多媒体教学，与传统教学方式相结合

适当运用多媒体教学，将其与传统教学方式相结合。多媒体教学拥有数字化技术带来的信息量大、便捷等明显优势。但学生高强度长时间集中精力有一定困难，事实上传统教学模式的板书时间，对学生来说也是一段休息、思考准备的时间，学生可以将前一阶段的知识做简略的回顾。因此应将其与传统教学方式相结合。其实，传统教学方式与多媒体教学方式之间并无矛盾，在教学实践中应使两种教学方式各取所长、相辅相成。

（三）及时反馈教学信息，实现师生间的互动

建立师生互动平台，例如，建立班级自己的学习论坛，大家可以在这里进行交流，把学习生活中遇到的问题，在论坛里与大家一起讨论。老师也可以通过这个平台，知道学生的学习环节哪方面有困难，并加以指导。学生也可以通过这个平台对老师的教学方法与内容提出意见，以便教师改善教学内容与方法。

（四）注重实践实训

实践实训在风险管理的教学中占有非常大的比重和极为重要的地位，关于实践实训的安排是存在争议的。一种思路是将实训穿插于理论教学之中，也就是边学理论边实训。这种安排有利于深化对某一方面理论的学习掌握，但是不利于理论学习的连贯性和系统性，同时还受制于实训场地和实训器材的限制。另一种思路是系统学习完理论再实训，也就是笔者提倡并在教学实践中运用的。这种安排利于连贯顺次学习并迅速建立理论体系，但是这种理论体系需要后续的应用和实训来使之得到深化。这两种安排各有利弊，需要在教学实践中根据学生和学校的不同情况进行不同的处理，生源不同，知识基础有差别，前期课程的设置安排不同，对应的教学设计、教学方法和手段也需要加以调整和变通。另外，在实训中，典型案例的选取是一个比较有难度的过程。典型案例需要具有代表性、针对性，能够与某一或某些理论对接，还需要有一定的时效性和趣味性，能够激发起学生的求知欲，激发学生基本的职业敏感性。不管从

哪个角度而言，典型案例都是一个需要进一步发掘和研究的课题，需要包括我在内的同人的后续努力，这也是笔者今后的研究方向之一。

参考文献

[1]王远平，沈沛龙.《金融风险管理》本科教学课程体系探讨 [J]. 前沿探索，2008（4）.

[2]中国银行业从业人员资格认证办公室. 银行业从业资格考试教材：风险管理 [M]. 北京：中国金融出版社，2010.

[3]谢志刚. 风险理论与非寿险精算 [M]. 天津：南开大学出版社，2000.

[4]熊福生. 风险理论 [M]. 武汉：武汉大学出版社，2005.

[5]吴青. 信用风险的度量与控制 [M]. 北京：对外经济贸易大学出版社，2008.

[6]王春峰. 金融市场风险管理 [M]. 天津：天津大学出版社，2001.

《国际经济学》双语课程建设的
相关问题探讨

张秋平

（哈尔滨商业大学经济学院　哈尔滨　150028）

【摘要】 随着教育主管部门大力倡导在本科教育阶段推行双语教学，双语教学被看成是全面提升我国高校品位，从而使我国高等教育和国际先进水平接轨的一项重要措施，教育部本科教学质量评估指标体系的主要观测点之一就是双语教学。通过探讨《国际经济学》双语课程建设中遇到的相关问题，探讨促进双语课程建设的相关建议，这将有利于进一步完善国际经济与贸易专业双语教学的课程体系建设，同时开发和配置与专业方向相关双语教学软硬件资源。从而使双语课程在高校学科建设中发挥重大的作用。

【关键词】 理论性课程；双语课程；平台建设

双语教学是当前高校教学中的又一主要特色，其可以引入国外最前沿的研究内容和知识，让学生得到一手的知识。然而，由于当前在国内高校中能够进行双语教学的教师并不充足，存在着这样一种"两层皮"的情况，即部分教师外语好但专业知识结构有限，或部分教师专业知识丰富但英语水平较差。这就给双语教学带来了较大的困难，而随着互联网时代的到来，很多高校顺应时代将信息技术和互联网相关技术应用于课堂教学中，从而引入了新的教学形态，而且在实践类课程中得到了广泛应用，那么对于像《国际经济学》这类的理论性课程应该如何利用信息技术和互联网相关技术完成双语教学课程的建设呢？这是当前在理论教学课程中亟待解决的问题。

一、 理论性课程开设双语课程的必要性分析

一方面，《国际经济学》课程开展双语教学是时代的要求。随着世界经济一体化进程的不断加快，我国与世界各国之间的经济交流也变得越来越频繁。这导致了我国对了解国内外局势，综合分析国内外市场状况以及各国外贸政策，并且外语水平较高的复合式人才的需求量越来越大。为了满足社会对人才的需求，为国家发展提供高素质的复合型人才，高校教育一方面应注重实践类双语课程的建设，但是更应该注重理论性双语课程的建设，让学生做到理论过硬，掌握世界经济的最新动态。另一方面，《国际经济学》课程开展双语教学是国际贸易专业的必然选择。《国际经济学》课程是国际贸易、国际商务、国际物流等专业的专业理论基础课程。《国际经济学》课程主要涉及国际贸易理论、国际贸易政策措施、国际金融、国际直接投资以及区域经济一体化等方面的内容知识。而在这些内容中主要的国际贸易理论、国际金融理论以及直接投资理论都主要是由西方学者提出，而我们在引入的过程中不同的教材作者都会或多或少地进行修改，或者有的会加上个人的主观评价，这将有悖于原创的初衷；另外，理论实践中的成功案例也大部分来自西方国家，对于这些案例的介绍更需要"原滋原味"。故此，《国际经济学》课程开展双语教学是国际贸易等相关专业的必然选择。

二、 理论性课程开设双语课程中存在的问题

对于理论性课程开展双语教学起步较晚，而且像《国际经济学》这类理论性较强的课程在双语教学中遇到的问题将会更多。

（一）学生语言水平参差不齐

对于《国际经济学》课程，其作为专业基础课一般在学生的大二期间开课，这时学生的英语水平存在较大差别。在对学生英语能力摸底的过程中发现，同一班级间的学生在英语基础和学习兴趣上存在差异，如果采用双语教学的"一刀切"的教学方法，某些学生容易对双语课程产生惧怕或排斥心理。此

外，在中国传统英语教学的影响下，部分学生存在重视"读写"，忽视"听说"的情况，听力和口语较为薄弱，这影响了教师开展双语教学的效果，增加了互动式教学的困难。同时由于《国际经济学》课程理论性强，里面会涉及较多的专业词汇，在传统大学英语的训练下，即使英语水平较高的学生可能学起来也会感觉吃力。有时为了解决这个问题，教师需要针对专有名词进行解释，由此可能会影响教学进度，而压缩对专业知识深度讲解的时间，可能导致教学结果变成偏重英语的培养而弱化专业知识与综合能力的训练，无法达到互相平衡的初衷。

（二）国内双语教材较为缺乏

当前无论从事国际贸易理论研究还是国际贸易实践工作，社会对于学生的英语表达能力都有较高要求，其不仅要求会表达，而且要求表达准确。但是研究发现在《国际经济学》教学中的核心术语的国际标准表达是全中文教材无法获取的。由于国际贸易理论起源于英国，国内中文教材普遍结合中国学者的认知习惯进行编著，可能存在逻辑性不够清晰、案例较老和较少等问题。而对于原版英文教材而言，例如保罗·克鲁格曼编著的《国际经济学》，该教材内容较多，对于国际贸易宏观环境的分析细致，但是课程的课时却是有限的，因此，很多内容无法在一个学期内教授完成。此外，全英文教材没有配合相对应的重点术语和概念的中文解释，对于非英语专业的本科生在阅读和知识吸收上都有些吃力，教材中的部分内容并不完全适用于本科层次的教学。我们知道双语教材是双语教学的基础，直接影响教学的成效。所以国内双语教材的缺乏是影响《国际经济学》课程开展双语教学的一个重要原因。

（三）双语教学师资力量较为薄弱

师资队伍是开展双语教学的重要基础，有研究甚至认为"教师被广泛认为在双语教学中具有核心作用"。但当前高校双语教学师资现状却不容乐观，专业能力强者外语水平又偏弱，外语专业强者专业能力又显不足，专业能力与外语水平同时兼备的教师明显缺乏。同时，受限于高校资源配置等因素，双语教师又往往忙于完成教学任务，到国内外参加职业培训的机会相对比较少，通过培训提升能力的途径不多。特别是对于《国际经济学》这种理论性强的课程，能够从事双语教学的教师少之又少,这是部分高校特别是位于二、三线城市的高校不会开设《国际经济学》双语课程的重要原因。

三、 理论性课程开设双语课程的建议

(一) 提高双语教学师资水平

在双语师资队伍的建设方面应该根据高校本身的师资情况及教学定位来培养符合双语课程建设的师资团队。第一,应利用好现有的专业教师。对于现有的专业教师进行双语培训,通过国际交流及培训提高专业教师的外语水平,通过国内访学等提高专业教师的双语教学水平。第二,让双语教学更拖底。对于师资队伍的建设应该从实践中来到实践中去。国内高校应该积极招纳有实践经验的人才加入教师队伍,使之在双语教学岗位中起到积极的带动作用。第三,国内各高校应积极倡导多种形式的双语培训和交流,加强与双语教学对应的企业合作,从而聘请优秀的导师加入双语教学团队。

(二) 不断提高学生的外语水平

学生的外语水平是高校双语教学的基础,若学生的外语水平为零,那么进行双语教学毫无意义,所以要不断地提高学生的外语水平。首先,应加强大学外语教学与双语教学的衔接,在提高学生的基础外语水平之时,提高学生的专业外语水平;其次,提高学生的听说读写能力,为符合当前国际化的要求,要大力加强学生的听说能力以弥补当前大学外语教学中存在的不足;最后,增加学生实践锻炼的机会,让学生在实践过程中将"外语+专业"得到合理的运用,从而让学生深知双语教学的重要意义。当前的外语考核体系只注重写作、阅读与听力,而对于听说训练的考核则相对较少,导致部分大学生的外语学得过死,不能灵活运用,所以要进行外语考核体系的改革,使学生的外语综合能力都得到提高。这样才能更好地接受双语教学。

(三) 建立科学合理的双语教学课程体系

高校实施双语教学不仅是为了使学校的办学特色更鲜明,最主要的是为使

教学更能够为地方和社会经济发展做出贡献，使之培养的人才更加适应国际化的要求，故此建立科学合理的双语教学课程体系是推进高校双语改革的关键。在这些课程中并不是所有的课程都应该开设双语课程，其中像《西方经济学》这样的基础课不建议开设双语课程，但需要开始引入相关的英文专业词汇，不断渗透英文知识；而专业辅助课程学生又比较陌生，故此也不适合开设双语课程。所以，双语教学的课程应主要设置在专业主干课中，同时依据学生的外语水平以及学校专业设置的特色选择具体的双语课程。

（四）增加双语教学实践环节

双语教学实践环节对于学生深刻认知双语在学生学习、工作中的重要性起着至关重要的作用，所以应结合课程体系建设合理增加双语教学实践环节。以《国际经济学》课程为例，需要教师通过理论知识的讲解，布置相关的外文论文、查阅相关的外文网站、进行英文讨论等环节提高双语教学的能动性。让学生充分认识双语教学在专业学习中的重要性，让实践环节反哺双语教学，同时提高学生的英语水平，做到"双赢"。

（五）开展以课堂教学为主的双语教学慕课模式

以课堂教学为主、慕课模式为辅的教学模式，主要是指那些以课堂传播、讲授知识为主而以慕课平台为辅的教学模式。使用这类教学模式的课程主要是这类课程基础知识较多，或者专业性较强，必须通过课堂上教师的充分讲解、演绎，才能使学生了解这些课程的基本脉络以及知识点。例如《国际经济学》课程，在很多高校已经开设为双语教学课程，这是《国际经济学》涉及很多经济学基础知识和国际贸易基础知识，而这些知识必须通过教师在课堂上的充分讲解才能使学生充分理解所涉及的知识点。而慕课则成为一种有效的辅助平台来帮助学生完成课前预习以及课后复习，专业教师通过布置课前以及课后学习任务，使学生充分利用课外零散时间完成课前预习和课后复习，为课堂内容做好充分准备。同时，作为专业教学课程则可以利用慕课平台来完成课堂讲义的准备，通过精选与教学内容密切相关的视频来丰富课堂教学内容，另外，通过了解国内外名师的授课方式，也可以提高教师自身的教学水平。这种模式适合于学生的外语水平一般，同时课程专业性和复杂性较高的课程。

四、结语

当前，双语教学得到了国内许多高校的关注，双语教学成为国内众多高校推进创新型办学、教学改革的重要举措，同时双语教学在一些高校已经成功地被编入课程建设体系中，成为教学培养方案中的核心课程。但《国际经济学》双语教学相对于其他课程而言，在推行过程中遇到的困难相对较大，作为一门纯理论课程在双语教学过程中更应该注重其效果。故此，应该从增强师资队伍教学水平、提高学生外语水平、增加学生的参与程度及实践能力，并开展慕课教学来提高双语教学的能动性，从而全面提升课程建设的水平。

参考文献

[1]陈书.基于高校经济学专业开展双语教学模式的思考 [J].产业与科技论坛，2016（14）：192-193.

[2]张小南.我国高校双语教学模式探析 [J].广西教育与学院学报，2015（5）：162-164.

[3]程国玲，李永峰.高校专业课双语教学存在的问题与对策 [J].高教学刊，2016（23）：74-75.

[4]赵武.当前我国高校双语教学模式探究 [J].教育教学论坛，2015（7）：123-124.

[5]杨军.高校双语教学现状与创新探析 [J].科教导刊，2016（26）：124-126.

[6]崔璨，刘玉，汪琼.中国大陆地区2014年高校慕课课程建设情况调查 [J].中国电化教育，2015（7）：19-24.

教学方法改革

高校课堂素质教育新探：
"四思"目标教学模式

张金萍

（哈尔滨商业大学　哈尔滨　150028）

【摘要】 高校课堂是重要的素质教育阵地。根据多年从事《国际经济学》教学实践，提出"四思"目标课堂教学模式，即以专业知识和理论学习为基础，训练学生以正确思路分析和解决问题，培养学生的思考力和思维能力，提高学生综合素质。

【关键词】 素质教育；课堂教学；"四思"目标教学模式

一、 引言

一般高校都侧重专业知识传授，而课堂教学是传授知识的主要舞台。但知识具有专业性强且容易过时的特点，这往往导致高校培养出来的专门人才与社会需要的具有较高综合素质的创新人才的要求相脱节。因此，我们应调整高校课堂教学定位与内容，将传授知识作为基础和媒介，将提高学生综合能力作为课堂教学的最终目标。因为，相对于知识的专用性和时效性短的缺陷，能力具有能用性且时效性较长，可以跨专业、跨领域使用，更符合现代社会对人才的要求。本人在总结 20 年从事《国际经济学》本科教学经验的基础上，提炼出使学生轻松地掌握《国际经济学》基本理论与知识，训练学生从专业视角思考国际经济问题，以正确的思路分析问题和解决问题，提高思维能力的一套"四思"目标课堂教学模式。

二、"四思" 目标教学模式的内涵及其逻辑关系

"四思"在这里是指"思想、思考、思路、思维"。为了便于归类，将一门课程涉及的基本理论与知识称为这门课的"思想"。而"思考、思路、思维"是以"思想"为基础的可以培养和提升的三种不同的能力。

"思想"是理性认识事物的结果。各门课程的知识都已经由专家学者论证且已成为定论，我们可以将其称为这门课程的思想。掌握各门课程的核心思想是对学生的最基本要求。

"思考"是理性认识事物的过程，是指通过学习使学生能够从专业角度看待经济领域的现象与问题，进而提高学生的思考力，使学生具有独立分析、判断和决策的能力。

"思路"是人们思考某一问题时思维活动进展的线路或轨迹，是解决具体问题的路径选择。学习是一个能力训练的过程，问题的答案和结论并不是学生学习的最终目的。

"思维"是与"存在"相对的"意识、精神"，是人脑对客观事物间接的和概括的反映。思维具体包括逻辑思维和形象思维，而思维能力代表着解决问题的能力。

综上所述，思想是我们学习别人的；思考是综合运用别人的而形成自己的；思路是在学习别人的基础上形成自己的；思考力和思维能力是在不断的练习中提高的。

三、"四思" 目标课堂教学模式的实施

（一）熟悉和掌握基本理论与知识

根据《国际经济学》课程特点，经过多年探索，总结出一套讲授理论课程的"四步法"。第一步，在讲解理论时，以经典历史事件或近期发生的现象引入理论，分析理论产生的历史背景；第二步，以简单的数学模型和逻辑概念图推导、演义和归纳理论核心内容；第三步，运用所学的理论分析经典案例，进

而总结理论自身的科学性与局限性；第四步，突破理论假设，使经典理论逼近现实。

以比较优势理论为例来说明"四步法"的运用。在学习比较优势理论时，首先，分析 1815 年英国工业资产阶级反对政府修定"谷物法"这一事件的起因，说明自由贸易对英国特别是工业资产阶级的重要性。其次，运用简单案例的数量分析和推导，说明比较优势理论论证的"任何国家都可以发挥自己的比较优势进行互利的自由贸易"的观点是正确的。再次，通过回顾绝对优势理论的缺陷和进行典型案例分析，从理论和实践两个角度分析比较优势理论的科学性与局限性。最后，突破"物物交换"假设，分析考虑货币的比较优势对国际贸易的影响。

完成以上课堂教学工作仅仅达到了教学的基本目标。针对比较优势理论而言，从方法上延伸，用现代经济学的几何图形分析工具分析比较优势理论，形象地说明理论的核心内容；从内容上延伸可以有多个角度，如"存在需求偏好的比较优势"和"存在运输成本的比较优势"等，增加理论的实用性，激发学生学习的积极性。

（二）从专业视角思考问题

任何一门课程都不是独立存在的，它或多或少与其他课程相交叉。同时，任何一个经济事件的发生也不是仅用一门课程的知识就能合理地解释和解决的，需要一个综合方案。因此，鼓励学生勤于思考可以从两个层次进行：一是围绕所学知识点在课程领域内的单线思考；二是跳出课程领域对社会经济现象进行综合思考。

为了使学生养成思考习惯，将《国际经济学》中涉及的每个理论与政策的内容重新设计成具有内在逻辑关系的一系列问题，每个知识点均以问题引出，随着问题的解决而总结知识点，再梳理成完整的理论。对于教师提出的问题学生自愿回答，在教师引导下有限度地任意发挥，由教师在黑板上列出学生给出的答案，先由学生评价每个解决方案，再由教师进行逐步分析与归纳，找出合理的解决方案。当然，这种授课方式要求教师具有掌控课堂节奏与课程内容的能力。

教师在讲解知识点时的问题式授课方式只是在课程领域内对相关问题的思

考，即第一个层次的思考。学习《国际经济学》不能仅停留在国际经济学领域，还要思考与所学知识点相关的国际经济相关活动与现象。这个层次思考更为重要，是一种学以致用的过程，它能将以往所学知识通过某个活动或现象联结起来，不仅能使所学的知识得以运用，更使其进一步拓展生成新的知识，这正是知识这种资源与一般资源的重要区别，即知识的边际效益是递增的。

在理论性课程授课过程中，批判式教学是训练学生思考力的一种很好的方式。对每个理论要站在不同角度和不同时代背景下进行评价，使学生在这一过程中不断深入分析和思考这些理论的意义和价值，并能够恰当地运用这些理论解释现实经济社会中存在的活动与现象。例如，可以通过分析和评价20世纪90年代美国新经济对世界经济发展的贡献和2007年末美国发生的次贷危机对世界经济的危害，来评价国际经济传导机制的客观性与两面性。

（三）用正确的思路解决问题

思考不能信马由缰，清晰和正确的思路是思考的前提。因此，从思路的角度来说，正确地做事比做正确的事更重要，即思路更侧重过程而不是结果。其实，如果思路正确，问题的解决往往是水到渠成。

学生在找工作面试时常常会碰到看似无关的问题，如一个教室装多少乒乓球？许多学生去猜具体的乒乓球数，这个思路就是不正确的，出题者的目的是考查学生如何解决这个问题，而不是这个问题的答案，即看你分析问题的思路是否清晰和准确。就这个问题而言，我们只需要知道教室的容积和一个乒乓球的体积就可以了。

（四）提高思维能力

学生在学习中离不开思维活动，思维活动使我们能继承人类的知识，并能运用知识来解决学习中的各种问题。离开了思维活动，感性认识就无法上升到理性认识，理性认识也无法指导实践活动。

思维能力包括价值判断能力和逻辑推理能力。在课堂教学中可以从以下三个方面入手培养和提高学生的思维能力。

1. 问题式授课

要使学生的思维积极活动起来，最有效的办法是将其置身于问题之中。在思考问题和解决问题时，思维才能活动起来，思维能力才能得到锻炼。而思考与解决问题是知识由社会向个人转移，即知识继承的过程，这正是教师授课的主要任务。因此，在《国际经济学》授课过程中，针对每个理论与政策的特点设定一系列问题，学生在思考与解决这些问题中锻炼自己的思维能力。在实际操作中应采取循序渐进的方式，在每学期的最初几次课由教师提出问题，引导学生思考与解决问题，当学生适应这一授课方式后，再引导学生提出问题，一起分析和解决问题。从某种意义上提出问题比解决问题更难，更能锻炼学生的思维能力。

2. 训练学生独立思考

独立思考是锻炼思考能力的有效途径，而传统的"填鸭式"课堂教学最大的弊端是学生失去了独立思考的过程，往往是教师将成型的知识传达给学生，学生只需要理解和记忆就可以了。作为大学生已经有了独立思考的能力和基础，而且将来走向社会需要他们独立地去发现问题和解决问题。因此，在教师的引导下学会独立思考是大学教育的重要目标之一。大学课堂就是一个实验室，可以大胆进行独立思考，思考的结果不正确没有代价，而且有教师指导和同学的帮助。如果不进行独立思考，长期依赖别人，接受别人思考的结果，自己的思维能力不仅不会提高，还会逐渐退化。社会要求大学生具有创新与创造能力，而创新与创造活动主要依靠创新与创造性的思维活动，创造性思维只有在独立思考的过程中才能形成。

3. 使学生了解思维过程和学会思维方法

思维过程是利用已知的知识，通过联想和逻辑过程来实现，反映事物的本质和事物间的内部联系。而思维方法主要是指分析、综合、比较、抽象、概括、分类、系统化、具体化、归纳、演绎等方法。应用正确的思维方法对于知识的掌握和知识的运用往往能起到很大的促进作用，因为思维方法指导着学习方法，学习方法是思维方法在学习中的具体表现。

在课堂上，学生在学习相关理论时要有意识地研究提出这些理论的经济学家的思维过程，从中汲取营养。同时，在听老师讲解这些理论与知识时，也应注意老师是如何提出问题、分析问题和解决问题的，是如何将分散的知识点按其内在逻辑关系有机整理的，这既是老师的思维过程，也是其分析具体问题的思维方法。例如，阿弗雷德·马歇尔在分析国际贸易互利区时运用了分类思维方法，即以两国国内交换比例为界限先将两国可能的交换比例分为三个区，再在每个区内选择一个样本交换比例，通过分析样本交换比例的性质来判断这个区的性质，即通过这个区的所有交换比例判断是否是互利的。在讲解这种思维方法时，还要说明如何运用这种方法，并对这种方法的科学性与局限性进行评价。

四、结语

我们常说态度决定成败，细节决定成败。态度与细节都不是知识，它是一个人的综合素质的体现。提出和实践"四思"目标教学模式仅仅是一种尝试，最初的设想仅仅是激发学生的学习兴趣，由被动学习转为主动学习和互动学习，使所谓的枯燥的理论课生动起来。随着讲授《国际经济学》课程次数的增加，开始有意识融入素质教育的内容，围绕能力培养设置授课内容与授课方法，将课程内容作为掌握这些方法与能力培养的媒介。当然，这种教学模式是否具有普适性还有待进一步检验。

课题来源

1. 2020 年教育部产学合作协同育人项目：《国际经济学》课程目标导向教学模式改革与实践（项目编号：202101179023）

2. 2020 年度黑龙江省高等教育教学改革研究重点委托项目：新商科视角下国家级一流国际经济与贸易专业建设的研究与实践（项目编号：SJGZ20200078）

经管专业课程进行教学设计的必要性研究

魏　静　崔文颖

【摘要】 随着高校教学的改革和发展，经管类专业课程教学设计，不仅可以提高学生的综合素质，也可以提高老师的综合能力，给予学生一种特殊的思维品质，而且在教学中广泛应用。本文结合经管类专业的特点，提出了经管类专业的课程设计建议，为相关学科教学提供借鉴。

【关键词】 高校专业教学；课程设计；教学设计

教学设计是在 20 世纪 60 年代末到 70 年代初形成的一项现代教育技术，而教学设计作为一门专门学科走进我国的教育教学领域却开始于 20 世纪 80 年代中期。从那时起，许多学者在这个领域中都取得了极为丰硕的成果。然而，在目前教育全面改革的背景下，在教育教学理论研究和教学实践快速发展之际，教学设计中的种种缺陷与问题也日益严峻，这些问题影响和妨碍着我国教学设计理论与实践方面的创新。在十三届全国人大一次会议中，李克强总理在政府工作报告中提出，"发展公平而有质量的教育"，而教育质量的高低，除了取决于教师的知识水平外，更重要的因素是教师在教学过程中的投入。这其中教学设计起到了关键作用。

一、 经管类专业课程的特点

（一） 经管类专业课程具有时效性

经济管理类课程具有实时更新的特点，面向的对象是市场，而市场不是一成不变的，市场是瞬息万变的，在市场的组成部分当中，贸易、资本、信息等内容都朝着全球化的趋势不断发展，因此，经济管理类课程的时效性越来越明显，这就要求高校经济管理类课程方向的教师授课知识点也要与时俱进。

（二）经管类专业课程具有复杂性

经济管理类课程的授课对象是高校的学生，但研究内容较其他学科丰富且易变，经济管理类课程的内在规律难以把握，它研究的是人、环境等具有变量的因素，所以，经济管理类课程的研究方法比其他一般学科的研究方法更为复杂，如果没有一定的知识储备，就很难掌握经济管理类课程的统一规律性的理论。经济管理类课程具有其他学科所具有的一般规律，但是也有一定的科学性、技术性以及艺术性，并且经济管理类课程的变革速度是非常快的，是一般学科所不具备的特点。若高校教师在经济管理类课程教学中采取一成不变的背诵记忆理论的方法，就不会取得好的教学效果，因此，在高校中，经济管理类课程教学具有复杂性，这就要求经济管理类课程教师时刻根据教学内容，更新教学方案及方法。

（三）经管类专业课程具有创新性

真正的经济管理类课程是不断开拓创新的，因此，经济管理类课程教学也应该是不断发展与创新的。在经济管理类课程教学中，更重视的是将国际的教学理念与经济管理类课程教学相结合，要将国际的经济管理类课程教学知识理论与学生共享，达到教学的资源共享。并且，国际商务文化交流也是十分重要的。现在，越来越多的跨国经济管理教研与国际公司之间相互合作，在实际的经济管理类课程的交流过程中，更好地将课堂的教学成果运用于实际的国际商务文化交流，从而更好的掌握经济管理类课程的精髓。经济管理类课程的教学方法更是不断向多元化教学方法方向倾斜，经济管理类课程的教学不再是单一的学术研究，经济管理类课程已经从学术化中逐渐走出来，面向实际的经济管理类课程与经济热点问题。

二、 教学设计的重要性

教学设计是根据教学对象和教学目标，确定合适的教学开始和结尾，将教学诸多要素有序、优化地安排，形成教学方案的过程。它是一门运用系统方法科学解决教学问题的学问，它以教学效果最优化为目的，以解决教学问题为宗旨。

（一）学生学习方法更加灵活

大学生在学习方面除了继续发扬勤奋刻苦的学习精神外，还要适应经济管理专业的教学规律，掌握经济管理类学科的学习特点并找到选择适合自己的学习方法。大学的学习既要求我们掌握比较深厚的基础理论和专业知识，更要灵活的制定自己的学习方法。其中包括运用新兴媒体互联网及各种媒体平台获得自己需要的专业资料及信息，一味地捧着书本阅读和学习已经不能够满足于当代大学生的学业需要。当今社会互联网飞速发展，多种多样的网络学习平台如雨后春笋，大学生也能够随时随地在手机或其他电子产品上获取他们学业所需要的新资料。多样的电子产品使得原本枯燥的书本学习变得越来越鲜活，学习方法越来越灵活。

（二）教师教学方法多样化

在大数据背景下，大学生的学习方法与学习途径变得日渐丰富，这有利于他们了解现代新兴技术的发展，掌握"互联网+"等技术，与经济管理类学科知识相结合并对其进行改造与消化。教学方法的多样化也可以提高大学生对于自身专业的兴趣，同时，大数据背景下的教学方式大大加强了教师与学生的沟通交流，有效的避免了因时间地点等因素制约的沟通难题。当然，这样的教学方式也在一定程度上促进了互联网与经济管理类专业的结合发展，为将来的经济管理专业的进步提供了全新方案。

（三）有利于理论与实践教学相结合

长期以来，教学研究偏重于理论上的描述和完善，脱离教学实际，使教学理论成为纸上谈兵，对改进教学工作帮助不大。在这种情况下教学设计为沟通理论教学与实践教学起到了桥梁作用。一方面，通过教学设计，可以把已有的理论教学和研究成果运用于实际教学中，指导教学工作的进行；另一方面，也可以把教师的教学经验升华为教学科学，充实和完善理论教学，从而使理论教学与教学实践紧密地结合在一起。

（四）有利于提高教师处理各种教学信息的能力

教学设计就是教师根据正确的教学思想和教育原理，按照一定的教学目的和要求，针对具体的教学对象和教材，对教学的整个程序及其具体环节、总体结构有关层面所作出的预期的行之有效的策划。它是教师教育思想、思维流程和教学艺术的体现。教学设计有着科学性，一是要求正确运用教育思想和教育原理，既切合教育教学的内在联系及其规律性，又反映教学知识的内在联系及其规律性，两者相辅相成；二是要求这种思维流程顺畅、清晰，富于条理性和严密性。这种思想准确性和思维逻辑性的有机结合，便是教学设计科学性的基本内涵。教学是一个系统工程，是由相互联系、相互作用和相互影响的多种要素构成的。教师在备课过程中，用系统的方法对这些要素进行合理的安排和计划，这就要求教师有很高的处理各种教学信息的能力，在此种要求下，教师不断努力提高自身处理各种教学信息的能力。

三、 如何进行教学设计

（一）因材施教，准确定位学生的学习目标

帮助学生决定适当的学习目标，并确认和协调达到目标的最佳途径，是教师作为学生学习促进者的重要任务之一。传统备课中的目标确定是一种知识的预设。一般来说教学方面落实教材安排的思考练习内容就可以了，因为那是经过专家研究的一种精心编排，自然具有很强的科学性，不必要去展开，去拔高。

新课堂的特征具有开放性，要求达成学生知识与能力、过程与方法及情感、态度、价值观三维目标。目标设计上要做到"三个并重"，即保底目标和

开放目标并重，显性目标和隐性目标并重，短期目标和长期目标并重。保底目标、显性目标，短期目标可理解为本课和本单元知识，能力点要求，从这个角度说，传统的知识点、能力点要求仍然是教师备课中必须重视的。开放目标、隐性目标、长期目标可以理解为过程和方法的考虑，必须让每个学生都能用正确的方法思考问题、解决问题；培养学生热爱科学、勤于思考、善于探索、长于合作、追求真理的学习心理和学习品质。备课中应考虑本课的保底目标、短期目标或显性目标。这里主要考虑的是知识点和能力点的"保底"问题，一节课的学习，保底目标、短期目标或显性目标如何定位，怎样实现这个目标，教师应该根据单元学习目标、自读提示、课后练习及三者之间的内在联系来决定。

（二）改变课堂结构，进行翻转课堂

教学是教师与学生间、学生与学生间的交流、互动的过程。在这里师生之间、学生与学生之间分享彼此的思考、经验和知识，交流彼此的情感、体验与观念，在这种交流中生成新的知识，求得新的发展。所以，教学过程中，要以学生为中心，让学生适当参与，给足学生自由思考的空间，充分安排学生质疑的活动环节，鼓励学生积极大胆思考问题，促进新知识的生成。通过翻转课堂教学让学生自己掌控学习，增加学习中的互动。

（三）线上教学与线下教学相互融合

随着科技和时代的进步，教育方式和模式也在发生变化。以前是单纯的传统教育-线下教育，而现在互联网日益渗透到线下教育中，出现相互融合的趋势，在信息化背景下，只有将线上与线下相结合才能达到教育的最高境界。课上既可以通过板书的形式传授知识，也可以通过播放视频的形式辅助教学、直观教学，还可以利用很多线上平台（如智慧树、学习通等）点名提问，并将学生回答问题的结果投屏，答错的同学会清晰看到自己的错误率在班级同学中所占位置。通过线上与线下教学的融合，让学生变被动为主动，变要我学为我要学。

（四）融入课程思政

课程思政的融入需要教师要有课程思政的意识，有学科育人的意识，同时还要有将学科内容与思政教育融合的能力。要依据学生成长需要，设计教学内容和教学环节，掌握学生的思维方式、学习意愿，老师每天融入一点点，让同学们有对国家政治、经济等有敏锐的洞察力，对事件有一定的判断力和理解力，把最新的、最核心的知识、政策引入到课堂。

参考文献

[1]郭利平. 基于微信公众平台构建慕课混合式教学模式的实践与探索 [J]. 成人教育，2018（07）：40-43.

[2]赵伟. 高职院校课程思政设计与实施探析——以国家贸易实务课程为例 [J]. 现代职业教育，2020（33）：186-187.

[3]陈朝晖. 基于知识建构与交互学习的混合式教学模式研究与实践 [J]. 中国大学教学，2018（8）：33-34.

[4]陈朝晖，闵媛媛. "互联网 +"背景下的高校旅游管理专业课程设计 [J]. 高等教育，2019（11）：192-193.

"3W"法在《可持续发展战略学》教学中的应用

吕 萍

（哈尔滨商业大学　哈尔滨　150028）

【摘要】 可持续发展教育是建设人与自然、人与人关系协调的和谐社会的需要，也是我国高质量发展的现实需要，更是经济学专业学生的专业拓展课程。为使学生在学习掌握可持续发展理论知识的基础上，揭示可持续发展的规律，运用相关理论解释社会现实问题，践行可持续发展理念。本文将"3W"教学方法运用到可持续发展战略学教学过程中，培养学生学习的积极性与创新性，让学生从国家的宏观层面到个人微观层面认识到实施可持续发展战略的必要性，运用理论与实践相结合的方法学习可持续发展的主要内容体系，达到学以致用的效果，其教学思路为其他课程教学起到借鉴作用。

【关键词】 "3W"方法；可持续发展教学；理论与实践

可持续发展教育是经济学专业学生的专业拓展课程，也是高等院校通识教育课，并且与学生的日常学习生活密切相关。因此，通过探究学习可持续发展内涵，使学生能够厘清可持续发展内涵理论与实践的联系，激发学习文化知识的浓厚兴趣，在日常生活中践行可持续发展理念，尤其在新冠肺炎疫情防控常态化背景下，有利于促进环境保护与经济发展协调发展，有利于培养学生的思想政治素质、文化知识素质、职业道德素质等基本素质。为此，选择可持续发展基础的教学方法尤为重要。本文将"3W"教学方法运用在《可持续发展战略学》的教学过程中，培养学生学习本课程的积极性与创新性。

一、《可持续发展战略学》 教学的特点

可持续发展教育是培养"地球公民"负责任生活的需要，也是建设人与自然、人与人关系（区际与代际关系）协调的和谐社会的需要，更是我国高质量发展的现实需要。

（一）《可持续发展战略学》 课程注重知识框架的逻辑性

《可持续发展战略学》课程主要以可持续发展的系统特性为主线，采用"系统综论→要素分论→区域总论"的逻辑结构组织可持续发展的知识体系。首先，概述可持续发展思想的形成与发展、内涵与实质、概念与原则，概述可持续发展系统的要素、结构和功能；其次，分别对可持续发展系统的五大要素逐一进行分析，分析五要素分别在可持续发展系统中的地位和作用，以及实现可持续发展的主要领域和实施途径；最后，阐述可持续发展系统评价的内容、过程和方法，以及区域可持续发展战略的理论基础和在我国的具体实践，通过区域可持续发展战略实现可持续发展的理论和实践有机统一。

（二）《可持续发展战略学》 教学注重理论与实践相结合

《可持续发展战略学》课程是应用性较强的课程。首先，体现理论性，即充分吸收国内外最新的可持续发展理论成果，将可持续发展的基本理念、基本原则、基本要素、基本结构、基本功能、可持续发展系统的运行机制等基础理论性问题讲清楚，为学生将来从事可持续发展研究提供必备的基础理论知识；其次，体现应用性，激发学生对可持续发展研究的兴趣，推动可持续发展思想的普及和研究的深入，提高课程思政的效果；注重理论与实际的结合，通过课程的学习，学生应主要获得可持续发展与人口、资源、环境、经济与社会等五要素或五个子系统关系等方面的知识；学生掌握运用可持续发展战略学的理论与方法，揭示可持续发展的规律性，并通过对全球以及各个国家可持续发展战略的制定及其实施过程的系统分析，发现经济、社会与资源、环境协调发展的内在机制等基本能力；教师通过解释可持续发展系统评价和可持续发展战略规划的基本流程和方法，以便学生将来在工作实践中进行可持续发展的战略规划

和系统评估。

二、"3W" 教学方法介绍

"3W" 教学方法是 Why、What、How 的简称，是人类提出问题、分析问题与解决问题的基本方法，也是目前大中小学教学的三部曲，即为什么，主要是问题产生的必要性；是什么，主要是涉及的相关概念；怎么办，主要是解决问题的途径。一般来说，教师通过"3W"教学方法鼓励学生积极参与到课程教学中来，进而在教学过程中收获思维方法，培养学生提出问题、分析问题与解决问题的能力，并且通过在解决问题中获得的成就感，进而激发学生的学习与科研的兴趣，促进学生思考，在实际的课堂教学过程中培养学生的创新意识和创新能力，将"以问题为导向"的教学模式展现在课堂教学中。本文主要将运用"3W"教学方法引申到可持续发展战略学教学中，其对应的三个问题是：为什么（Why）要学习《可持续发展战略学》，即学习这门课程的必要性与迫切性问题；可持续发展相关知识体系与重点是什么（What），即基本内涵、组成可持续发展的各要素之间的关系及其运行机制等内容；教师采取怎样（How）的授课方法传授给学生可持续发展的相关知识点，及其在现实中的应用，提高教学质量。

三、"3W" 方法应用在《可持续发展战略学》 教学中的思路

本节主要探讨教师如何运用"3W"教学方法，并牢固树立可持续发展的系统观，以解析可持续发展系统的要素、结构和功能为重点，以培养学生可持续发展的系统思维为目的开展《可持续发展战略学》课程教学工作。

(一)"Why" 要求教师明确课程学习的必要性，激发学生学习兴趣

可持续发展既是一种新的发展理念，也是一种新的发展模式，是一个由人口、资源、环境、经济和社会五大要素构成的生态—经济—社会复合系统（如图1所示）。通过引用日常生活的案例与学生一起探讨为什么要实施可持续发展战略，实际也是让学生归纳总结影响可持续发展的因素。

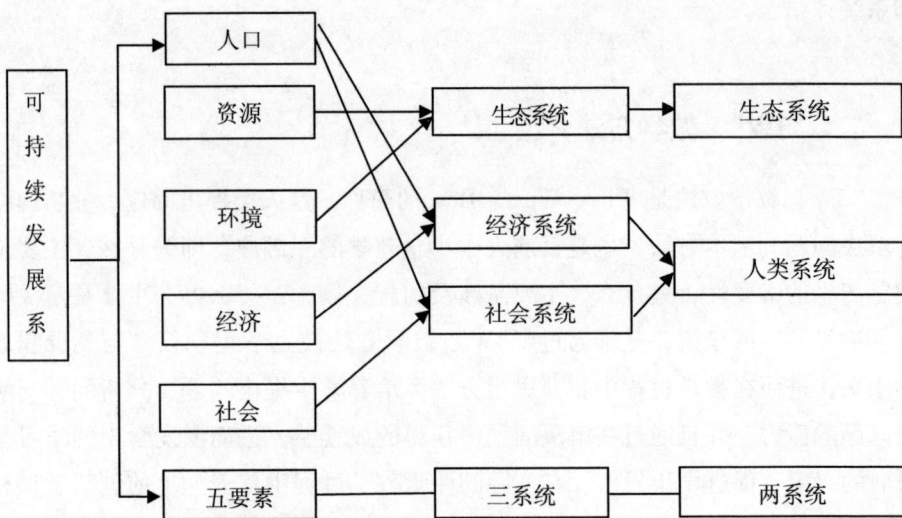

图1　可持续发展系统的构成

1. 可持续发展思想形成的全球背景

随着科学技术的突飞猛进和社会生产力的极大提高，世界人口急剧增长，自然资源日趋短缺，生态环境不断恶化，"南北差距"日益加大，人类社会面临前所未有的挑战。通过引导学生分析目前全球面临的发展问题，以问题为导向，让学生了解影响可持续发展的人口、资源、环境、经济和社会五要素，五要素可以综合成生态、经济和社会三个子系统，为学生了解可持续发展的整体架构，并为后续学习可持续发展的"What"与"How"奠定基础。

2. 我国政府高度重视可持续发展

结合我国实际提出生态文明理念和生态文明理论，推进人类思想观念的深刻变革。生态文明观与可持续发展的关系是"知"与"行"的关系。习近平总书记多次重点阐述可持续发展问题，尤其在 G20 领导人第 15 次峰会中指出，面对新冠肺炎疫情带来的严重挑战，可持续发展依然是"金钥匙"，拨开世界迷雾，照亮人类前程。

3. 通过选取学生日常的学习与生活的例子凸显可持续发展重要性

根据学生的认知特点，提供专栏资料和背景知识，以便在课堂讲授中吸引学生的注意力，提高教学效果。以案例的形式向学生分析身边关于可持续发展的例子，如2020年，新冠肺炎疫情在全球的暴发与蔓延，全世界都在呼吁把口罩戴上，我们对口罩的使用量甚至达到每天10亿只，若废弃的口罩处理不妥，有可能成为二次污染源，也会成为其他物种的杀手。

（二）"What"要求教师设计教学的内容体系，确定教学重点

学生了解学习可持续发展重要性与可行性后，接下来探讨可持续发展战略的主要学习内容。在具体设计教学的内容体系时，教师力图将知识体系、学生发展、社会需要这三个方面有机统一起来，注重"理论与实践相结合"。比如，依据影响可持续发展的人口、资源、环境、经济和社会五要素，分别以举例的形式让学生从不同角度，即从各要素的发展过程和发展结果来把握可持续发展的内涵，确保理论知识与实际应用相结合。

1. 人口要素角度

紧密结合第七次人口普查的人口规模、人口素质、人口结构等内容展开，强调发展的过程要保持在生态系统的承载力内，发展的结果要提高人类的生活质量。

2. 资源要素角度

强调煤炭、石油等不可再生资源的综合利用；并以农作物秸秆的综合利用为例，即形成以肥料化利用为主，饲料化、燃料化、基料化、原料化为辅的"五化"秸秆综合利用，把秸秆变成"绿色财富"。强调发展的过程要合理地利用有限的自然资源，发展的结果要保持自然资源库的恒定或稳定。

3. 环境要素角度

以日本福岛核电站含氚废水排入海洋为例，探讨对海洋环境、食品安全和人类健康产生深远的影响。强调发展的过程要保护生态系统的完整性和生物多样性，发展的结果要保持生命保障系统的生产能力和整体功能的良性循环。

4. 经济要素角度

以黑龙江省为例，探讨基于三次产业角度探讨可持续发展，如生态农业、生态工业与生态旅游等产业的现状与发展趋势。强调发展的过程要通过自然资本和人造资本的替代来维持资本库存的动态平衡，发展的结果要使人均福利随着时间的增长而增长。

5. 社会要素角度

2020 年，我国脱贫攻坚战取得全面胜利，区域性整体贫困得到解决，完成消除绝对贫困的艰巨任务，创造了人间奇迹！我国提前 10 年实现《联合国 2030 年可持续发展议程》减贫目标，赢得国际社会广泛赞誉。强调发展的过程要维护代内公平和代际公平，发展的结果要促进个人的全面发展和社会的全面进步。

6. 综合要素角度

在可持续发展系统里，人口、资源、环境、经济和社会等五个要素可以综合成三个要素系统，即生态系统、经济系统和社会系统。因此，基于要素综合的可持续发展定义，一般都是从生态、经济和社会三个方面诠释。让学生从五要素到三系统不同角度理解可持续发展的内涵，也为其后续本科论文相关概念的界定提供多元化的思路。

（三）"How" 要求教师采用多元化的授课方式提高教学效果

科技与信息的快速发展促使教学方式的多元化，从传统的线下教学发展到线上学习与线下学习相结合的方式，即将传统的传授知识的过程转变为学生探究知识和培养思维能力的过程，使学习过程既有趣味，又有研究性和探索性，提高可持续发展战略学相关知识的教学效果。

1. 课堂教师启发式讲授与学生参与互动相结合

以课程指定教材和教师讲义与课件为主要教学材料，采取问题引导式和师生互动式教学方式，讲授可持续发展人口、资源、环境、经济和社会五个要素等理论与政策，引导学生结合当前国际国内经济形势，尤其在新冠肺炎疫情常态化的基础上，运用学过的理论与方法分析可持续发展领域出现的新现象、新问题。

2. 课前学生预习与课后学生复习相结合

根据课程授课计划进度要求，让学生课前阅读教师指定的教材内容，观看教师指定的线上慕课视频。课后学生自主学习。配合课程进度，通过学习小组讨论，完成教材每章"案例分析"的讨论题，以小组作业形式课上讲评；完成教材课后习题和教师下发的章测试题，线上提交，课上讲解试题中的难点与重点；结合当前国内外可持续发展领域新事件和新现象，收集、整理相关资料，自主命题，运用学过的可持续发展战略学理论与方法撰写一篇课程论文，课上点评。

3. 线上学习与线下学习相结合

学生自主学习环节的辅导与答疑；课堂教学内容及课后思考题的答疑；学生课余拓展学习的辅导与答疑。拓展教师与学生沟通交流形式的多元化。通过课上与课下、线上（微信群或钉钉群）与线下等多种形式，及时帮助学生解决课堂上及课外的困惑，同时聆听学生对本门课程的反馈，从而提升课程教学效果。学生通过课下观看中国大学 MOOC、爱课程等相关可持续发展的在线课程及《环境保护与可持续发展》《绿色制造与可持续发展》等专题片，补充课堂上讲授的相关内容。

四、 结语

综上所述，教师通过采用"3W"的教学模式应用到《可持续发展战略学》，将传统的教师课上传授知识的过程转变为学生课上与课下探究知识和培养思维能力的过程，进而提升学生主动发现问题、分析问题与解决问题的能力，让学生从世界、全国的宏观层面到个人微观层面认识到实施可持续发展战略的必要性与可行性，运用理论与实践相结合的方法学习可持续发展的主要内容体系，达到学以致用的效果。

参考文献

[1]龚胜生，敖荣军. 可持续发展基础 [M]. 北京：科学出版社，2009.

[2]牛文元. 中国可持续发展的理论与实践 [J]. 中国科学院院刊，2012，27（3）：280-289.

[3]刘雪萍. "3W-H-M"学习法在"区域可持续发展"教学中的应用 [J]. 地理教学，2014（5）：24-26.

[4]奎晓燕，杜华坤，刘卫国，等. 基于互动式"3W"教学模式的数据库课程教学改革 [J]. 软件导刊，2017，16（3）：184-185.

[5]孟芳. 案例及 3W 教学法在《管理学原理》教学中的应用研究 [J]. 教师，2011（32）：119-120.

[6]宫海静，邵志豪. 指向深度学习的"3A3W"数学课堂教学实践模式构建与实施 [J]. 吉林省教育学院学报，2020，36（12）：21-25.

情景教学法在商务经济学中的应用

潘鹤思

（哈尔滨商业大学 哈尔滨 150028）

【摘要】情景教学法是一种实践性和可操作性的教学方法。不仅符合素质教育的要求，同时也贴合当代"00后"大学生的心理特点，是提高人才培养质量的有效途径。在商务经济教学中，通过设计教学方案和全员同学参与模拟，不仅可以激发学生课堂听课的兴趣，还可以活跃课堂氛围，提高商务经济教学的实践性。本文从商务经济学的教学特点出发，融合大数据时代对课堂教学的影响，阐述情景教学法在商务教学中实施的目的、规则和策略等。

【关键词】情景教学法；商务经济教学；教学应用

商务经济学专业的培养目标是培养社会适用的应用型人才。学生们毕业以后主要就职于商务企业、银行、外贸公司、各级商务厅等，这就要求学生根据理论提前掌握一些实践经验，具备分析问题、解决问题的能力。因此，情景教学法在商务经济学中的应用也将围绕这一培养目标而展开。

一、 商务经济教学特点

大学商务经济学专业课程几乎都具有抽象的特点。尤其是很多微观经济学和宏观经济学的知识点，大部分学生不知道所学的课程在现实生活当中怎样应用，学生难于理解，因为大学期间很难有去企业或公司实习的机会，所以导致很多学生为了取得好的成绩，会采取死记硬背的学习方法，很难做到盘活知识，活学活用。因此越来越失去自信，个别同学甚至会动摇专业思想，慢慢失去学习兴趣，入学当初的热情、志向和动力随着时间单调下降，慢慢冷却。年轻人思想不甘寂寞的天性会让他把专注力和精神头转移到专业课程学习之外。

综上，教师不仅要"传道、授业、解惑"，还应时刻读懂学生，因地制宜、因材施教。不断点燃学生的学习动力和激情，让他们产生对课堂的敬畏、对知识的渴望、对探究的向往、对经典的创新。同时教师要有驾驭课堂的本领，不仅要讲课生动精彩，更要随时关注课堂，促使学生保持积极持久的注意力，吸引学生走进教师的教学情景。因此情景教学法正是对传统课堂、传统教学的改进。把学生引领到实践当中去，深刻理解教材的内容，体会知识点在实践当中的运用。

二、 情景教学法的内涵分析

情景教学法起源于语言学领域，是师生共同参与、协同完成的教学方法。通过有针对性的创造教学情景，引导学生参与其中，在这过程中提升学生的情感认知和价值体验，学生的知识运用能力得到改善，最终使学生的困惑和问题得到有效解决。此外，情景教学法与传统教学相比更加有趣味性，避免教师枯燥地讲解而学生只能生硬地接受，建立翻转课堂，尊重学生在课堂中的主体地位，将书中的理论知识与实践应用环境相融合，激发学生的学习热情。

三、 情景教学法设计遵循的原则

情景教学活动设计应该遵循"三备原则"

（1）备学生：体现"以学生为中心"，站在学生角度换位思考，针对学生情况分析组织教学活动，让学生感受到贴近商务经济环境的真实感，让学生以经理人、员工的身份参与到情景中来，激发学生的学习兴趣和专业自信。深刻把握商务经济学科的灵魂和精髓，恢复课堂"学霸区"的均匀分布，减少课堂上的"休闲娱乐区"。提高学生自主学习的兴趣。

（2）备课程：针对每一节课程的内容及特点进行有效、合理的教学设计。比如商务经济学市场结构的章节涉及完全竞争、垄断、垄断竞争和寡头垄断4种市场结构，每种市场结构都有与现实生活中相对应的案例，在应用情景教学时，应该从市场结构的特征出发进行模拟，并辅助视频解析，视频具备声音、形象特点，更能吸引学生的眼球，进行模拟设计时使学生的理解程度更高。综合来看教学中采用"理论讲解+方法分析+案例教学+情景设计+实战参与"的方式进行教学。

（3）备课堂：进行情景教学时，教师要关注课堂，关注学生参与其中的反应情况，是否真的融入了情景当中，与传统课堂相比，更要保证课堂效果。在保证传授与盘活教学计划和大纲规定的教学内容以外，要及时更新相关知识点，学生有困惑的时候及时解答，让学生了解和掌握商务经济最新的研究成果和进展，始终保持教学内容的新鲜感和高阶性。

四、 情景教学法在商务经济学中的教学应用模拟构建分析

（一）教师要做好教学设计，创造良好的教学情景

情景教学模拟首先要根据课程内容进行合理设计，每一个环节的流程，涉及哪些同学参与，提出哪些问题都要提前设计好。传统教学模式下，教师着重研究"教什么"和"如何教"的问题，只考虑把问题讲深、讲透，而不考虑学生"学什么"和"如何学"的问题，不问对象，忽视学生个别差异。除此之外，传统教学模式还注重以课堂教学为主，强调教学必须以教师为中心，教师居于主体地位，无论是教学内容的安排、教学方法的选择还是学术成绩的考查和评定等，都由教师决定。但是插入情景教学模拟以后，我们教师首先要设计教学实践方案。教师作为导演，而学生作为演员，通过这种方式，把教学活动演出来，当然形象的东西更能给人留下深刻的印象。

在教学设计过程中，教师按照开放式课堂的方式，增加 Wi-Fi、手机、POD、耳麦、同屏器、云教材等方式。比如以商务经济学第五章市场结构为例，那么完全竞争、垄断、垄断竞争和寡头垄断特征是各不相同的，我们可以用短视频的形式，首先展示不同结构下运营的公司特征情况，然后以小组为单位，每组学生选择一个市场结构，了解这个市场结构的整体概念，每组学生按照这个市场结构下需要的主体来分配角色。

（二）创设任务角色和流程

教师的前期准备工作完成以后，就需要在学生之间分配角色和设计流程，一个商务经济活动要由很多学生共同完成，这就需要学生在情景模式过程中演好自己的角色，同时也要团队合作，如果团队中任何一个人出现问题，那么整个流程都不是完美的。因此在角色创建过程中，也要培养学生的团队意识，相互帮助，在巩固理论知识点的同时，也为将来工作打下基础。

比如说商务经济学第 4 章学习企业成本与收入，我们如果引入情景教学法来模拟一个企业如果做决策的问题，这个时候可以班级为单位模拟一个工作运营的情况，可供学生扮演的角色有经理、采购经理、财务经理和员工等。角色分配的时候根据学生的特点，让学生自选角色，投入演出的时候就更有积极性。我们学习理论知识的时候企业的决策按照利润最大化的原则，也就是边际收益和边际成本相等的时候决定产量和价格，因此在实际模拟过程中就需要学生权衡抉择，哪部分涉及成本，哪些能带来收入，又能获得多少利润。根据学生的知识结构体系和兴趣爱好选择角色。

（三）情景教学法的演绎模拟分析

在视角教学中，教师不能一味地使用一种情景教学法，可以适当地进行创新。教师不固执传统的单向传授的"填鸭式"教学方式，达成"以学生为中心"的目的，其教学能够促使学生探索性学习行为真正发生，就达到了教学创新。而情景教学法创新也是一样，目的在于提高学生的学习兴趣、启发学术创意思考，适应学术个性差异。教学创新体现的是教师解决教学中问题的能力，展示教师对传统和现状改革的魄力，蕴含的是教师教学积淀到一定程度迸发出的创造力。

情景教学法的运用也要讲求创新。按照我们商务经济学课程的"博弈论"内容适合以比赛的形式呈现。首先预热一个小的游戏环节，进行一个小的策略选择。游戏规则为："0～100 个数字定义为 101 种策略，每名学生随机选择一个数字，那么所有人写下的数字相加除以总人数，乘三分之二，谁写下的数字最接近，谁就获得了胜利"。此外，我们可以分组演绎不同情况的博弈模型，以知识比赛和游戏竞赛的方式，极大发挥情景教学的作用，那么获得奖励的同学平时可以加分,这样学生更有动力认真准备。

(四) 对情景教学效果进行及时反馈和总结

情景教学法的使用目的是为了学生能通过此方法更好的获得知识,创设的每个情景都要与教学内容和目的息息相关,每个情景内容中都应该包含丰富的知识内容,使学生通过情景活动层层递进的获得知识。使用情景教学法授课要及时评价学生的表现,客观地看待教学成效,以便及时调整。基于此,情景教学设计要进行学情分析,学情分析主要包括以下方面:第一,学生课堂表现情况分析,情景教学法要创建以学生为中心的课堂,因此需要观察学生在商务经济学情景演绎中是否存在消极懒惰、兴趣不浓的现象,以及表现好的同学和表现不好的同学情绪方面有没有巨大的反差。情景教学的目的是鼓励学生参与其中,如果有些同学因表现不好极度自卑,情景教学法将起到负面的效果;第二,情景教学法的课堂质量分析,情景教学法主要运用情景创设讲授知识,教师要利用情景创设方法导入新的知识内容。这就需要考虑课本上的知识是否通过情景真正盘活,与现实有没有接轨。学习一阶段以后,教师可以适当的出些考题,测试情景教学法授课方式和传统教学在学生成绩方面是否具备优势。

五、 总结与讨论

综上所述,情景教学法在商务经济学教学工作中具有一定的意义,与传统课堂相比,有利于教学过程中组织管理,增加师生的互动和情感的交流。随着时代的运转,教师需要打造金课,而情景教学法也恰好能体现课程的高阶性、创新性和挑战性。所谓高阶性是指将知识能力与素质有机融合,培养学生解决复杂问题的综合能力和高阶思维。创新性指的是课程内容反映前言性和时代性,教学形式体现先进性和互动性,学习结果具有探究性和个性化。挑战度指的是课程有一定的难度,对学生和老师的课下有较高的要求。因此,情景教学法能够满足目前的教学需求,同时也需要适当的教学情景创新,以多样化的辅助教学手段以及课程教学评价方式来展开情景教学工作,最终体现情景教学法应有的教学效果。

参考文献

[1]赵芝颖. 情景教学法在高职"财务管理"教学中的应用 [J]. 中外企业家, 2020 (3).

[2]王芸. 情境仿真模拟教学法在高职财务管理课程中的应用 [J]. 商业会计, 2012 (2): 108-109.

[3]吴施楠. 情境教学法在经济学教学中的应用 [J]. 商业文化, 2011 (11): 289-289.

[4]苏静. 西方经济学情景教学模式探析 [J]. 河南财政税务高等专科学校学报, 2010, 024 (006): 60-61.

[5]陆彩兰, 纪明. 情境教学法在"西方经济学"课程中的应用 [J]. 扬州教育学院学报, 2011, 29 (4): 84-86.

[6]吴胜利, 马青锋. 关于《区域经济学》教学中运用情景教学法的几点建议 [J]. 商情, 2017 (37): 207.

[7]沈灏, 李华清, 戴小勇. 微观经济学课程教学改革探索——基于情境模拟的实践教学方法应用 [J]. 教育教学论坛, 2020 (22).

[8]魏方, 刘岩. 微课在经济类研究生课程教学中的应用研究 [J]. 对外经贸, 2020, 000 (004): 120-122.

[9]陈海东. 情景体验教学法在经济学教学中的应用 [J]. 高教学刊, 2018, 93 (21): 104-106.

[10]米俊魁. 情境教学法理论探讨 [J]. 教育研究与实验, 1990 (3): 24-28.

[11]赵东. 案例与情景教学法在商务谈判课程中的实践 [J]. 华东交通大学学报, 2006, 023 (B12): 240-242.

[12]曹海仙. 情景教学法在教学中的运用 [J]. 文学教育, 2011 (5): 32-33.

基于 SPOC 平台的混合式教学模式在
经管类本科《博弈论》课程中应用研究

刘福香

（哈尔滨商业大学　哈尔滨　150028）

【摘要】《博弈论》是高校经管类的核心课程，对学生创新能力的培养和综合素质的提高具有十分重要的作用。但在实际的教学过程中发现，师生缺乏互动，学生学习的参与度比较低，学习兴趣缺乏等问题，在《博弈论》的教学过程中引入混合式教学有其必要性及可行性。在教学实践中贯彻新型的混合式教学，包括利用互联网技术打造随时随地的线上教学、灵活设计翻转课堂增加参与互动、在实践中引入模拟博弈场景等，即改变单一的、固化的教学模式，构建实体课堂、网络交互课堂、实践课堂等多重课堂来组成教学活动，以及课下的群组讨论和互联网微信群组讨论，该模式有助于培养学生学习兴趣和自主学习的能力，提高教学效果。

【关键词】博弈论；混合式教学；翻转课堂；MOOC

在高校经管类本科专业课程中《博弈论》几乎都被设置为专业必修课，但是目前在许多高校的教学实践中，《博弈论》课程的教学效果却不理想，普遍存在教学模式单一、学生"临时抱佛脚"应付考试、学习参与性低等问题，课程"鸡肋"性质凸显。随着计算机、多媒体、网络技术和通信技术等广泛应用于教学中，数字化学习（E-Learning）的理念逐渐深入人心，大学生是率先接受并积极应用的群体，针对他们的教学活动更是亟待改变以教师单向讲授为传统的授课模式，在当前的"互联网+"时代，多元互动、自主学习、依托技术成为当前高教中理论与实践探索的热点，其中"混合式教学"便代表了目前教学发展的趋势之一，受到越来越多的关注。本文尝试在信息技术环境下，以混合式学习（Blending Learning）理论为基础，讨论如何在经管类本科专业博弈论课程中应用。

一、 混合式学习教学理念

混合式学习是基于计算机网络的教学模型，它把传统教学方式的优势与网络化学习的优势结合起来，最早于 2002 年由美国学者斯密斯·J 和艾勒特·马西埃提出并界定：面对面教学和计算机辅助在线学习的结合。在我国首先由北京师范大学何克抗教授正式倡导，并给出了更通俗的定义：即把传统学习方式的优势和 E-Learning（即数字化或网络化学习）的优势结合起来，既要发挥教师引导、启发、监控教学过程的主导作用，又要充分体现学生作为学习过程主体的主动性、积极性与创造性。不同的研究者对 Blending Learning 的译法不同，李克东教授和祝智庭教授译为"混合学习"，黎加厚教授译为"融合式学习"。本文采用"混合式教学模式"。

混合式学习模式强调在计算机网络背景下，充分发挥学生学习的主体性及教师教学的主导性，而且重视学生认知过程的个体差异，这与建构主义学习理论是相融合的。相比传统的教学模式，混合式学习模式是把教师及学生有机地结合起来，优势互补，才能获得最佳的教学效果。混合式学习模式要求教师依据教学目标制定相应的教学方案，将课堂教学与信息技术进行融合，充分发挥信息技术创设教学环境的优势，发挥学生的主体作用。使学生随时随地都可以学习，可以不受时间和空间的限制，达到深层次的学习。

二、 混合式教学应用在博弈论课程中的优势及可行性分析

博弈论是实践和理论结合较强的课程，是现代经济学高效率的分析工具。博弈论教学在经济类、管理类专业中普及，并在理论研究和实践中加以应用。应当说，在经济学和其他学科领域博弈论都占有非常重要的地位，但是博弈论的教学研究至今在我国还没有很好地开展，至今较普遍的教学方式主要还是以

教师讲授为主体的教学模式，虽然也有加入多媒体、案例教学等，但学生的主体地位还没有明显地显现，师生的互动仍然欠缺。博弈论的实践和理论结合较强，课程性质决定了混合式教学法的应用性和优越性。

（一）混合式教学应用在博弈论课程中的优势

1. 有助于解决教学时间和空间的限制

博弈论在经管类本科课程中占有非常重要的地位，主要立足于经济问题，重视博弈模型和原理的经济意义的阐述，使学生会用博弈的思想考察现实经济问题，博弈论在经济学的教学、研究和应用中受到越来越多的重视，因此博弈论课程被寄予了很多的教学内容和教学目标。经管类专业的教学内容也要涉猎，而且博弈论是数学的一个分支，确切地说是运筹学的分支，自然少不了数学，对没有太多数学基础的经管类学生来说，学完所有的章节几乎是不可能完成的任务，教学学时一般只有 40 学时左右，课时甚至更少。引入混合式教学可以合理地解决教学时间和空间的限制，教师可以把一部分内容借助网络进行教学，比如把涉及经管类专业和数学专业的相关内容，利用 MOOC 和微课的形式可以让学生随时随地地学习，及时预习和复习，大大节省课堂讲授的时间。引入混合式教学可以利用微信平台建立讨论组，对于学生的疑惑及时进行讨论及解答，充分发挥学生的主体作用和老师主导答疑解惑的作用，利用很少的学时达到有质有量的教学效果。

2. 充分发挥学生的主体和教师的主导作用

学习的主体毋庸置疑是学生，但传统的教学模式一般都是以教师讲授为主、学生被动接受的局面，以至于一部分学生对学习失去兴趣。而引入混合式教学，充分利用多媒体及网络平台，全方位地激发学生的学习兴趣，利用学生感兴趣的形式，比如网络经济学实验平台进行拍卖的博弈实验，让更多的学生参与进来，教师对实验结果进行深刻的讲解，比实际的空洞的讲解博弈拍卖效果要好得多。学生还可以通过网络云平台共享的学习教学视频，课外或回家看这些视频，在轻松舒适的氛围下做到随时随地的学习，可以满足不同程度学生的学习需求，对于基础薄弱的学生可以通过这些形式补足基础，对于基础和理解程度高的学生也可以查缺补漏，大大地提高学生的学习兴趣，进而充分地挖掘学生的学习主体作用。

教师在教学实践中应该起到主导作用，启发激励学生主体地位更好地发挥。但在实际教学中，往往是以教师为主体，学生被动接受的"填鸭式"教学。学生本身是有很好的学习需求的，可以理解和接受，但那些没有什么学习目的和自控能力弱的学生，就被枯燥辛苦的学习过程挡在了"门外"。而引入混合式教学，教师可以充分合理地利用现有的网络平台，收集最新及热点的博弈案例，让学生参与讨论，教师辅助引导。或通过经济学实验软件和学生进行博弈实验的模拟，计算机实验能够提高实验的效率。通过使用计算机，被试者如果要进行决策和选择，仅仅需要填写某个数字，或者点击一下鼠标即可完成。在市场实验中，市场的报价、要价信息能在计算机屏幕上精确、迅速地显示出来，并且能够按照实验设计的交易规则自动撮合成交。这些计算机操作方式代替了原有的举手进行拍卖、在黑板上记录信息等纸笔操作方式，实验的效率得以显著提高。教师可以对实验结果进行简单的处理及分析。

3. 弥补教材内容滞后问题

随着市场经济日新月异的变化，博弈论课程中涉及的经济管理类问题也在不断地更新，比如医患纠纷的博弈问题，医疗教育资源的均衡分析等教材中都存在滞后问题，在教学中经常会出现某些章节不能依赖教材、内容需要修正的现象，而开放在线学习则无须顾虑这个问题，教师可以让学生自己从网络中获得最新的案例、信息，充分利用网络数据库及时更新为教学所用，能有效减少教材内容的滞后单一，海量的网络资源可以给予学生更大的信息量和最新的知识视野，对学生来说时效性与生动性兼具。

（二）混合式教学应用在博弈论课程中的可行性分析

在大数据时代，微博、微信、物联网、云计算、3D 打印和可穿戴技术等新兴热门词语的兴起，使现代人的生活、学习、工作和思维产生了重大变革，科技及教育理论面临前所未有的挑战，信息网络技术及教育理念不断更新，可用于混合式教学的方法手段非常丰富。本研究主要应用 MOOC、微课、微信、实验经济学软件和百度云网盘等的混合式教学模式构建。

MOOC：2012 年才兴起的 MOOCs，虽然仅有短短一年多的发展时间，却已经席卷全球数十个国家。"慕课"运动的"三驾马车"——Udacity（斯坦福大学教授推出的在线课程平台）、Coursera（斯坦福大学教授推出的在线课程平台）和 edX 引领的"慕课"教学发展迅速：Coursera 平台已有 80 多个教育机构提供了 400 多门课程，有 400 万名注册用户；Udacity 和 edX 分别有 28 门和 62 门课程，有 75 万和 80 万名注册用户。

微课："微课"是指教师在课堂内外教育教学过程中围绕某个知识点（重点难点疑点）或技能等单一教学任务进行教学的一种教学方式，具有目标明确、针对性强和教学时间短的特点。主要是以自主学习为主的学习方式。

微信：微信是腾讯公司于 2011 年 1 月 21 日推出的一款通过网络快速发送语音短信、视频、图片和文字，支持多人群聊的手机聊天软件。用户可以通过微信与好友进行形式更加丰富的交流与沟通。

实验经济学软件：实验经济学软件是南开大学实验教学中心通过引进最新的实验经济学应用和研究软件程序并进行汉化处理和自主延伸开发的。特点是简单易学，易于操作。实验经济学的目的是通过受控实验对已有的经济理论进行检验，或通过实验发现经济规律。可以进行博弈课程中厂商价格竞争博弈，囚徒困境博弈等经典的博弈模型。

百度网盘：百度网盘是百度推出的一项云存储服务，有 50G 的容量，可以轻松与好友进行文件及文件夹的分享，实现教学文件及视频的共享。

三、 构建博弈论课程的混合式教学模式

混合式教学模式在高校教学中受到了广泛的关注，但是不能用一个范式推而广之，要注意根据不同的课程，不同的学生设定不同的教学模式及形式，实现不同程度的"私人定制"。经管类本科生的博弈论课程主要强调的是博弈基本理论与经济管理经典模型无缝对接，启发学生的博弈分析的思维方式，避免过多的数学公式及冗长的理论推导。避免传统教学模式的单一、枯燥、学生互动参与较少及课程内容设计不合理等问题，充分合理地利用 MOOC、微课、微信、实验经济学软件和百度云网盘等手段，具体构建经管类本科生的博弈论课程混合式教学模式。

（一）网络手段与传统课堂有机结合

混合式教学模式的特点是充分利用网络，但教师不要单纯追求多样及新颖，摒弃传统教学模式，要根据具体讲授的章节内容特点选择适合的教学形式及手段。（1）教师利用网络，收集最新的生活及经济活动中学生感兴趣的案例，用博弈论的视角进行分析。比如微商这个热点行业，有的学生已经在此行列，还有其他学生也想进入，可以用"先来后到"博弈模型的原理进行讲解。让学生感到所学的知识有很强的实用性，从而激发学生的学习兴趣。（2）利用微信平台，实现学生随时随地学习及互动交流。教师可以申请微信公众号，建立教师和学生、学生与学生的互动交流学习平台。做到随时随地答疑解惑，并且能减少师生之间的距离感，提高学习效果。（3）充分地利用网络云盘。教师可以把博弈的经典案例及博弈涉及的部分知识数学基础放到网络云盘里，可供学生自由地下载学习，为教师解决了学时不足的困境。（4）录制微课，教师在实施课堂传统授课的同时可以开拓另一阵地，实现学生课下的自主学习，随时学习。教师可以把教学内容分章节和知识点录制成微课程，要求学生课下点击学习，教师布置作业和任务，学生要及时完成作业并提交到平台上，教师应对学生上传提交的作业进行评价与反馈，通过监控学生登录时长、点击次数、提交作业等情况进行评测和排名，作为教学评价的依据之一。促进学生合理利用零散时间，增加互动及激发学习兴趣。更加深远的意义在于，可以模糊传统课堂界限，打破时间和空间的桎梏，构建课上课下随时随地学习的理念——即泛在学习理念。

（二）适当运用"翻转课堂"的形式

翻转课堂（Flipped Classroom）的理念最早由美国科罗拉多州林地公园高中的两位教师提出：即把传统的学习过程翻转过来，让学习者在课外时间完成自主学习，课堂则变成师生答疑解惑、汇报讨论的过程，即形成了一种"学习知识在课外、内化知识在课堂"的新型教学结构。实际运用"翻转课堂"，就是教师创建视频，学生可以随意选择学习地点，回到课堂上师生面对面地交流和完成作业的这样一种教学形态。在翻转课堂中老师是学生的"教练"，而不是课堂上的主体，翻转课堂的内容可以永远存档，可以用于复习或补课，让所有的学生都得到个性化的教育。

博弈论课程的特点是案例教学内容较多，希望学生通过学习及讨论，在实际中发掘博弈模型，"翻转课堂"的形式就比较实用了。老师可以在课上或微信群中布置学生自学的内容，带着问题去自学，学生可以根据老师提前录制的微课或网上的课程资源自行学习，上课时学生根据自己的学习思考结果进行小组讨论等形式，展现学习成果，老师就充当教练或旁观者的角色，检验学生的成果，及时地启发并引导学生自己找到问题的答案。比如公共产品供给中的"搭便车问题"，就可以让学生课下自行发现实际生活中的"搭便车问题"（问题设定：1. 你发现的"搭便车问题"是什么？2. "搭便车问题"的博弈视角的分析；3. 怎样解决"搭便车问题"），学生利用教师"智猪博弈"的微课，课下自行学习思考，课上让学生根据自己的发现进行阐述及总结，教师补充强化学生的理解。通过这样翻转课堂的形式，让学生找到问题的答案。

（三）博弈模拟

根据博弈论课程的特点，利用实际的笔纸实验和实验经济学软件合理结合，简单的博弈用纸笔实验，复杂的参加人数众多、结果分析费时的可以利用实验经济学软件进行博弈模型的模拟。以使学生更好地理解并参与博弈的过程中，促进教学效果。在实施博弈模拟时，要求教师首先设计实验，就是要从实验中得到某种有用的信息，使实验成为得到所需要的信息的最好手段，或为进一步深入研究打下基础。实验者的目标应该是进行这样的实验设计：它既能揭示所研究的相关问题，又有助于积累有益的经验。通常有效的实验设计所采用的经济系统和现实相比都相当简单，在某些方面甚至比有关的理论模型还要简单。比如讲到不完全信息静态博弈时，可以设计一个拍卖的实验。让学生参加一场拍卖会，拍卖品是存钱罐里的一罐硬币。此罐硬币由一角、五角和一元的硬币组成，其总值在 5 元至 110 元之间。第一步：请每位同学对此罐硬币进行估价；第二步：请同学们对此罐硬币进行举牌拍卖。起拍价格为 5 元，拍卖结束后，请获胜者按照你的出价买走此罐硬币（是真的拿走此罐硬币）。最后教师对实验结果进行讲解及分析，挖掘不完全信息动态博弈的分析方法。

（四）结合 MOOC 培养教师能力及学生能力

传统的理念认为教师是"传道授业解惑者"，即要教师是无所不知、无所不晓的，但是教师也是平凡的人，不会不知的东西很多，也要通过不断地学习增长自己的学识、提升教学能力。当然，可以通过实际听其他教师授课的方式，学习新知识或解决实际教学环节的问题等。也可以通过 MOOC 这一手段，学习世界一流学府精英的讲解，使自己有"学到老，活到老"的教育理念，更好地提升自己的教学能力，做到对课堂更加熟练地掌握。对于学生也可以通过 MOOC 这一手段学习世界一流学府精英的讲解。对于博弈论课程，耶鲁大学博弈论课程的 MOOC 就是师生很好的学习资源。

四、 结语

路漫漫其修远兮！博弈论课程教学模式的研究道路还很漫长，要求不断地完善，精益求精。要求教师在教学的过程中不断地完善和提升自己的知识结构及教学能力，实际教学过程中的细节处理还需要根据不同的学生具体定制教学内容及计划。具体的教学模式只是框架的指导，随机的因素（学生的背景及知识结构）影响是教师必须重视和考虑的，即没有一个范式适用于所有的对象。线上教学和线下教学要合理地结合，不要专注追求线上而忽略了传统的教学模式的重要作用，传统的教学模式毕竟有其不可或缺的地位。任何的网络平台都是知识教学的工具，所以要善于利用，不要把这些工具的作用夸大化，没有任何的工具是绝对有优势的，而是需要把这些工具结合起来，促进教学效果。教学课件设计要注重实用性，不要追求过分华丽，以免学生过多关注课件的多变及华丽，反而忽略了教学内容，起到事倍功半的效果。

总而言之，利用混合式教学模式对博弈论课程进行设计，在实现教学目标的同时，利用博弈思想分析经济生活活动是关键，要增强学生的主体作用，发挥教师的主导作用，提升教学效果，充分促进学生的个性化发展。

参考文献

[1]张其亮,汪爱春.基于"翻转课堂"的新型混合式教学模式研究 [J].现代教育技术,2014,(4):27-30.

[2]任友群.建构主义学习理论的哲学社会学源流 [J].全球教育展望,2002,(11):15-19.

[3]何克抗.信息技术与课程整合的目标与意义 [J].教育研究,2004,(4):39-43.

[4]邢玉凤.《大学计算机基础》混合式教学模式分析 [J].电脑知识与技术,2016,(3):159-162.

[5]http://mooc.guokr.com/.

[6]王一帆.互动与参与:经管类本科专业经济法课程中的混合式教学 [J].赤峰学院学报(汉文哲学社会科学版),2016,(3):270-273.

[7]王小彦.基于翻转课堂的个性化教学模式探究 [J].中国教育信息化,2014,(3):12-15.

"翻转课堂"+"雨课堂"教学模式在
《供应链管理》学科中的应用

张彩云

（哈尔滨商业大学 经济学院 150028）

【摘要】 随着信息技术的快速发展，"雨课堂""微课""翻转课堂"等新型教学模式开始在高校开展。本研究将"翻转课堂"+"雨课堂"教学模式引入《供应链管理》学科中，以"雨课堂"为载体，在课前、课中、课后为"翻转课堂"提供有力支撑，以数据驱动精准"翻转"，有利于培养学生的自主学习能力和综合素质，帮助学生更好地理解供应链管理课程，有效促进教育教学质量的提升。

【关键词】 雨课堂；翻转课堂；教学模式；供应链管理

随着教育技术的蓬勃发展和教学理念的革新，"翻转课堂""雨课堂""慕课"等新型教学模式在高校各类课程中被广泛应用。《供应链管理》是一门理论性、应用性和实践性都很强的学科，知识点繁多，传统的独角戏般的授课方式与个性化、多元化的学习需求之间的矛盾日益加剧，为适应学生新的学习需求，探究如何把"翻转课堂"+"雨课堂"与《供应链管理》课程进行有效结合就显得尤为重要。

一、"翻转课堂"+"雨课堂"教学模式

"翻转课堂"是近年来教育教学研究的热点，它颠覆了传统课堂先教后学的流程，让学生先进行学习，然后在课堂上通过研究讨论、案例分析等师生互动形式完成知识内化，这种教学模式使学生成为教学的中心、学习的主体。

"翻转课堂"能有效激发学生的学习兴趣，提高其自主学习能力，但在具体的教学实践中也出现了一些问题。学生从小接受的是被动式教育，而"翻转课堂"模式下学生只有自主预先学习，主动参与课堂讨论，才能完成知识内化，因此学生学习方式的转变是"翻转课堂"成功实施的关键。这就需要教师建立一定的教育情景，利用有效的约束机制促进学生自主学习方式的形成。

"雨课堂"是在移动互联网与大数据背景下出现的新型智慧教学平台，其基本功能基于手机微信中的"雨课堂"公众号、小程序及 PPT 等来实现，将手机转变成学习工具是一种适合当代大学生的泛在学习方式。目前，"雨课堂"已有 1687 万个有效教学用户，平均每月活跃用户超过 878 万个，每日开启"雨课堂"授课的班级达 3.6 万个。尤其是 2020 年突如其来的新冠肺炎疫情打乱了校园教学秩序，常规的线下集中授课模式一时无法实现，教师网络直播、学生居家学习的线上分散式网络教学成为大势所趋，"雨课堂"凭借其技术优势迅速成为主流在线教学平台之一。

在供应链管理课程教学实践中，进行"翻转课堂"+"雨课堂"教学研究与实践，以"雨课堂"为载体，在课前、课中、课后为"翻转课堂"提供有力支撑，以数据驱动精准"翻转"，以形成性评价改变学生的学习方式，从而显著提升学生的自主学习能力。

二、"翻转课堂" +"雨课堂" 教学模式的可行性

（一）统筹学科教学内容，分模块化"翻转"

采用"翻转课堂"教学模式，并不意味着所有的内容都必须设计为"翻转"形式，知识点过难或过易，都不能激发学生自主探讨的兴趣。在专业课时进行压缩的现实情况下，教师要保证教学内容的完整性，无法做到每堂课都由学生充分讨论得出新知识。因此，行之有效的做法是对课程进行整体性设计，分模块、分主题"翻转"。先根据教学大纲中培养目标的要求，梳理《供应链管理》课程体系划分模块，然后确定各模块的课时；构建模块内各知识间的内在关联，明确知识点的作用和地位，确定哪些内容适合课前的自主学习，哪些内容需要通过课堂讨论才能进行深层次内化；设计预习资料的呈现形式（微

课、PPT、案例分析等）。接着以微课为源头，以 2 课时为单位，进行课堂教学设计。最后明确课堂组织形式，选用恰当的引导策略，利用最佳的呈现方式（如讨论、板书、PPT、视频、测验等），保障教学任务的顺利完成。

（二）发挥"雨课堂"优势，精准化"翻转"

大数据背景下基于学习数据分析的混合式教学模式可以实现课前推送、课堂交流和课后测验，能够帮助教师在课堂教学中精准化"翻转"（见图 1）。教师在课前通过"雨课堂"推送供应链管理课程的相关视频，学生可以在手机端完成移动学习，教师依据课前预习数据反馈，设计有针对性、个性化的课堂教学。在课中，教师组织学生在课堂上进行要点讨论或者分组学习，将课堂时间更多运用到小组讨论中，使翻转课堂教学模式更加精准化，显著提升了学生的学习成效。同时，师生共同利用"雨课堂"进行充分互动，协作探究解决问题，完成学习任务，实现从以教师为中心的知识传授为主转向以学生为中心的能力培养为主，从"先教后学"转变为"先学后教、以学定教"。在课后，学生自主进行移动学习，师生即时交流互动，教师能够更加深入地掌握学生学习动态，有利于对翻转课程设计的进一步完善。这种教学模式利于学生理清课程脉络，构建自己的知识体系，并对自身知识体系中的薄弱环节集中进行强化训练，同时也为学生课程结束以后的复习和考研等个性化学习需求提供帮助。

三、"翻转课堂"＋"雨课堂" 在教学中的应用

在"翻转课堂"教学方式中，如果学生在课前不进行基础知识的预先学习，就不能真正地参与课堂讨论，无法形成自己的意见，从而不能自主构建新知识，因此学生的课前自主学习程度决定着课堂"翻转"的成效。而多年的应试教育让学生已经习惯了知识被动接受者的角色，在教师的安排下开展学习，教学方式的突然强行改变不但不会激发他们的学习兴趣，反而会引起他们的不耐烦情绪，造成教学效果下降。在教学实践中，如何营造有利的教学情境，引导学生自主参与到"翻转课堂"教学中是需要解决的关键问题。"雨课堂"基于 PPT 和微信，在教室安装程序后，PPT 中即有"雨课堂"插件，教师无须额外安装，学生通过微信扫码即可进入课程"雨课堂"。"雨课堂"作为教育

信息化载体，成为课堂教学的一部分，有机融合于"翻转课堂"的教学模式中，为学生课前、课中和课后的学习全过程建立积极的利于自主学习的教学环境。

（一）课前预热学习

教师通过"雨课堂"向学生微信推送视频、PPT等资料，配有相应的习题，学生依此进行自主学习。对于不懂的内容，点击"不懂"按键来标记反馈，系统将学生在规定时间内的预习进度（精确到PPT中的具体页码）、不懂内容和习题解答情况自动采集汇总。教师根据学生预习数据反馈，设计"翻转课堂"的讨论主题，进行精准"翻转"。

（二）课中交流学习

学生扫码签到，教师将授课PPT实时推送，学生同样能够标记"不懂"，便于课下进一步学习；同时，教师无须反复询问学生是否听懂了，依据"不懂"反馈，就可以实时动态调整授课进度。小班授课时，讨论环节可分组进行，利用"投票"呈现讨论结果；而对于大班授课，"弹幕"使讨论教学得以实现，提高了学生的课堂参与度。教师可以推送限时随堂测验，答案一旦提交，学生即可得知结果，这使得学生的课堂专注度提高了。供应链管理是一门基础的理论性课程，但授课时不能只孤立地讲述一门课的内容，而是要将其置于专业知识体系的整体构架下，将课程内容落实到实际应用上。基础知识的实际应用具象化，使课本理论走入学生能感触的现实世界，学生不再孤立地理解深奥的抽象理论，而是从技术发展、实际需求的视角反溯基础理论学习的重要性。

（三）课后引导学习

课后，学生复习课程内容（视频、PPT等），上传作业，在微信公众平台"雨课堂"与教师讨论问题。设置拓展性学习任务是引导学生自主学习的有效途径，如设计连锁零售企业的供应链和分析某企业供应链环节的融资模式等，这种学习任务多为开放性的，没有固定答案，以教材知识为根，但不拘泥于教材。在解决方式上，学生拥有实质的自主权，可以独立思考或小组合作，可以借助书籍、网络等多种途径，在更广阔的背景上获得知识的全方位充实和增加。教师分析"雨课堂"学生作业情况的数据，对学生进行针对性辅导，安排后续的授课计划。

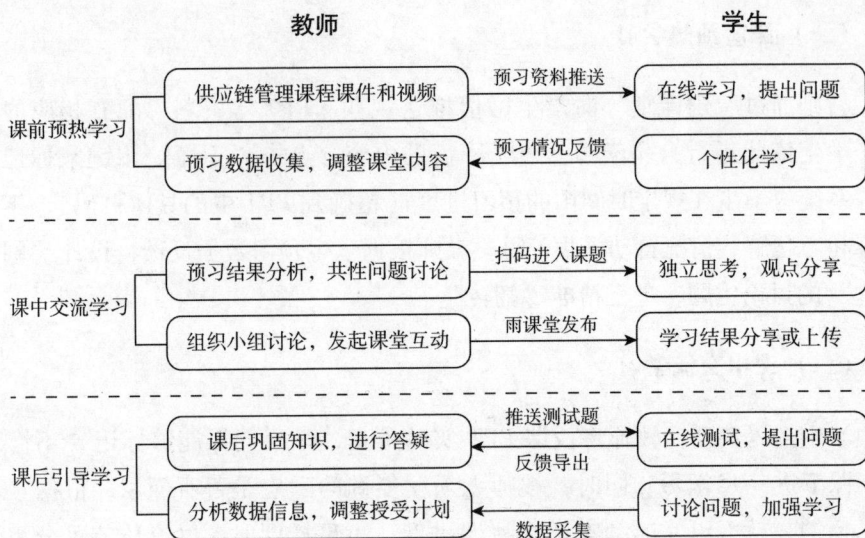

	教师		学生
课前预热学习	供应链管理课程课件和视频	预习资料推送	在线学习，提出问题
	预习数据收集，调整课堂内容	预习情况反馈	个性化学习
课中交流学习	预习结果分析，共性问题讨论	扫码进入课题	独立思考，观点分享
	组织小组讨论，发起课堂互动	雨课堂发布	学习结果分享或上传
课后引导学习	课后巩固知识，进行答疑	推送测试题 反馈导出	在线测试，提出问题
	分析数据信息，调整授受计划	数据采集	讨论问题，加强学习

图1 "翻转课堂"+"雨课堂"教学模式设计

(四) 过程性考核评价及反馈

在由被动式教育转变为主动型学习的过程中，教师要转变教学理念，在教学环节的设置和教学形式的采用等方面为学生营造自主学习的良好环境。但在有利环境中，仅依靠学生的自发能动性还不够，还必须采取相应的措施，即评价机制，对学生的学习行为进行约束，促使其自主学习。质量评价体系的作用是促进学生学习方式改变，具备自主学习能力，因此评价要强调学生在学习过程中的参与度，侧重以学生成长为主进行发展性评价。要科学评价"翻转课堂"的教学绩效，在终结性评价的基础上，侧重评价学生的学习动机、学习行为、学习成效和素质发展。可利用"雨课堂"，对学生的课前预习（资料学习、习题）、课堂参与（扫码签到、随堂测验、课堂讨论投票）、课后作业等学习行为进行自动采集（见图1）。评价时，要用数据量化学习过程，描绘学生学习轨迹，参照质量评价指标。这种形成性评价促使学生在限定时间内自主完成相应教学任务，为"翻转课堂"的有效进行和学生自主学习能力的提高提供有力的条件约束。

四、 结语

本次教学改革将学生作为教学的中心、学习的主体，改变了传统的教学方式，对课程进行模块化翻转，把智慧教学工具"雨课堂"融入教学，形成"互联网+黑板+讨论+移动终端"的师生实时互动的教学环境，以学习行为和反馈驱动精准"翻转"，有效地提升了教学质量。混合式教学模式对学生的课前预习、课堂参与、课后作业等环节的所有学习行为自动采集，采集的数据客观反映了学生的学习过程和学习成效。形成性评价侧重过程，注重学生的自我发展，促使其学习方式由被动式转变为主动式，能限时完成课程学习任务，实现自主学习能力的提升。

参考文献

[1] 迟静，吴杰. 工程教育专业认证背景下的翻转课堂本土化探讨 [J]. 科技视界，2018 (12)：55-56.

[2] 蒋雯音，杨芬红，范鲁宁. 雨课堂支持下的智慧课堂构建与应用研究 [J]. 中国教育信息化，2017 (10)：14-17.

[3] 马兰花. 基于线上线下混合式的供应链管理课程教学改革与实践 [J]. 物流工程与管理，2020，42 (6)：155-157.

[4] 孙艳萍，刘书阁. 基于"雨课堂"的混合式教学模式实践 [J]. 山东电力高等专科学校学报，2020，23 (6)：74-76.

"两步申报"背景下《报关实务》
课程实践教学困境及解决措施

俞海峰

（哈尔滨商业大学　哈尔滨　150028）

【摘要】"两步申报"改革后，海关的监管从前期转向后期，对关务人员的专业素质尤其是关务风险的整体把控能力提出了更高的要求。关务人才的培养需要尽快配合企业新的需求，真正提升学生报关实操能力和可持续学习能力，缩短学校与企业的距离，《报关实务》课程需要紧跟企业对关务人才的新需求，调整现有的教学模式，积极构建新的课程实训体系。

【关键词】"两步申报"；《报关实务》课程实践教学；可持续学习能力

海关总署于 2019 年 8 月开始启动"两步申报"试点，2020 年 1 月开始在全国范围内全面实施"两步申报"，相比之前的报关模式，进口货物可以快速提离海关监管区域，加快了货物物流速度。新通关模式为推进我国通关便利化和优化营商环境起到了重要的推动作用，对于外贸企业来说，进口货物整体的通关时间大大减少，通关效率大幅度提高，企业的通关成本也随之降低。

一、《报关实务》 课程的教学特点

《报关实务》是国际经济与贸易专业中重要的实操型课程，在进出口业务全流程中，报关环节是一个非常重要的节点，即使前期谈判再成功，如果进出口货物无法顺利通关，那么前期的工作就会付之东流，外贸业务只能停滞不前。因此企业对关务人员的专业要求也越来越高。结合"两步申报"背景，根据课程的理论内容和在外贸中具体的操作需求，积极探索和改革更符合企业需求的实践教学模式十分迫切。

（一）涉及学科广泛，知识庞杂

报关工作非常复杂，涉及国家的法律法规、会计知识、物流知识、外语应用；商品归类中还涉及纺织、机电、化工等不同的商品知识。关检融合后，报关和报检工作合二为一，报关员还需要同时完成报检工作，对商检、通关各项政策都要熟悉，报关难度加大。由于报关涉及领域多，所需的相关知识繁杂，专业技能要求高，也加大了人才培养难度。

（二）强实践性、政策性和时效性

《报关实务》课程中很多内容如进出口税费的计算、海关监管货物的报关程序、商品税则归类、报关单填写等都是操作性很强的工作。同时，《报关实务》课程不同于其他课程，鉴于对外经济的发展变化以及国家进出口贸易政策的改变，国家关务改革持续进行中，从"关检融合"到"两步申报"，近几年关务政策密集发布，《报关实务》课程政策性和时效性特征明显。报关教材的内容虽然每年都有一定的变化，但教材的调整还是会滞后于关务发展，直接影响了教学。任课教师在教学过程中不仅要注重课本知识，还要及时把握政策的调整和变化，教师备课难度加大。

二、《报关实务》 实践教学中的困境

与职业院校关务人才培养的要求不同，一般本科院校对于学生培养以重基础、宽口径为特点，以培养综合人才为目标，相对来说，在培养学生应用能力的过程中，受课时数、实践条件等的限制，对学生的关务能力的培养容易停留在理论层面，对实践能力重视不够，投入明显不足。近年来，虽然很多高校认识到《报关实务》课程中实践教学环节薄弱，学校也试图调整教学模式，在教学设计中增加实践内容，比如增加案例讲解，增加实务操作的理论讲解，但是这些调整对于学生实践能力的提升还远远不够，已有的改革只是形式上向实践教学靠近，在实践内容及方式上和真正的实践教学还有很大的差距，高校的实践教学水平还有待提高。

（一）缺少技术支持，实践资源无法满足需求

在《报关实务》课程实践教学中，校外实践基地是顶岗实习和毕业实践的重要基础，但就目前高校的实施情况来看，很多学校缺少能真正提供实践教学的合作基地。现有合作的实践基地，也仅限于组织学生到企业"一日游"，高校合作的企业很难提供真正的岗位供学生深入体验报关的相关技能，学生实际动手能力很难提升，实践技能的培养往往流于形式。报关软件是模拟实际关务工作的重要途径。但目前的困境是，虽然很多高校已在实验教室配置了Sim-trade等相关外贸实训软件，但该类型软件中大部分没有专门、独立的报关模块，涉及报关部分的内容较少，一般只有简单的报关流程介绍而没有相应的实操练习。有的学校虽然购买了专门的报关软件，但软件后期的更新不及时，软件实操内容往往滞后于关务的实际发展现状，《报关实务》课程实践技能的培养无法满足企业的最新需求。

（二）实践课时过少

为了配合《报关实务》课程实践目标的要求，一些高校会在原有课时中压缩理论课时，增加实践课时，课时总体上变化不大。理论课时被压缩后，需要学生提高自学能力，如果学生学习的自主性不高，也就无法掌握这部分理论内容；造成课程内容之间的联系脱节，学生只理解或只掌握某一个业务环节而无法全面地把握报关程序和每个环节的相关操作。而增加的实践课时从实际需求来看，仍然过少，无法满足实践教学的需求。还可能因理论与实践课时之间的时间差，导致教师对知识的重复讲解，大大降低学生的学习效率。

（三）教师自身实践能力不高

本科院校从事报关教学的教师中，"双师型"教师严重缺乏，多数教师虽熟练掌握报关相关理论，但是缺少实践技能，无法有效提高学生的实践能力。虽然很多教师通过考试获得了单证员、国际商务师、报关水平等相关证书，但授课教师对于实践内容也仅限于考试和理论层面，缺少从业经验和实操技能，讲授实践类课程往往感觉力不从心。出现此问题的原因主要是学校对于教师实践能力提升不够重视，授课教师虽然迫切希望提高实践能力，真正了解报关实

践,但是由于得不到学校的经费和相应的制度支持,有时只能自付费用参加培训,总体来看,教师缺少到企业学习或者到相关机构进行培训的机会,只能靠钻研书本或者利用网课资源提升自己,实践能力很难得到真正的提高。

(四) 课程评价方式不够合理

《报关实务》课程的教学评价的方式往往依照传统的卷面加平时成绩的方式给出学生最终的成绩。卷面考核主要是侧重理论内容,一般占总成绩的70%,而平时成绩主要有出勤情况、课堂表现、课后作业等部分组成。这种评价方式对于实践类课程是非常不合理的,无法有效反映出学生实际操作的能力。

三、 构建《报关实务》 课程的实践教学体系

一般本科院校在培养关务人才过程中,要明确人才培养的目标定位。本科院校所培养的是知识应用型人才,不再单纯面向具体职业及岗位,具有更广泛的适应性,更强调其对知识的理解和灵活运用能力,重视其利用所学知识综合分析具体问题并加以解决的能力,在对其知识、能力和素质的要求上都与职业院校有着明显的区别。为此,要结合《报关实务》课程特点构建合适的应用型人才的培养模式和体系,尤其是强化实践能力的培养。

根据国际经济与贸易专业培养目标以及关务工作的岗位需求提出以下建议:

(一) 提高学生的专业素质以及培养学生持续学习能力

"两步申报"背景下,单一窗口功能的日益完善,传统报关业务将变得更简单。报关流程的简化并不意味着海关对报关监管的放松。实际上,随着大数据分析工具的广泛应用,海关监管手段不断升级,监管的透明度不断提升,海关对企业申报监控更为精准。对报关企业来说,报关流程简化的同时,企业承担的关务风险也随之增加。原来"申报时"一部分由海关协助把控的风险,转移到"申报前"和"申报后",虽然企业申报更灵活,通关效率更高,但对企业来说,在申报前需要具备风险预警能力,申报后需要准确进行完整申报。申

报中，企业一旦出现差错，将会给企业带来稽查风险和降级风险。为此，报关企业需要主动把控报关风险，从申报前、申报中到申报后全面把控申报风险。这对企业申报准确性和关务风险监控水平也提出了更高的要求。为了配合中国大国外贸发展的关务需求，在"两步申报"之后，关务改革还将继续。高校关务人才的培养，应"以不变应万变"，通过全面提高学生的专业素养来应对新的关务发展的变化。在教学环节，授课教师需要及时把握行业动态，能够从全局角度去了解关务的变革对人才的需求。在报关各环节的教学中，能够引导学生树立法律意识、风险意识、独立意识、创新意识，重视对学生可持续学习能力的培养。

（二）建立"双教师"制度，分层次教学

《报关实务》课程教学需要转变教学模式，明确学生在课程学习中的主体地位，一部分理论学习可以以自学方式由学生自主完成，由教师进行后续考核，保障自学效果。另一部分理论授课方式应以学生为主体，课程内容设计应以企业岗位需求为核心，为企业和社会培养可用人才、好用人才。

同时，在教学中建立"双教师"制度，分层次教学。具体做法是学校教师主要负责课程的理论部分和大部分实践课程，聘请企业教师为学生讲授实践课程中的应用技能。可以让学生提前清楚地知晓报关相关岗位的工作内容，而且企业教师授课内容通常趣味性更浓，有助于增加学生学习课程的积极性，从而激发学生学习兴趣。

（三）改善实践教学条件

学生报关技能的掌握主要源于学生动手操作的熟练程度，为了让学生尽快进入职业角色，必须让学生亲身体验真实的申报过程。明确实践教学在课程培养目标中的重要地位。以岗位需求为导向，转变教学方式、完善教学体系，以赛促学、以证促学。

首先，加大校企合作力度。高校可以联系企业，共同制定人才培养方案，在校内进行集中化培训。学校可以根据企业的岗位需求，与企业协同培养关务人才。同时，学校应创建真实的职业环境，建立专门的报关实训中心，配合报关软件，从硬件设施到实训软件保障学生有机会提高实操技能。

其次，以赛促学、以证促学。鼓励学生参加各种专业竞赛，比如鼓励学生参加由中国报关协会主办的报关技能大赛，并把参赛纳入期末考核内容，提高学生参赛的主动性。一方面可以让学生在竞赛中学习和体验报关专业知识，了解实践技能，掌握职业操守和行业责任；另一方面，如果能在竞赛中取得好成绩，也可以增加自己的就业竞争力。此外，也可以鼓励学生考取由中国报关协会组织的报关水平初级证书，并把考取证书作为课程考核的一部分内容，强化学生通过考证学习报关技能，以证促学。

（四）加强教师队伍建设

教师是高校实践教学的组织者和实施者，是决定实践课程质量的基本保证。任课教师需要有扎实的专业理论知识，同时也要有效地指导学生进行实操练习，能够及时解决实践课程中学生遇到的各种问题，为其准确解答。因此，学校需要加大对专业教师实践能力培养的支持力度，多给老师提供再学习的机会，通过教学管理制度的调整，出台鼓励措施，多鼓励老师到企业做兼职，丰富授课教师的实践经验。

（五）推行线上线下混合教学模式

在课程教学过程中，可以利用在线上展开基础知识的教学，在线下对线上课程进行深化和实习实训。既可以突出课程的层次性，也可以彰显高校教学特色。学生在线上可以通过模块化的课程，对每类课程的重点知识和难点知识进行掌握。通过线上教学，改变传统教学的单一性和枯燥性，学生可以在互动交流、自主学习过程中不断提高自身学习素质，拥有自学能力和较强的交流能力。同时，也可以开发 App 手机软件，让学生用手机进行部分软件操作，让学生在轻松中获得学习的成就感。

（六）加大思政教育在专业教学中的融入力度

报关是一种综合性智力劳动，涉及知识面广、专业技能性强、要求具有丰富实践经验，同时也是政策要求和法律性质要求非常高的职业。在课程讲解过程中，授课教师要主动寻找专业课与思政教育相契合的点，可以通过课堂教学，在解释抽象的理论时挖掘并融入其中所蕴含的爱国、诚信、敬业等思想，树立大局意识，维护国家形象；引导学生树立正确的"三观"，培养学生的开拓创新精神、团队协作精神和职业精神。注重培养学员应具有较高的职业道德素质，合法合规报关。

参考文献

[1]张楠. 浅析高校报关实务课程当前教学模式存在的问题 [J]. 科教文汇，2021 (5)：125-126.

[2]田玉. 报关实务课程教学中微课的设计与实施 [J]. 文化视野，2019 (5)：379-380.

[3]周洋凤. 基于关务技能大赛视角的报关专业教学模式的探索与实践 [J]. 才智，2020 (8)：45-46.

《可持续发展战略学》课程思政元素与
主旋律短视频的挖掘和融合

孙　晴

（哈尔滨商业大学　哈尔滨　150028）

【摘要】 可持续发展课程是国家二类特色专业、黑龙江省重点专业——经济学的拓展课程，重点教学目标是培养学生的思想政治素质、文化知识素质和职业道德素质等多项基本素质。在课程教学中，通过挖掘思政元素、恰当融入主旋律短视频，能够迎合大学生获取信息新需求，亦能增加课堂互动性、丰富课堂教学形式、提高课程亲和力，尤其是通过实践教学发现，二者融合更能提升大学生的获得感、荣誉感和强烈的三观意识。

【关键词】 思政元素；主旋律短视频；可持续发展

在全国高校思想政治工作会议上，习近平总书记提出，要把思想政治工作贯穿教育教学全过程，坚持把立德树人作为全方位育人的中心环节。"在课堂教学过程中，加强提升思政元素在各个专业课程的融合，要求各类课程与思政理论课形成协同效应。"短视频符合大学生获取信息的新需求、新特征，以互动性、灵活性、共享性等特征赢得大学生群体喜爱。将主旋律短视频与思政元素有机融入教学，对丰富课堂教学形式、提高课程亲和力，抵御错误思潮渗透、坚定主流价值引领，提高学生审美品位、引领高尚价值取向，增进大学生对习近平新时代中国特色社会主义思想的政治认同、思想认同、情感认同，提升大学生对所学专业课程的获得感，具有重要的现实意义。

因此，将思政元素和主旋律短视频有机融合，并有效纳入专业课程教学中，在尊重专业课程各自特点、建设规律的基础上，挖掘"课程思政元素"，凸显"思政元素"对于专业知识、技能培养的重要价值引领作用，促进"课程思政"向多维方向育人的合理转化。

一、《可持续发展战略学》 课程架构及思政内涵

（一）课程体系概况

《可持续发展战略学》课程作为经济学专业的拓展课程，是学生在学习"政治经济学""微观经济学""宏观经济学"等课程的基础上，为后续学生学习"区域经济学""产业经济学""发展经济学"等课程奠定基础，该课程着重研究可持续发展的理论与方法，揭示可持续发展的规律性，了解当今中国及世界的典型环境问题以及我国在生态系统、人口、资源、农业各方面的可持续发展战略方针，并通过对全球以及各个国家可持续发展战略的制定及其实施过程的系统分析，发现经济、社会与资源、环境协调发展的内在机制等基本能力。在教学内容上突出"人地关系、代际关系、区际关系"的可持续发展内在关系，将传统发展观和可持续发展理念对比讲授，重点在于理解人口、资源、环境、经济、社会五要素与可持续发展协调统一，以可持续发展思想为主线贯穿课程始终。

（二）思政内涵与《可持续发展战略学》课程建设

可持续发展从发展观念上而言，它是一种全新的发展理念；从发展过程而言，它是一条崭新的发展道路；从发展方式上而言，它是一种创新的发展模式；从发展的结果而言，它是一组理想的发展目标。因此，从可持续发展课程的核心理论出发，课程建设要以培养学生可持续发展的系统思维为目的，牢固树立可持续发展的人生观、价值观和世界观。

对于具有商科特色的院校而言，从可持续发展课程设置编排属性看，可持续发展课程内容具有专业前导课的属性特征，无论是在协调人地关系，还是面对发展中存在的各种资源环境问题，思政元素的融入是专业培养、学科建设中立德树人、科学发展观树立的必然要求。

由于课程属性具有承前启后、引导铺垫的职能特性，使得该课程明显偏重于对于学生价值观的引领、环保理念的养成。有利于提升该课程的课堂"新

意"，增加生机及趣味性，有利于提高专业课堂授课学生的融入性、归属感，进而潜移默化地引领学生的价值走向，培养学生树立环境忧患意识、环境保护责任及科学环境伦理观，通过学习可持续发展战略、人口战略、资源战略和生态环境战略等理论与政策，引导学生结合当前国际国内经济形势，运用可持续基础理论与方法分析可持续发展领域出现的新现象、新问题。

二、 思政元素与主旋律短视频融入可持续发展课程

（一）思政元素的挖掘

《可持续发展战略学》是一门讲述可持续发展规律的课程，它是环境学、社会学、经济学、管理学、政治学等多学科交叉的课程，兼有自然科学和人文科学的属性。其中，自然科学属性体现在人口资源和环境问题方面，人文科学属性体现在生态环境、经济建设和社会发展等方面。可持续发展观念不仅仅是理论层面的发展思想，也不是单纯的发展制度，而是不分国别、不分地区的国家发展战略，因此思政元素的融入能够使学生更加充分、更加细致地了解区域之间的关系以及国家战略政策，尤其是对各项经济政策颁布实施的理解，对于区域之间的冲突、协作有更加透彻的感悟。

《可持续发展战略学》课程以可持续发展系统的人口、资源、环境、经济、社会五要素为篇章，从五个方面向学生呈现了可持续发展思想形成的历程、可持续发展基本原则、可持续发展战略的实施。思政元素的挖掘是贯穿《可持续发展战略学》教学过程的始终。在实践教学过程中，思政元素与课程的融入不是某一节课，也不是某一章节，而是要将思政元素的素材设计到每一章、每一节以及可能融入的知识点之中。

（二）主旋律短视频的运用

短视频契合新媒体发展趋势，以互动性、灵活性、共享性等特征赢得大学生群体喜爱。主旋律短视频融入高校思政课，符合大学生获取信息的新需求、新特征，有效融入能够增强课堂教学实效性。

主旋律短视频的内容应该是正面的、积极的、健康的，其表现形式往往真

实直观、丰富立体、冲击力感染力强，更容易被广大学生接受；主旋律短视频呈现方式应该是多样化的，体现社会主流价值观念、正向能量，弘扬健康向上的主旋律，发挥舆论引导、凝魂聚力的重要作用；主旋律短视频作品还应该兼具观赏性和艺术性，能够带给学生的震撼是无与伦比的，从中得到的教育和启发是润物细无声的，以小博大、深入浅出。

在课堂中使用主旋律短视频，可以帮助学生正确认识世界、认识中国的发展趋势，激发学生内心对国家、对民族、对人民的深厚情感，在打牢专业基础知识的同时，能够自觉抵御西方意识形态渗透，坚定对社会主义和共产主义的信念，树立正确的世界观、人生观和价值观。

（三）思政元素与主旋律短视频的搭配运用

在可持续发展课程的实践教学环节中，思政元素与主旋律短视频自然、巧妙、恰当地搭配，不仅增强了课程的互动性、乐趣性和带入感，还提升了思想性、感染力和亲和力。下面结合可持续发展课程的课程特点、教学内容和师生需求，举例说明思政元素与主旋律短视频融入可持续发展的关键知识要点。

1. "竭泽而渔，焚薮而田"

在可持续发展内涵的理解表述上，结合中国古代朴素的哲学思想"天人合一"理论、"竭泽而渔，岂不获得？而来年无鱼；焚薮而田，岂不获得？而来年无兽"的理念，可以使学生深刻理解可持续发展的持续性生产、持续性供给和持续性利用，从而深度体会保护生态过程、保持资源存量的恒定、拓展资源形式的可替代性在可持续发展中的重要性。主旋律短视频选自《为了美好明天——走向可持续发展》，结合主旋律短视频还会建立学生的文化自豪感，潜移默化地培养学生独立思考问题，独立查阅素材阐述个人观点，担当意识的养成，满足学生自我意识、自我价值发展的需求。

2. 世界可持续发展的巨人——纪念袁隆平院士

在可持续发展领域，袁隆平院士曾获得"麦哲伦海峡奖""吕志和奖"等可持续发展奖，为世界和平与可持续发展做出了巨大贡献。通过主旋律短视频《他养活了十几亿中国人》，带给学生的是更多的感动、心灵的启迪、精神的震撼，在这种情绪的带动下，引入思政元素"两山理论""碳中和""碳达峰"和"一带一路"，让学生更好地理解可持续发展的全球行动，加深可持续发展理念在资源、环境问题上重视质量、重视效率、关注增长、关注参与的原则。

3. "大自然在说话"

主旋律短视频《大自然在说话》是以"大自然不需要人类，人类需要大自然"为主题宣传口号的公益短视频，结合思政元素"世界地球日"，启发学生珍爱美丽地球，守护自然资源，同时引入世界地球日之父——丹尼斯·海斯、20 世纪 70 年代以来可持续发展思想蓬勃发展时期的历史进程，以及中国中央电视台纪念"2000 年地球日—中国行动"的启动仪式，等等，试图在具体的"衣食住行"各个方面感染学生，改变学生的世界观和价值观，对可持续发展理念有新的认识和理解。

三、 思政元素与主旋律短视频融入课程需要把握的问题

（一）牢固把握教学规律和育人目标

高校思政元素融入课程肩负着立德树人、铸魂育人的重要任务，必须筑牢学生成长成才的科学思想基础，因此思政元素与主旋律短视频结合融入课程也应该凸显育人的最终目的，主旋律短视频虽有助于加深对教学内容的整体感知和了解，但要注重播放的数量和时长，把握好课程整体的时间分配。在可持续发展战略学课程的教学实践中，视频超过 5 分钟，学生的注意力会下降，因此，主旋律短视频的选取要在 3~5 分钟为宜，时间过长会影响学生的学习效果，教学设计的过程中要遵循教学规律、学生成长规律和育人目标，所选取的思政元素与主旋律短视频要紧密结合课堂教学，服务于教学。

（二）思政元素与主旋律短视频的真实性、准确性与时效性

思政元素与主旋律短视频都具有鲜明的时代特征，有广度、有深度、有温度的思政元素主题和素材能够使学生产生共鸣，但在可持续发展战略学的课程实践中，还需要把握好素材内容的真实性、准确性和实效性。融入思政元素与主旋律短视频的课程，要求教师善于辨别内容的真实性，真实的内容才能正确地导入课程，避免误导学生；同时，思政元素与主旋律短视频要准确地契合课程内容，与课程密切相关，具有分析价值；最后，思政素材的选取要与时代紧

密结合，培养大学生运用所学理论正确地认识社会热点问题的能力，将国家和社会的命运与自身的可持续发展紧密结合，培养学生的时代使命感和责任感。

参考文献

[1]习近平.思政课是落实立德树人根本任务的关键课程［M］.北京：人民出版社，2020.

[2]习近平谈治国理政：第3卷［M］.北京：外文出版社，2020.

[3]潘红涛.主旋律短视频融入高校思政课教学方式初探［J］.思想理论教育导刊，2021（3）：84-87.

[4]习近平在党史学习教育动员大会上强调：学党史悟思想办实事开新局以优异成绩迎接建党一百周年［N］.人民日报，2021-02-21（1）.

[5]董慧，杜君.课程思政推进的难点及其解决对策［J］.思想理论教育，2021（5）：70-74.

[6]韩喜平，肖杨.课程思政与思政课程协同育人的"能"与"不能"［J］.思想理论教育导刊，2021（4）：131-134.

[7]毛建素，李春晖，徐琳瑜.《循环经济与可持续发展型企业》中的课程思政实践［J］.环境教育，2020（11）：56-57.

[8]孙波.基于"课程思政"背景下的专业课程教学研究——以"生态保护与可持续发展"课程为例［J］.天津职业院校联合学报，2020，22（2）：125-128.

混合式教学模式在《西方经济学》课程教学中的应用

滕 月

（哈尔滨商业大学经济学院　哈尔滨　150028）

【摘要】 西方经济学是经管类专业的核心基础课，该课程理论体系宏大，内容丰富，逻辑性强，学习难度大。传统课堂教学模式受制于有限的时间和空间，无法满足学生灵活性、多样化的学习需求，教学效果不尽如人意。线上教学为学生提供了更便利、多层次、个性化的学习资源，但由于分散化的学习模式缺乏群体激励与群体监督，很多学生无法完成完整的课程学习。混合式教学模式既汲取了传统课堂教学模式的精华，又充分借助了信息技术手段，赋予了学生更大的学习自由度和获取资源的广度，实现了线上线下联动，课内课外互补，学生为主、教师为辅的学习模式，提升了教学效果。

【关键词】 翻转课堂；混合式教学；教学模式；西方经济学

一、 传统教学模式的困境

（一）课时压缩，学习压力大

西方经济学是经管类本科专业的必修课程，一般在大学一、二年级开设。该课程理论体系宏大，内容繁杂，涉及大量专业术语和数学模型，即注重逻辑推演，又需要联系实际，教师需要抓住有限的课时来完成知识的讲授，课堂上师生之间、生生之间的互动时间非常有限。对于刚跨入大学校门的学生来说，仅仅依靠教师不足100课时的课堂讲授，想要系统、深入地掌握微观、宏观经济学的理论知识，难度确实较大。

（二）教学手段单一，教学效果欠佳

"满堂灌"式授课方式在西方经济学的教学中很普遍，知识的传授以老师课堂讲解为主，学生被动地听记，课后教师通常布置习题，作为学生回顾知识、检验学习成果的手段。这种传统的教学模式既弱化了学生自主学习的能力，也无法满足学生多层次的学习需求。学生习惯于被动地依赖老师，产生"推一推，动一动""不推就不动"的懈怠心理。由于缺乏有效的过程考核和管理手段，学业成绩主要靠期末试卷分数决定，导致学生要么为求高分死记硬背，要么抱着"60分万岁"的想法考前突击，其结果是老师讲得累，学生学得差。

（三）大班授课，教学缺乏针对性

西方经济学是经管类学生的专业基础课，开课面广，上课人数多。师资有限的学校通常采用合班的方式授课，百人以上的大课堂非常普遍。大班授课显然难以顾及学生接受程度的差异，无法实现分层次教学，更无法满足学生个性化的学习需求。教师也无法对上百名学生的出勤、听课、作业等学习情况进行准确考核，一部分学生就会浑水摸鱼、滥竽充数，甚至不来上课。

（四）注重理论讲解，联系实际不足

由于学时有限，课程难度又大，教师不得不把课堂的绝大部分时间都用在基本概念、基本理论、数学模型推导和图形的讲解上，留给学生做习题、小测、案例分析和分组讨论的时间非常有限，教师的一言堂导致学生的课堂参与度不高，学习起来感觉枯燥乏味，很难坚持下去。学生无法全面系统地掌握基本理论知识，更难以把学到的理论知识与真实世界联系起来。

（五）教学时间缺乏灵活性

课堂授课时间是固定的，如果学生因事错过了上课时间，事后没有补课的机会。而西方经济学理论体系的逻辑性很强，每一章、每一节的内容环环相扣，学生会因为某节课的缺失，或对某个知识点不理解，造成后续课程学习困难，甚至直接放弃学习。

二、　混合式教学模式的优势

在"互联网+"时代，各种移动终端、新兴媒体和课程资源不断涌现，网课以其时间、空间上的灵活性以及课程层次的多样性，越来越被社会接受。然而，完全的线上教学也显现出一些问题。线上教学只是屏幕上的信息传递，缺乏建立在共情基础上的有效沟通。所以线上教学虽然可以缩短信息沟通的时空距离，却难以缩短人与人交流的心理距离。在完全的线上教学模式下，学生缺乏在课堂上和同学一起学习的积极氛围，丢失了在群体激励与群体监督中产生的学习动力，容易使学习者缺失社会知觉并出现孤独感。这导致缺乏自律的学生和高度自律的学生产生了两极分化的学习状态。学生也会因为缺乏先前知识，课程内容难度不适宜，缺乏指导和帮助等各种原因，难以独自完成完整的学习过程。

混合式教学模式把传统课堂与信息技术有机结合，完美融合了两个课堂的独特优势，未来将成为高等学校提升教育教学质量的重要抓手。

课前，教师可以通过网络终端为学生提供一个可以随时随地学习的课程，学生通过网络获取多样化的学习资料，满足个性化的学习需求；教师也可以通过网上签到、抢答、在线讨论、习题闯关、学习进度赋值等方式强化对学生的过程管理，提高学生的学习参与度；教师还可以根据学生线上学习数据的反馈，有针对性地设计面对面的教学内容，重点讲解学生易错、不理解的内容。教师通过网络平台把课堂由线下延伸到线上，打破了传统课堂的空间和时间限制，把课堂学习这个单一环节延伸成学生课前在线上自主学习，课堂教师面授点拨，课后线上互动、强化、提升的全方位、立体式的学习方式。

三、　基于混合式教学模式的西方经济学教学设计

混合式教学环境中，学习的全过程都以学生自主学习为中心，教师的作用是辅助和引导。基于混合学习模式的西方经济学教学设计，包括教学资源创建、学生自主学习、课堂教学活动、学习成绩评价四个环节。

（一）教学资源创建

1. 录制或引用教学视频。混合式教学首先要为学生提供课程视频。视频可以自己录制，也可借用学习平台上的视频。自己制作教学视频，优点是更有自主性和针对性，缺点是需要专业团队制作，耗时较多，费用较高。因此，借用教学平台的现有资源，不失为一个好的选择。在借用教学资源时，教师要进行试看和筛选，以免网上下载的教学资源与课程设置、教学目标不符；还要选择优质、精短的视频，以免影响学生的学习兴趣。另外，教师还要结合学生的不同专业和实际学习情况，提供不同的教学资源，进行差异化的教学，以满足学生的个性化需求。

2. 发布学习任务。教师应在课前布置教材和视频的预习任务、课堂的讨论任务、课外的阅读任务。发布章节测验和作业、随堂小考或综合训练题库，以便于学生检验学习效果。教师在布置学习任务时，需要根据教学目标来安排内容，根据教学内容合理制订教学计划，按照教学计划给学生布置阶段性的学习任务。学习任务的布置要具体、细化、可监督，并且要有学情分析和反馈，以便督促学生及时完成布置的学习任务。

（二）学生自主学习

混合式教学模式中，学生是学习的主体，教师是指导者和协助者，帮助学生完成各阶段的学习任务，达到学习目标。

学生应该在课堂教学之前，完成对教学资源的学习，对有疑问的知识点进行记录，做到带着问题进课堂。在课堂上，学生通过老师的讲解，同学之间的探究、讨论，进行有针对性的学习，提高学习效率。课后，学生要结合老师布置的学习任务，完成同步自测练习等，以便及时发现自己的薄弱环节，查缺补漏，强化知识的理解和吸收；还要及时阅读或观看教师发布的扩展资料，对课堂上的问题进行延伸思考，从而提升学科知识的深度和广度。

为了保证学生能在课前、课后进行充分的自主学习，教师可以利用网络平台对学生的学习进度和参与情况进行监督和考核，并利用平台的讨论区、微信、钉钉、QQ 等即时通信工具，为学生提供交流的平台，便于学生随时就学习中遇到的问题和困难进行提问，提出的问题能够得到及时的反馈和解决，从而提高学生的学习热情。

（三）课堂教学设计

混合式教学模式中，课堂教学仍然是非常重要的环节。但此课堂不是彼课堂。因为学生通过课前自习，已经进行了知识体系初步构建，课堂教学，应该是师生互动，对已获得的知识进行深度加工的高效课堂。教师的讲解，宜围绕学生课前学习中遇到的疑点、难点有的放矢地进行，并且通过组织案例分析、小组讨论，充分开启学生的思维，提高学生理论联系实际的能力。最后，教师要针对学生的答案或解决方案对学生进行引导、点拨和评价，并协助学生改善方案，提升学生提出问题、分析问题、解决问题的能力。在课堂上，教师不再"满堂灌"式地唱独角戏，而是要激发学习兴趣、引导学习方向，引导学生完成知识认知、知识应用与创新。

（四）学习成绩评价

结合混合式教学过程，学习成绩评价也宜采用线上和线下相结合的考核形式。教师可以充分利用教学平台这个载体，对学生完成的学习进度、参与测验、作业、学习视频、答疑讨论等环节进行评价，按照一定比例转化为分数，最终纳入总评成绩。线下考核包括出勤率、课堂参与度、随堂测试、讨论、展示、汇报等环节，最终给予学生综合性评价。教师通过对学生的课前预习进度、课中参与程度、课后任务完成度等情况的实时跟踪，及时掌握学生的学习情况，实现学习过程管理的精准化，对学生进行较为公平和高效的学习成果评价，也便于教师有针对性地对学生进行干预与指导，从而提高教学管理效率，提升教学效果。

四、 结语

2019 年，教育部颁发了《关于一流本科课程建设的实施意见》，明确指出混合式教学作为全面推动信息技术和课堂教学深度整合的新型模式，成为高等学校提升教育质量、培养高水平人才的重要抓手。混合式教学模式汲取了传统课堂教学模式和线上教学模式的精华，充分借助了信息技术手段，打破了教学过程只能在课堂上发生的局限性，它突破了时间和空间的限制，赋予了学生更大的学习自由度，增加了学生获取学习资源的广度和深度。将传统课堂教学与信息技术深度整合的混合式教学模式，应当成为西方经济学教学改革的方向。

参考文献

[1] 刘兰，姜志美. 深度学习理念下微观经济学混合式教学探索 [J]. 大学教育，2021（6）：154-156.

[2] 张子珍，冯晓棠，师晓华. 《西方经济学》课程教学模式创新与设计研究——基于"翻转课堂"混合式教学模式 [J]. 山西财经大学学报，2020（4）：112-114.

[3] 魏婷. 基于混合学习模式的西方经济学教学设计 [J]. 长春教育学院学报，2018（5）：55-56，68.

[4] 刘宏，李静. 基于翻转课堂的西方经济学教学模式设计与实践 [J]. 智库时代，2017（4）：123-125.

[5] 战岐林，曾小慧. 基于翻转课堂的高校经管类课程教学模式设计研究：以"西方经济学"课程为例 [J]. 金融经济，2016（8）：154-155.

重新审视主流经济学竞争与垄断的含义
——经济学教学中的一点思考

白雪艳

（哈尔滨商业大学经济学院西方经济学教研室）

【摘要】我们在经济学教科书中知道，经济学家认为竞争是好的，垄断是坏的，经济学家反垄断的经济学基础就是新古典完全竞争模型，本文指出传统经济学中有关反垄断的相关概念存在很多概念混淆和逻辑错误，试图从主流经济学竞争和垄断含义出发，指出反垄断的经济学基础错在哪里，并重新审视现代经济学意义上的竞争与垄断。

【关键词】经济学；教学；竞争；反垄断

一、 主流经济学关于竞争与垄断的定义

"垄断"（monopoly）一词在英文中最初是指什么？是指从王室获得的特许经营权，最具代表性的是 1600 年英国伊丽莎白女王特许成立的东印度公司，这个特许的公司被授权独家经营英国与印度及远东之间的贸易。简单地说，垄断就是官方授予的排他性生产和（或）经营某种产品和服务的权利。这就是垄断的原初含义。

按照主流经济学的定义，所谓"完全竞争"，就是每一个行业都有好多个企业，有无数的竞争者；每一个企业都如此之小，对产业整体不会造成任何实质性影响；而且，每个企业都用同样的技术、同样的成本生产同样的产品，卖一样的价钱。按照主流经济学的逻辑，只有满足这些条件，市场才是最好的，竞争的结果才会达到帕累托最优。一旦偏离这个完全竞争模型，就形成垄断。

经济学家还根据一个行业中生产者数量的多寡，区别了不同形式的垄断，

包括独家垄断（只有一个生产者）、寡头垄断（有几个大生产者）、垄断竞争（又称"不完全竞争"）（有多个小的生产者但每个生产者的产品有一定的差异）。但无论哪种形式的垄断，都会带来效率损失，使得帕累托最优不能实现。

主流经济学有关竞争和垄断带来的效率损失可以用一个简单的需求—供给几何图说明。完全竞争意味着企业面临的需求曲线一定是水平的，因而没有任何定价权，最优生产决策在价格等于边际成本点达到，因而从社会的角度看是最优的。反之，任何一个企业，如果面临的需求曲线是向下倾斜的，就有了影响价格的市场力量：价格上升需求会降低，价格下降需求会增加。此时，由边际收益和边际成本决定的个人最优价格高于边际成本，因而带来社会净损失，所以非完全竞争的市场不可能是有效的。在主流经济学看来，竞争是好的，垄断是坏的，你要促进竞争，就要消除垄断，限制大企业。

二、 反垄断政策的经济学基础错在哪里

反垄断政策的经济学基础是什么？就是我们在经济学教科书中学的新古典完全竞争模型。

（一） 如哈耶克早就指出的，"完全竞争"实际上是没有竞争

经济学中的竞争概念与现实中普通人理解的竞争概念完全不同。了解商业实践的人都知道，竞争是一个比赛的过程，竞争就是"与众不同"，就是比别人做得更好，包括：（1）生产别人不生产的产品；（2）生产质量更高的产品；（3）以低于对手的成本生产。但按照经济学的定义，这样的行为都构成垄断。显然，经济学上所说的"垄断"实际上是市场竞争中正常的竞争手段和策略。

（二） "完全竞争"与创新不相容

完全竞争模型假定资源、偏好和技术都是给定的。如同熊彼特指出的，这样的经济只能是一个静态的循环流经济，不可能有持续的经济增长。从长远看，经济增长的唯一源泉是创新带来的技术进步。创新就是改变资源、改变偏好和改变生产技术，就是生产别人没有生产过的新产品，或者用新的生产方式生产出质量不同、功能不同、成本不同的产品。

因此，只要有创新，你的需求曲线就一定是下降倾斜的，而且，你的创新越成功，你的市场份额就越大，你不可能处于完全竞争的市场中。也就是说，按照传统经济学的定义，创新一定意味着垄断。所以毫不奇怪，我们看到反垄断历史上，凡是受到反垄断机构调查和指控的企业，通常都是当时最具创新力的企业，包括早期的美国铝业、IBM，后来的微软、谷歌。没有什么创新力的企业就没有人会去调查它，因为它不可能有足够大的市场份额（除非受到政府的保护）。会发生这样的情况，就是因为我们有关竞争和垄断的定义出了问题。

（三）"完全竞争"与分工导致的规模报酬递增不相容

只要存在规模报酬递增，那就意味着规模大的企业效率高，这样低效率的小企业就很难生存，从而"完全竞争"就没有可能。尽管在现代经济中，报酬递增是一个普遍的现象，但经济学家一直不愿正视它，正统的经济学教科书中总是假定生产函数具有报酬递减的特征（最多是假定规模报酬不变），其原因不是因为报酬递增不重要，而是因为从马歇尔开始，经济学家就认识到报酬递增与完全竞争的理想不相容。

上面几点意味着，完全竞争与经济增长实际上是不相容的。你要有"完全竞争"的经济，就不能有创新，不能有规模经济，因而不可能有增长；反过来说，你要创新，要实现规模经济，因而要有增长，就一定会导致"垄断"。

（四）"完全竞争"与有序市场不相容

经验表明，缺乏大企业的市场不太可能是一个有序的市场。任何一个行业，如果有无数个小的企业，市场就不可能那么有秩序。原因在于，伴随分工和专业化出现的消费者与生产者之间的信息不对称，市场上的企业不仅是一个生产单位，还是一个声誉的载体。

商号和品牌是一种社会性监督机制。由于认知能力和记忆能力的限制，消费者不可能识别和记住太多的品牌，所以每个行业最后只有少数几个大品牌，比如汽车行业只有十来家，牛奶行业只有五六家。这些大品牌还为消费者承担着监督众多供应商的连带责任，正因为如此，这些大品牌才能获得消费者的信任。如果市场真的处于"完全竞争"状态，每个行业都有无数多个小企业，恐怕市场就会消失了。

三、 如何重新审视现代经济学意义上的竞争与垄断

前面已经指出，传统经济学有关竞争和垄断的概念是有失偏颇的。那我们应该如何正确定义竞争和垄断呢？

（一） 市场竞争是过程不是状态

主流经济学把市场理解为一种状态，但真实的市场是一个过程。状态和过程的区别非常重要。打一个比方来讲，主流经济学家理解的市场是一张图片，而真正的市场是一个连续剧。比如说，按照主流经济学的分析，产品按照边际成本定价是最有效率的。但这个理论完全没有考虑产品是怎么来的。在市场上，绝大部分产品都是特定企业创新的结果，但经济学上讨论价格的时候，假设所有产品都是事前已经存在的，每个企业只是选择生产了一定数量的产出而已，并没有创造产品本身。在这样的假设下得出的社会最优定价理论完全是误导的。以视窗操作系统为例，如果我们在 2000 年左右看这个产品，它已经在那里，我们会认为微软是一个万恶的垄断者，因为它的售价高于边际成本，一定给社会带来净损失。但是视窗操作系统是比尔·盖茨所领导的微软创造出来的，在微软之前，没有这个产品。如果必须按边际成本定价，这个产品根本就不可能存在，因为按边际成本确定的价格根本不可能补偿它的研发成本。主流经济学的最优价格理论使得人们不是去指责不生产产品的人，而是指责给我们提供了如果没有他们这种产品就不存在的人，理由仅仅是他们索取的价格高于边际成本。如果所有产品真的按照边际成本定价，我们现在消费的绝大部分产品根本就不会存在，人类恐怕仍然生活在传统的、自给自足的农业社会。产品从研发到生产出来能在市场上销售是一个漫长的过程，需要大量的投入，能否成功有很大的不确定性。没有一个新产品能够按照边际成本价格生产出来。但是我们的静态经济学理论不考虑这一切，简单地把价格与成本的差异当作垄断利润（其实是企业家利润），让我们误以为没有这个垄断利润的话消费者就可以以更低的价格买到更多的产品。但真实情况是，如果没有这个所谓的垄断利润，我们几乎不可能买到任何新产品，而今天的老产品也不过是昨天的新产品。经济增长来自企业家的创新。企业家通过创新和创造来开拓新的行业和市

场，获取企业家利润。如果我们剥夺了企业因为创新而获取的垄断利润，那么企业家的创新功能就不会出现了。承认垄断利润的存在是促进创新的前提。这是另外一个我们应该对反垄断法保持警惕的深层原因。

（二）竞争还是垄断，与企业数量没有关系

市场竞争的本质不外乎两点：（1）自由进入，没有任何靠暴利或武力阻止进入；（2）不受政府和任何组织施加的保护和歧视。简单地说，自由竞争就是没有政策和法律来保护一部分人同时歧视另外一部分人。反之，任何靠强力阻止别人进入一个行业，或用法律和政策对生产者和经营者进行歧视性对待，就是垄断！举例来说，当年伊丽莎白女王特许成立了东印度公司，垄断英国在印度的贸易。这个特许权实际上是对别人的一种歧视。我们现在实行的许多行业准入限制也是垄断。现实中我们看到，一个行业即使只有两家企业，竞争也是异常激烈的。这就像政治选举一样，2016年特朗普和希拉里·克林顿竞选美国总统，两个人之间也打得死去活来。即使市场由一个企业主导，只要市场准入是开放的，也不构成垄断。像微软这样的企业，虽然曾经拥有强大的市场力量，但因为软件业没有准入限制，所以并不构成垄断。

真正的垄断一定是来自权力机构对市场准入的限制和歧视性对待。当权力机关动用强力（法律和政策）来为一个或者多个企业保留全部市场或者部分市场时，垄断就产生了。比如基础电信行业，政府只允许三家国有企业做，其他企业不能做，垄断就产生了。类似的，银行业也是这样。只要有准入限制，垄断就产生了。类似的强力手段包括许可证、专营权，还有税收和信贷优惠、财政补贴等。

（三）自然垄断假说和政府的准入限制是矛盾的

按照传统经济学理论，具有直接和间接网络效应的市场一定会形成自然垄断。原来我们所说的公用事业，如煤气、道路等都属于自然垄断。自然垄断行业具有高固定成本投入和低边际成本的特征，从生产效率的角度讲，为了避免重复建设和节约固定成本，应该由一家企业来做，准入限制是必要的。这听上去很有道理，但其实自相矛盾。仔细想想，如果真存在自然垄断的话，政府不用限制也只有一家去做，何必劳你大驾？人家已经早你一步做了，哪怕比你只

能大 1%，成本也比你低，你进去就死定了，谁那么傻明明看到自己要死还往里冲？

所以说自然垄断假说和政府的准入限制是矛盾的。一个行业如果真是自然垄断，就没有必要实施准入限制；反之，需要实施准入限制，就说明它不是自然垄断行业。像电信业这样的行业，政府只允许三家国有企业做，这实际表明它不是自然垄断行业。

（四）谨防反垄断成为贸易保护主义的保护伞

很多的例子表明，反垄断政策名义上是保护消费者利益，但实际上是在保护一些生产者的利益。很多时候反垄断政策是贸易保护主义的一种变形，像欧盟反垄断机构没事干就拿着放大镜到处找目标，一会儿调查微软一会儿调查谷歌，其实是典型的贸易保护主义行为。布鲁塞尔养活那么多人是干什么？就是为自己创造工作！我们知道工会为什么会组织罢工，就是因为要不然工人会觉得你没有什么用啊！好多的反垄断机构也是这样，不折腾就表明它没用，所以它就不断地折腾，不断地找新的调查对象。

总结一下，我的核心观点是，反垄断法的经济学基础是错误的，新古典经济学讲的竞争不是真正的竞争，新古典经济学讲的垄断行为多数恰恰是竞争的手段。真正的自由竞争是自由进入和没有强力保护或歧视，与企业大小和数量无关。只要存在自由竞争，特别是自由准入，就不必担心产生所谓的垄断。唯一要反的垄断是强力施加的垄断，也就是部分企业享有的特权，包括像准入限制、特许权、财政补贴、融资优惠，等等。

参考文献

[1]曼昆. 经济学原理（第四版）[M]. 北京：中国石化出版社，2008.

[2]张维迎. 竞争政策，数字经济和创新 [J]. 经济学论坛，2020（12）：12.

[3]邓新华. 中国主流经济学的功绩 [J]. 财经界，2020（6）：23.

《区域经济学》教学效果探析

曹 群

（哈尔滨商业大学　哈尔滨　150028）

【摘要】 区域经济学是一门实践性、交叉性、综合性极强的学科。在区域经济学教学中，通过教学方法创新，采取灵活多样的授课方式，采用多途径的考核方式；通过课程实践教学，调动学生学习的主动性，有利于提高教学效果，培养学校应用型人才。

【关键词】 区域经济学；教学效果；教学方法；实践教学

一、 前言

区域经济学是关于区域发展的中观科学，既要把握宏观政策，也要注意结合当地实际。区域经济不同于个体经济，它包括众多个体的行业经济、产业经济，因此与产业经济学有着千丝万缕的联系。甚至可以说，产业经济学的大部分成果，诸如产业结构、产业布局、产业政策等，都可以纳入区域经济学范畴。区域经济也不像国民经济那样完全独立、自成体系，而是有一定的独立性和系统性的空间经济。用系统科学的语言说，区域经济是国民经济宏观巨系统的子系统，同时又是特定地域范围内众多微观个体经济所组成的系统，区域经济属于中观经济。可以说，区域经济学是连接宏观经济和微观经济的桥梁。我国改革开放取得如此巨大的经济成就，很大程度上得益于区域经济的异常活跃和各地比较优势的很好发挥。教师要讲好区域经济学，学生要学好区域经济学，就必须做深入的调查研究，就必须结合当地的实践开门办学，甚至可以与当地的发改部门、规划部门联合上好这门课。

传统式教学，教师在区域经济学的教学过程中，自身的积极性发挥很好，但缺乏师生互动，学生的主动性没有充分发挥，课堂上主要采用板书与多媒体的手段，穿插一些提问、案例分析和讨论，不能很好地体现出区域经济学的实践性、特色性和生动性。即使教师与学生课上交流多，但因为课后交流平台的缺失，使师生间、同学间课后交流较少。所以，传统的教学手段严重影响了区域经济学教学效果的提高。因此，区域经济学教学方式需要不断地创新与实践，借助现阶段"互联网+"深入实施的有利契机，运用在线学习平台等线上学习工具，实现区域经济学"线上+线下"课程教学方式整合，有助于全面改进和提高区域经济学课程教学质量。

二、《区域经济学》的课程特点

（一）区域经济学是实践性很强的学科

"区域经济学"课程的教学目标，是使学生学会用马克思主义基本原理认识区域经济发展规律，掌握区域经济研究方法，为学生将来从事相关工作打下一定的经济学基础。经济学本身就是经世致用的科学，包括理论经济学和应用经济学两大门类。区域经济学属于应用经济学，更强调实践性。所以说，区域经济学是一门实践性很强的科学，是从经济学角度研究区域经济发展与区域关系协调的科学。而区域是经济结构基本完整，在国民经济体系中发挥特定作用的地域单元，或者说，区域是地球表层具有社会经济意义的空间系统。不同位置的区域，处在不同发展阶段的区域，差异明显，地球上没有完全一样的区域。所以说，区域运动规律千差万别，区域发展形式多种多样，区域协调发展的途径各有千秋。这就要求区域经济学必须注重个性差别，必须强调实证研究，区域经济学教学必须结合实践。

中国地域广阔、人口众多，区域经济发展实践丰富，为区域经济研究和区域经济学教学提供了丰富的素材。可以说，世界上还没有哪个国家有如此丰富复杂的区域经济案例积累，也没有哪个国家有如此多的区域经济研究学者，更没有哪个国家有如此众多的选学区域经济学课程的学生。中国特色的区域经济学，必须结合中国的实践，也只有紧密结合中国实践，才称得上是中国特色的区域经济学。

（二）区域经济学是交叉性与综合性很强的学科

研究区域经济发展的不是只有区域经济学一门学科，地理学中的经济地理学、管理学中的国民经济管理、规划学中的区域规划概论等，也都从不同角度研究区域经济。比如，经济地理学以人类经济活动的地域系统为中心内容，主要研究经济活动的区位、空间组合类型和发展过程。又如，产业经济学以产业为研究对象，主要包括产业结构、产业组织、产业发展、产业布局和产业政策等，探讨以工业化为中心的经济发展中产业之间的关系结构、产业内的企业组织结构变化的规律、经济发展中内在的各种均衡问题等，通过研究为国家制定国民经济发展战略，为制定的产业政策提供经济理论依据。还有发展经济学，是研究经济发展规律、经济发展与社会发展相互关系规律、以经济发展为基础的社会发展规律的经济学，重点研究贫困落后的农业国家或地区如何实现工业化、现代化以摆脱贫困、走向富裕。工业化和城镇化是现代化的车之两轮、鸟之双翼。可以说，对于中国广大地区来说，发展经济学与区域经济学都是区域经济发展所必需的科学。所以，很多院校在开设区域经济学的同时，还开设了发展经济学、产业经济学、城市经济学等课程。区域经济学教学过程中，有必要，也必须处理好与这些课程的衔接和配合，坚决避免相关内容的简单重复。

三、 提高教学效果的有效途径

（一）教学方法创新

从传统教学来看，课堂教学等同于讲课，学生的任务是听，教师在课堂上的任务就是把知识和理论讲清楚，这种传统的课堂教学模式已不能满足当前社会环境的迅速变化，甚至已经成为大学创新人才培养的阻碍。在教学中，需要创新教学思维，充分调动教师和学生两个主体的积极性，注重课程教学与实践的结合、科研与教学的结合，通过科研活动积累教学素材和案例，使《区域经济学》教学体现区域特色；通过引导学生参与课题研究等形式，使学生化被动为主动，知识增加与能力提升并举，形成"教—学—研"互动的教学模式。特别是要实现"以教师为中心"向"以学生为中心"，"教师教为主"向"学生学为主"的教学模式的转变。

1. 采取灵活多样的授课方式

在传统的《区域经济学》教学过程中，教师通常围绕一本既定教材，以"满堂灌"方式进行教学，师生间缺乏互动。这种单一的教学模式直接导致理论与实践脱节，不符合《区域经济学》综合性与实践性强的学科特点，学生在教育教学中的主体地位没有充分体现出来，不利于学生创新思维能力的提升，从而影响教学质量的提高。

现在使用的"马工程"所涉及的课程，都属于哲学或社会科学范畴，与一般的自然科学不同，此类课程应该以课堂教学和教师讲授为主。但也应该甚至必须结合热门话题和国家重大事项来讲授才有生命力和感染力。比如，区域经济学课程可以结合京津冀协同发展、长江经济带规划、"一路一带"和四大板块等重大事项讲授原理，开展课堂讨论。当然，在选课人数较多（比如超过50名）时，课堂讨论就要慎重部署，巧妙安排。教师最好事先提供一些素材，交代清楚讨论的具体论题，然后让学生自己动手查找资料，归纳整理出观点和论据，在课堂上进行互动交流。

区域经济学的教学更要结合地方经济发展的关键问题，形成特色鲜明的教学案例，使学生对地方经济发展形成直观认识，真正学会用理论认识分析实践问题。

案例教学法强调认知性和感受性学习方式的融合，强调知识的应用和专业实践能力的培养，符合当前学校应用型人才培养的目标定位。教师可以根据课程教学目标和要求，选择国内外区域热点问题作为案例教学资料，要求学生收集与案例相关的资料，在课上进行交流。例如：适逢中国区域经济发展四十年，可将雄安新区的成立作为一个案例，引导学生结合区域经济均衡和非均衡发展理论，总结中国经济发展模式的变迁，深入理解我国区域经济"均衡—非均衡—非均衡协调—多极统筹"发展战略。通过案例分析，能增强师生之间的互动，从而激发学生探究学习的兴趣，通过一系列思考、分析、讨论和交流，使《区域经济学》抽象的概念、理论和基本原理变得更为具体，进一步提高学生分析问题和解决区域发展问题的能力。

2. 采用多途径的考核方式

坚持严肃性与灵活性、客观与公正相结合的原则，建议采取"平时作业+

课堂讨论+小论文"的形式进行成绩考核。例如北京师范大学地理学部的做法是：平时作业占30%，课堂讨论占10%，期末小论文占60%。其中，平时作业以动笔计算为主，期末论文以具体区域（如家乡）经济分析或发展战略为主。多年做下来，效果很好。

传统的教学考核方式关注的是考试成绩，而新考核办法强调过程和结果考核的完美结合，并加大过程考核的比例，突出过程考核的导向作用，重点对学生分析实际问题的能力进行考核，形成对学业状况多元化的考核方式。如加大对实践性教学环节的考核，对学生小组讨论发言、案例分析、课程主讲、文献综述、前沿热点辩论、调查研究报告、课程论文撰写状况等进行评分。关注课后环节的考核，如对学生利用新教学交流平台交流的次数，是否参与教师课题，是否申报以区域经济学相关内容为题目的创新项目等进行考核。通过设置多样化的考核方式，使学生关注学习的过程及实践能力的培养，以保障教学目标的实现。

（二）课程实践教学

实践教学是高校教育改革过程中针对形式主义和课堂理论教学存在的弊端而提出的一种新的教学模式，以激励学生主动参与、主动思考为主要特征。

《区域经济学》是经济学和地理学的交叉学科，具有很强的综合性、应用性和交叉性，主要研究区域经济发展和区际关系。《区域经济学》课程是经济学、贸易经济等专业的主干专业课和必修课。除课堂的教学外，实践教学对于这门课程非常重要。

实践教学是巩固理论知识和加深对理论理解运用的有效途径，是培养具有创新意识人才的重要环节，是培养学生掌握科学方法和提高动手能力、实践能力的重要平台。通过教师的引导，学生积极参与区域经济分析，为解决区域发展过程中的经济问题提出方案，从而进一步理解、掌握经济理论。

目前，区域经济学教材大多是介绍基本的区域经济理论和模型，教师的教学内容多是区域经济学理论的教条式灌输，较少关注区域最新热点问题，忽略运用区域经济学理论分析区域现实问题，教学过于僵化，缺乏实用性。区域经济学理论教学部分已非常充实，但是应用较新、较典型的案例教学明显缺乏，很多教师自身未能掌握区域经济研究领域的新成果，导致区域经济学教学中存在理论与经济发展实践脱节，教学内容陈旧，教学的实践性没有充分体现。

实践教学不仅仅是使学生掌握操作技能，更重要的是提高学生判断和分析问题的能力，培养他们的合作意识和创新思维。为了提高学生的应用能力，应重视实践教学，设置与理论教学相匹配的实践教学模式，制定实践教学目标，将基础、能力和素养融为一体，构建宽口径、厚基础、强素质、重应用的实践教学体系。

首先，适当增加实践教学课时。教学大纲里要体现实践教学的课程设计，包括实践课时的学分设置、教学方法、教学方案设计、教学内容体系、考核标准及方式等，每一环节都是实践教学体系必不可少的部分。

其次，依托学校现有的条件，改善实践教学环境，包括实验室、教学软件、教学基地等硬件建设，也包括学校的管理政策及师资队伍培养等软件建设。

开展形式多样的实践教学活动，调动学生学习的主动性。区域经济学教学过程中可穿插案例分析、课程主题演讲、前沿热点讨论、课程论文撰写等实践性教学环节，增强学生学习和研究的积极性。还可以通过课程见习的方式组织学生深入基层政府、深入教学实践基地，了解地方区域经济发展特征，进行相应的区域经济问题分析，撰写调研报告，并制作PPT在课堂进行汇报，随后教师和学生进行点评，以提高区域经济学的教学效果。

四、 结语

随着"一带一路"、京津冀协同发展、长江经济带三大战略的提出和实施，我国区域经济发展新特征已基本形成，区域经济发展战略格局更加清晰，体系更加完善，举措更加充实，区域经济发展的协调性逐渐增强。

以课程教学改革为契机，实现从单纯知识点的教学目标设定向知识、能力、素质等多维教学目标设定转变，提高学生在教学过程中的参与度，使学生学会独立获取知识、自主提出问题、分析问题、解决问题，能提升学生的专业水平和应用能力，有利于经济学专业学生的就业和进一步深造，符合经济学专业能力培养要求，是学校应用型人才培养目标的充分体现。

总之，在区域经济发展新格局、新特征已形成的大背景下，区域经济学的教学应该突出中国经济发展的最新特色，不断加强教材建设，凸显中国特色；加强教学队伍建设；突出案例教学、实践性教学；运用新的教学手段增强师生间互动；加大过程考核比例，创新考核办法。着重培养学生研究能力、解决实际问题的能力，确立"课上案例+课后研究+社会实践"相融合的区域经济学教学模式。

参考文献

[1]张五常. 地区间经济竞争造就中国奇迹 [J]. 财经评论，2012-12-17. http:// business. sohu. com/20121217/n360632099. shtml.

[2]吴殿廷，安虎森，孙久文."马工程"《区域经济学》教材的使用原则和教学建议 [J]. 中国大学教学，2019（3）：25-28.

[3]白鹏飞. 基于区域经济发展新特征的《区域经济学》教学改革探索 [J]. 陕西教育（高教），2017（3）：16-18.

[4]陈玉玲. 基于应用型人才培养的《区域经济学》教学方法创新与实践 [J]. 开封教育学院学报，2019，39（4）：110-111.

[5]黄宝莲. 基于区域经济发展格局的《区域经济学》教学改革研究 [J]. 中外企业家，2012（3）：102.

《国际商务函电》课程教学改革与实践

关　兵

（哈尔滨商业大学经济学院　哈尔滨　150028）

【摘要】 外贸企业用人标准的提高使得高校国际商务函电课程变得日益重要。因此，对该课程的教学方法进行不断的探索和实践，以期进一步改善国际商务函电教学的质量与效果具有重要的现实意义。本文从国际商务函电课程性质和特点出发，研究目前国际商务函电教学中存在的问题，并结合教学实践提出国际商务函电课程教学改革措施。

【关键词】 国际商务函电；教学改革；案例教学；多媒体辅助教学

随着贸易保护主义势力重新抬头、国际市场需求不足以及新冠肺炎疫情的持续，我国外贸出口正面临着市场萎缩、外币贬值、竞争激烈以及利润下降等诸多棘手问题。外贸企业纷纷转变用人观念，提高用人标准，他们渴求综合素质高、市场开拓能力强、精通英语交际与推广的优秀外经贸人才。鉴于国际交易磋商主要通过电子邮件等书面载体开展，而国际商务函电是培养学生商务信函写作能力的核心课程，国际商务函电课程的重要性要求教师对该课程的教学方法进行不断的探索和实践，进一步改善函电教学的质量与效果。因此，当前对该课程的性质以及解决其教学中存在的问题的改革措施进行探究具有重要的现实意义。

一、《国际商务函电》课程性质和特点

国际商务函电是国际经济与贸易专业的核心课程。商务函电作为国际商务往来经常使用的联系方式，是开展对外贸易业务和有关商务活动的重要工具。

正确地掌握国际商务函电的基本知识，并能熟练地加以运用是外贸工作人员必须具备的专业技能。通过国际商务函电的系统学习，学生需牢固掌握对外贸易各环节中出现的高频词汇和术语，熟悉进出口业务的各个环节，理解相关的业务知识，并在掌握外贸业务程序的基础上，熟练运用信函拓展潜在客户，开展业务磋商与谈判，并妥善处理外贸合约执行中的各种情况。因此，与其他课程相比，国际商务函电具有明显的实践性。

二、《国际商务函电》课程教学中存在的问题

（一）学生学习的被动性

国际商务函电写作水平的提高除了对写作基本技巧的学习外，还需要对国际贸易实务知识与跨文化交际技能的掌握，更为重要的则是语言词汇的持久积累以及语感的逐步形成和培养。因而对初学者来说，函电学习的难度大、见效慢、进步难，除非学生有足够的恒心和毅力，否则容易丧失学习兴趣和信心，甚至产生厌恶感，导致学习效果欠佳。同时，教师的课堂教学如果单调沉闷，过分强调语言形式，不能生动幽默、深入浅出地讲解专业知识，并灵活运用"模板加句型"的方式促使学生快速掌握基本写作要领，则学生在学习过程中会逐渐失去兴趣和成就感，从而难以有效激发其学习自觉性和主动性，致使学习效果低下。

（二）教学资料的滞后性

教材及配套用书等教学资料的陈旧滞后也严重影响到国际商务函电的教学效果。虽然市面上的教科书名目繁多，但内容大同小异，且存在诸多弊病：一是内容过时。虽然外贸商品结构不断变化，外贸业务新做法不断涌现，贸易惯例新版本如 INCOTERMS2020 等相继推出，但大多数教材还是沿袭旧版，未能适时反映这些新的变化。二是语料陈腐。教材范文中的语言表达虽然形式正确，但显得过于正式拘谨，不够纯正地道，缺乏时代气息。三是缺少实训。与课程实际操作性强的特征相悖，大多数教材所提供的外贸情景真实性不足，配套练习部分也缺少专门针对业务环节设置的模拟操练题。

（三）教学方法的单调性

调查表明，以"一言堂、满堂灌"为主要特征的语法翻译法依然是当前各高校国际商务函电课程的主流教学方法。在课堂教学中还是以教师为中心，只强调教师的"教"而忽视学生的"学"。师生互动交流少，学生参与机会少，学生大部分时间处于被动接受状态，导致学生实际掌握撰写信函的能力较差，并不具备参与职场竞争的能力，自我完善和发展能力低，不能适应社会发展的需要。在国际商务函电课程教学中，教师和学生都会感觉到事倍而功半。

（四）专业英语和大学英语界限模糊

较好地掌握国际商务函电写作能力的基础是较强的英语写作表达能力和基本的专业词汇储备。英语应用写作能力的提高与基础英语教育有着不可分割的密切联系。但对于很多学生而言，语言基础不好是普遍现象，这就很容易导致教师在函电教学中为了弥补学生的弱项，而相对偏重基础英语的教学，导致学生很难区别这两个课程，有的同学由于对基础英语没兴趣，从而放弃学习商务函电。然而，学好国际商务函电的确需要依托大学英语的基础知识和写作能力，但是掌握函电撰写能力不仅仅依靠大学基础英语的学习，它还需要掌握国际贸易专业知识和相关的专业词汇，国际贸易实务知识是学好国际商务函电的另一个必备条件。

三、《国际商务函电》 课程教学改革措施

国际商务函电课程改革的思路应该是：对教材、教学思想、教学策略及教学方法进行整体配合与协调，构建以教材为依据、以学生为中心、以业务流程为导向，以情境项目教学为过程的新的教学模式。以教促学，以学促思，并帮助学生形成外贸综合思维能力。

（一）选择合适的教材

教材既是知识传承的载体，也是教学的核心资源和辅助工具，只有教师、学生与教材三位一体，密切配合才能使教学效果达到最佳境界。国际商务函电

需要选择理论架构合理，针对性强，重点突出，语言直接明了，案例新颖生动，又有很强的实践指导性的教材。教学要以外贸流程为主线且要综合多本优秀教材而不能围绕一本教材，这样学生学到的知识才是实用性强的系统知识。

（二）教学思想要有时代性

随着我国改革开放的不断深入，对外贸易不断扩大，同时国际商务函电课程的教材也随之不断丰富，教学理念不断更新，教学内容不断升迁，教学方法和手段不断完善，教学条件和环境不断优化，教师就应根据社会发展需求来确定自己的教学目标，同时对教学各个环节做出及时和相应的改革和调整。这样的理念应被广大教学管理人员和教师所认识和接受，并逐步体现在教学过程中。

（三）不断更新教学内容

国际商务函电课程是实践性比较强的课程。国际贸易的方式及操作在不断地变化，贸易沟通方式及语言也在不断地产生变化。以电子邮件作为沟通方式的函电无论从内容上还是结构上，都与传统的以信件作为沟通方式的函电有着很大的区别。比如，从语体上看，电子邮件的文字和语气都趋于口语化，更像是买卖双方在面对面谈话，而传统的以信件作为沟通方式的函电，都是正规的书面语。国际商务课程教学内容如果不能与时俱进，必将导致学生所学内容与实际业务操作相脱节，因此，教师应不断将新的知识融入教学及教材中，使教学与实际操作得到完美的融合。

（四）综合运用多元化教学方法

1. 情景模拟教学法

情景教学模式是以学生为中心，在整个教学过程中教师是组织者、指导者、帮助者和促进者，利用情景、协作、会话等学习环境要素充分发挥学生的主动性、积极性和创造精神，最终达到使学生有效地实现对当前所学知识的意义建构的目的。对于实践性较强的国际商务函电课程，情景模拟教学法的应用更加有效。如在讲授建立业务关系一章时，可将学生分为若干组。每组8人，6个卖方和2个买方。教师为这8个公司准备好中文的公司简介，让6个卖方分别给 2 个买方写邮件建立业务关系，由 2 个买方从中各自选出一个想做贸易的公司并回复。各小组写完后组织讨论，2 个买方给出选择的原因，最后由各小组总结如何写建立业务关系这类邮件。这样具有竞争的小组活动，能充分地调动学生的积极性、激发学生的潜能，从而有效地提高教学效果。

2. 案例教学法

国际商务函电课程最大的特点是英语语言技能与商务专业知识通过信函的形式密切结合，这一特殊性决定了教师在教学中既要注重对学生英语语言能力的培养，同时还应重视强化学生的商务专业技能。案例教学法可以在函电教学中发挥很好的作用，由教师对案例内容加以讲解，还可采用自由问答的形式让内容的分析逐步走向深入，然后组织学生讨论，组织好课堂讨论是案例教学模式的中心环节。接着进行案例总结，指出本次案例分析的思路重点，如何运用理论知识，等等。最后重新组织学生按小组对各自分析结果进行小结，进一步加深学生对理论的理解，巩固理论知识。通过案例教学不但可以使学生掌握国际商务函电的写作方法、掌握要点，也可以培养他们的分析技巧、思辨能力、人际沟通和协调能力。

3. 采用多媒体辅助教学

多媒体技术应用于教学中，使整个教学活动发生了深刻变化，为学生创造了一个提高学习兴趣、理解知识、形象记忆的优良学习环境。国际商务函电教学中采用多媒体技术教学的主要优点：一是传递信息量大。二是通过图片和动画的形式使课堂内容丰富、生动。传统教学模式中，当学生遇到不了解的商品或不熟悉的单证操作规程时，教师只能尽力用语言去描述，而使用多媒体，教师可以将网上下载的图片和用图形及表格做成的操作流程图清晰地展示给学生，这样既加深了学生的理解，也节省了时间。三是可以进行视听结合练习。国际商务函电尽管是关于写作的教学，教师也可以适当准备一些声像资料来提高学生的学习兴趣。在函电教学中应用视听法，学生可以边看画面，边练习听和说，身临其境习得外语。

4. 加强实训，提高学生的动手能力

国际商务函电作为一门应用型课程，强调实用性，目的是提高学生的实际动手能力、就业能力以及职业竞争能力。在国际商务函电教学过程中，可以通过以下方式加大实训力度：（1）大力开展课堂实训教学。课堂实训是理论授课与技能训练同步进行的教学方法，让学生边学习理论知识边进行实际训练，使学生取得较好的训练效果。比如：询盘、报盘、还盘等信函的写作格式和翻译，信用证的审计、修改和延展，合同的缮制，汇票、提单、保险单等的填写等都需要在老师的指导下做大量的操练。（2）借助校外实训基地，进一步增强学生的应用能力。实训基地是高职院校培养合格人才的摇篮，让学生走出校园，参与到企业的商务活动中去，发现、收集、研究外贸实践活动中的新问题，以切身的实践经验来深化已学的理论知识，增强实际操作能力，为将来就业做好准备。（3）举办函电写作竞赛，提高学生的学习积极性。为了提高学生对本专业课程的兴趣，促进学生进一步掌握函电的写作技能，形成学习专业技能的氛围，每学期举办函电写作竞赛。

（五）开展课后辅教活动

鉴于课堂教学的时限性，在国际商务函电教学中应大力开展课后辅教活动，如课外辅导、疑问解答、作业讲评及学术讲座等。学校应从资金、人力、技术与管理的现实情况出发，逐步实现课后辅教制度化，鼓励教师积极探索、创新适合函电的各种课后辅教形式，并利用现代信息技术开通教学 BLOG、BBS 或组建 QQ 群、建立课程网站等，为师生交流搭建实时高效平台，促进协作学习，真正实现课程教学的多维性、渗透性与交互性。

综上所述，国际商务函电课程教学的改革是一项任重而道远的工作，要以学生为中心，注重实用性和灵活性，突出其职业背景特征；要充分考虑学生的主观能动性、创造性和互动性，充分协调学生、课程教学和市场需求之间的关系。因此，在教学环节上要加大实践性教学的比重，突出专业技能的培养，把理论教学与实际操作有机地结合起来，真正为社会培养应用型人才。

参考文献

[1]江琳. 外贸函电课程体验式教学模式初探 [J]. 今日财富, 2020 (6):
162-163.

[2]郭蕊, 张健如. 高校外贸函电课程双语教学的特点及教学改革探讨 [J].
高教学刊, 2020 (9): 134-136.

[3]肖瑶. 关于外贸英语函电的课程改革探讨 [J]. 校园英语, 2018 (29):
43-44.

[4]易明勇. 基于信息化的商务英语函电与写作课程改革探究 [J]. 湖北经济
学院学报 (人文社会科学版), 2019 (16): 145-147.

[5]骆薇. 基于应用型人才培养的《外贸函电》教学模式探索 [J]. 中外企业
家, 2019 (14): 204-206.

《计量经济学》的教学改革研究

张 宇

（哈尔滨商业大学 哈尔滨 153000）

【摘要】计量经济学是一门以经济理论和经济数据为基础，通过应用数学与统计学方法建立数学模型来研究经济规律的综合学科，在经管类本科生的培养中占有重要地位。针对当前对"双创"人才和应用型人才培养的新要求，在计量经济学教学实践中应以提高学生应用能力为核心，探索培养高素质应用型人才的新路径。本文主要研究了在素质教育的背景下，顺应"互联网+"时代要求，信息技术与教育教学的深度融合的要求，通过对当前应用型本科院校计量经济学教学现状和面临问题进行分析，将教学与成果导向教育（OBE）理念结合起来，并介绍探究式学习在计量经济学教学中的应用。为计量经济学教学模式的改革提供参考。

【关键词】计量经济学教学；成果导向教育；探究式学习

结合教育部等部门在 2015 年印发的《关于引导部分地方普通高校向应用型转变的指导意见》，应用型高校以培养应用型人才为目标。应用型本科教育是随科技发展和高等教育由精英教育向大众化教育转变过程中形成的一种新的教育类型。为适应应用型本科院校人才培养目标，应用型本科教育应尽快走出传统的培养学术型、研究型人才的学科系统化课程模式，建立应用型、实践型课程体系。

一、《计量经济学》课程改革问题与研究现状

计量经济学是经济学科的一个分支，是一门经济学方法论。在经济理论的

243

指导下解读现实生活中的经济现象、揭示经济规律，并利用经验数据检验经济关系。作为一门非常强调应用性的学科，《计量经济学》是应用型本科院校的一门重要的课程，是应用型本科学生知识能力结构中不可缺少的组成部分。计量经济学综合了经济学、数学以及统计学等相关学科的知识，它用数学模型的形式来分析实际经济现象。日常教学面临诸多挑战：一是课程需要运用大量数学工具，学生有畏难情绪；二是学生对计量经济学定量研究方法接触较少，难以做到理论联系实际，教师花费大量的时间进行公式教学，用大部分时间对公式进行推导和证明，在这种教学中，学生大多对理论掌握较好，但是，对实际问题应对较为困难；在实际教学中教师既要注重学生对计量经济学理论的掌握，还要兼顾计量经济学对实际经济问题的计量模型建立与分析能力的培养；同时还要求学生具备一定的经济学、数学和统计学基础，使得计量经济学教学实践陷入了"教师难教，学生难学"的双重困境，特别是在应用型本科院校这种现象更为突出，引起了学者们的广泛关注。2018年教育部提出了各高校要全面梳理各门课程的教学内容，淘汰"水课"，打造"金课"的号召。当前，中国高等教育的内涵不仅聚焦在"一流本科""一流专业"建设，"金课"与"一流课堂"建设也成为高校本科建设的基本立足点和重要抓手。高质量的课程教学内容、教学形式、教育效果等方面成为提升本科教育水平的关键环节。在素质教育背景下，高校教育教学改革已成为一种必然趋势，以何种理念与方式来推动和突破教育教学质量提升是高校专业发展的重要抉择。

二、 基于成果导向教育理念的《计量经济学》 教学探索

（一） 成果导向教育理念

成果导向教育（Outcome Based Education，OBE）于 1981 年由斯派迪（William G. Spady）提出，对于 OBE 的定义，斯派迪明确指出，OBE 意味着围绕确保所有学生在他们的学习经历之后能取得成功的事物清晰聚焦和组织教育系统中的每件事；对于该模式的核心词"成果"，斯派迪将其界定为清晰的学习结果，这些学习结果是教育者想要学生在一段有意义的学习之后所能展示的。从斯派迪对 OBE 的界定中可以发现，开发一套学习之后所能展示的学习成

果和围绕这些成果构建课程、教学、条件等是该模式最重要的两个方面。因其在关注实际需求、注重产出、突出能力等方面的优势而在教育领域备受青睐。OBE 获得教育领域相关专家、学者的大力倡导，在实践中亦得以大面积实施，并取得了明晰教育方向、促进教育规范化、提高学生能力等实践成效。斯派迪认为之所以 OBE 引起广泛兴趣、得以大范围实施，其原因有五个方面：一是 OBE 嵌入了有效教学设计的思想与实践；二是 OBE 回应了社会对提升所有学生学习机会的需求；三是工业时代向信息时代转型对工作的性质和雇佣的机会产生了深远的影响；四是 OBE 与"质量改革"极为相似；五是 OBE 能给父母、雇主和大学提供学生实际能力方面具体而有用的信息。

（二）OBE 理念对计量经济学课程改革的意义

成果导向教育是一种基于学习成果的教育理念，它改变了以学科、专业、课程为中心的培养模式，以最终教育结果为起点，反向推出应该配备什么样的课程体系，以及课程教学和实践活动应该完成的内容。成果导向教育模式注重以学生为本，注重教学效果及课程学习与目标的契合度，以学生需求为导向，在当前教育领域越来越受到关注，基于 OBE 教育模式的教育改革也成为高等院校教学改革的热点。"互联网+"时代的线上与线下混合式教学模式可以提高学生的学习积极性和自主性。鉴于 OBE 教育理念与混合式教学在培养学生目标上的高度契合，目前两者成为高校教学改革的助推器。因此，基于 OBE 理念对计量经济学课程的教学内容、体系和方法进行优化改革，培养学生在实践中灵活运用计量经济学的理论和方法并解决实际问题，对于新形势下构建以能力为导向的培养模式具有重要的现实意义。

（三）《计量经济学》课程教学改革思路

OBE 理念主要强调四个问题：想让学生取得什么样的学习成果？为什么要让学生取得这样的学习成果？如何有效地帮助学生取得这些学习成果？如何知道学生已经取得了这些学习成果？上述 4 个问题落实到课程改革中，即课程培养目标确立、课程教学内容改革、课程教学方法改革以及课程考核方式改革。

1. 课程培养目标确立

基于 OBE 理念的课程培养目标以实际应用为基准反向构建课程目标和课程

内容，使课程目标更好地适应市场需求，服务实际应用。这种模式可以保证学生清楚地看到达到最终成果的唯一路径，同时也有利于课程聚焦到达成最终目标的实质性内容。例如，在学生个人发展培养方案中具体明确个人发展要求，即该专业学生毕业时应该掌握的技能、知识和能力。课程教学大纲应围绕这个要求进行设计。因此，计量经济学课程的培养目标是：在知识层面，学生要掌握如回归分析、时间序列分析等经典计量分析方法；在软件应用方面，学生要熟练掌握 Stata、EVIEWS 等计量分析软件；在能力层面，应要求学生具备解决和分析实际经济问题的能力。

2. 课程教学内容改革

虽然传统计量经济学教学伴随着概率论、微积分等课程为支撑，但也在计量模型公式推导等过程出现大量数理知识，不少学生难以理解。选择的教学内容和学生的认知水平不匹配，教学内容没有与实际问题紧密联系。学生难免产生畏难情绪。因此在 OBE 理念下的计量经济学课程内容应以成果导向、以服务毕业目标为宗旨，尽可能删掉或压缩对从事本专业工作帮助不大的理论内容，增加实用性更强的教学内容。例如对于在《统计学》中学生已经学过的"简单线性回归"内容可以运用快速回顾方式；对于在实际中用得不多的"联立方程组模型"内容可以略讲，甚至跳过，让学生在实际运用中自学；对于在本科和研究生阶段应用较多的"多元线性回归及违反假定的问题处理""虚拟变量模型"和"时间序列计量经济模型"等内容则需花大量的精力结合实际案例进行讲解，侧重方法的实际运用而非原理的数学推导。此外，对于理论方法等必须掌握的基础知识则可以通过布置针对性的作业，让学生在完成作业的过程中进一步消化相关知识点。

3. 课程教学方法改革

传统计量经济学教学以教师讲授为主，学生参与的主动性不强。为让学生更有效地获取知识，基于 OBE 理念的计量经济学教学方法改革思路如下：首先，采取导学式教学，即在理论知识与方法的讲授中穿插"微助教"抢答、点答、随堂练习、章节测验等多种形式的知识测验，借助现代化教学手段激发学生的学习热情、提升学生学习专注度，甚至直接变过去的被动接受知识为自愿、主动吸纳新知识。其次，采用"理实一体化"教学方式。每一章节理论知识和方法讲授完以后可以穿插安排实践课，让学生根据所学知识，自行运用电脑软件进行操作练习，同时也可以根据学生实际情况，增加一些教材案例以外的综合性练习，提高学生对理论知识的学习兴趣。最后，在教学中积极增加与学生之间的互动。对一些难以理解的知识模型，例如局部调整模型、自适应预期模型等，采用教师向学生提出问题进行引导式学习的模式，让学生自主交流和探讨问题，以充分调动其学习积极性。最后，采用互动式教学：对于一些较为难懂的知识点，例如自适应预期模型、局部调整模型等，改为由教师向学生提出问题，并加以引导，让学生自主思考解决问题，以充分调动其学习积极性。

4. 课程考核方式改革

大多数高校的计量经济学考核方式以卷面考试成绩占绝大部分权重（居于70%~80%之间），而平时课堂的表现、作业完成情况等仅占20%~30%，且平时成绩评分标准往往比较模糊。OBE 理念的计量经济学教学方法改革的考核机制注重能力导向的多元评价，计量经济学课程考核 OBE 改革可将"形成性考核"和"终结性考核"结合起来，将课堂参与度得分、软件操作得分和期末终结性考试得分综合起来，形成一套完整的评价体系和考核方法。"形成性考核"可采用学生自评和组长评价方式来考核学生学习态度，用教师对实验报告的评分来考核学生软件掌握情况。"终结性考核"成绩在学生总成绩中的占比大幅下调，可由 70%~80%下调至 50%左右。这种比例分配是基于实践环节和理论知识在该门课程中的重要性占比得来的：实践环节，即软件操作环节在整门课程中的重要性约占 4 成，理论知识约占 6 成。这样的课程考核方式更加的公平，也更加的合理。

三、 引入探究式学习课程设计

计量经济学是老师和学生公认的一门难度比较高的学科，不仅学生难学，老师也难教，学生在学习这门学科的时候兴趣不高，而且对这门课程容易产生畏惧和抵触情绪。如何帮助学生克服畏难心理，理解计量经济学的实际应用，是应用型本科院校计量经济学教学实践所面临的问题。探究式学习方法起源于古希腊时期哲学对思维的思考，问题是探究式教学的关键，培养思维能力是探究式教学的目的。总结来说，探究式教学是基于"以学习为中心"的教学理念，通过设计课堂提问和学生课题促进学生有效探究，以期达到培养学生批判性、创造性和对话式思维的教学方法。传统的教师角色是知识的传播者，而探究式学习法强调教师的角色是学生学习的引导者和帮助者。在计量经济课程的教学过程中，教师要改变传统的教学理念，应用以人为本、以学生为中心的探究式学习方法进行教学设计，培养学生探究问题、解决问题的能力，提高学生的逻辑思维能力和实践能力。通过课上问题讨论和课下小组学习的方式引入探究式学习方法进行教学改革实践会带来诸多有益影响：课上问题讨论有利于营造良好课堂氛围，加深学生对知识的理解；课下小组学习增强了学生自主学习能力和团队合作意识；将计量经济学方法运用于分析现实社会经济问题，不仅能激发学习兴趣，锻炼学生理论联系实际的能力，也培养了学生的批判性、创造性和对话式思维。

在计量经济学课程设计上也可以充分引用探究式学习方法。例如：一元线性回归模型和多元线性回归模型等。在学生能够理解和掌握的基础上，介绍探究式学习方法，再通过适当的问题来促进学生有效探究，例如：虚拟变量、模型设定等知识。基于 OBE 理念，明确每章教学目标，逆向设计课堂活动，注意教学方法和手段需要针对教学内容和学生群体进行调整，具体设计课程原则有以下三种。一是讲授式教学夯实基础。针对学生数学基础不牢等问题，在相关章节讲授前说明所需要的数学技巧并要求学生提前做好预习。针对横截面数据的回归分析，教师采用案例说明概念，讲授并板书推导过程，帮助学生掌握基础。二是探究式学习锻炼思维。采用适当的社会热点现象和经典文献作为案例，教师设计提问，组织学生讨论分析案例，帮助学生监测和改善思维方式；并在后半学期要求学生以小组为单位，利用课余时间研究一项社会经济问题，形成报告并在课上进行答辩，以有争议的问题为中心展开师生讨论。三是注重软件实际操作。教师课上演示相应的软件操作，并布置学生课下练习，培养学生将计量经济理论与实际应用相结合。

四、 结语

将成果导向教育（OBE）理念落实到计量经济学教学中，让我们可以从新的角度来考虑教学方式。将计量经济学教学与 OBE 理念结合起来，可以改变目前"教师难教、学生难学"的困境，充分提高学生的学习主动性，增强其分析问题和解决问题的能力，从而使学生的综合能力和素质得到全面提升。因此，基于OBE理念，在传统的教学模式的基础上以市场需求为导向，注重理论与实践的结合，引入探究式学习方法，将学习的重点和责任转移到学生身上，增加学生的课程参与度，通过课程设计的规划、关键知识点的细分、定量方法的应用、案例说明的配套、考核方式的多样化，帮助学生加深理解计量经济学的理论知识和实际应用，培养学生的学习兴趣和思维能力，打好经济学专业基本功。因此，在OBE理念基础上引用探究式学习的计量经济学教学改革是必要又可行的。

参考文献

[1]肖小爱. 应用型人才培养目标下的计量经济学教学改革探索——以湖南科技学院经管类专业为例［J］. 湖南科技学院学报，2016，37.

[2]田爱丽. 翻转课堂中实施探究式教学的应用研究——以科学课和项目设计的翻转课堂教学为例［J］. 教育发展研究，2015（20）.

[3]付瑞红，何强. 基于OBE理念的教学科研一体化探索与实践［J］. 教学研究，2017，40（3）：28-33.

[4]欧阳秋珍，毛凌琳，黎小琴. 转型背景下《计量经济学》利用"SPOC平台+PAD模式"进行"三维一体"教学改革的研究［J］. 教育现代化，2019（62）：71-73.

[5]万冰魂，周恩德，李雪涛. 基于OBE理念的《计量经济学》教学改革研究［J］. 决策与信息，2018（12）：26-31.

[6]李志义. 解析工程教育专业认证的成果导向理念［J］. 中国高等教育，2014（17）：7-10.

《微观经济学》教学改革分析

刘增凡

（哈尔滨商业大学经济学院　哈尔滨　154600）

【摘要】 微观经济学作为本科院校经济管理类各专业的专业基础课程，在经济管理类专业人才培养中具有非常重要的地位和作用。但是，在微观经济学的教学中仍存在教学理念落后、教学方式单一等问题，亟待加以解决，以提高微观经济学的教学效果，满足专业需求。

【关键词】 微观经济学；教学改革；分类教学

微观经济学是我国本科院校经管类各专业的专业基础课程，在经管类专业人才教育培养中具有非常重要的地位，是学生学好后续课程的基础，学好微观经济学有利于提高学生对现实经济问题的分析能力。但是，微观经济学是对西方发达国家几百年市场经济发展规律的高度概括和抽象，包含大量的基本概念和规律，部分理论比较抽象。如何实现微观经济学基本理论的中国化，提高学生的学习兴趣和学习效果，是微观经济学教学中亟须解决的问题。

一、《微观经济学》 教学中存在的主要问题

（一）以教师为中心的"满堂灌"现象严重

由于课程理论内容过多、基本理论难度较大、教学学时不足等因素的影响，一些高校的微观经济学教学仍然奉行传统的教学理念，课堂教学中普遍存在以教师为中心的"满堂灌"现象。在课堂上，教师占有主导地位，以教师讲授理论知识贯穿课堂始终，忽视了学生在教学中应有的地位，忽略了学生的主

动性和创造性，缺乏师生间、生生间的互动交流，课堂气氛比较沉闷，导致学生学习兴趣不高、学习效果不好。

（二）缺乏分类教学

由于学生的知识背景、专业要求和发展需要的不同，在微观经济学的教学中应为不同专业的学生设定不同的教学内容，选择不同的教学方法，确定不同的教学目标，实施分类教学。但是，目前在一些高校微观经济学的教学中往往面向全体学生制定统一的学习任务和目标，实行统一的标准，采取几乎相同的教学方法和教学手段，不能细分各专业学生开展分类教学，满足各专业学生的个性发展需要。

（三）缺乏西方经济学专业人才

在微观经济学的任课教师中有相当大的一部分教师并不是西方经济学专业毕业的，而是通过自修后成为西方经济学的任课教师甚至西方经济学专业的硕士研究生导师。部分西方经济学专业毕业的高学历年轻教师在教学经验、教学内容、课堂组织等方面存在不足，亟待提高教育教学能力。

（四）理论与中国实际联系不紧密

西方经济学在一定程度上反映的是西方资本主义国家的经济现实问题，研究的是资本主义经济框架下的资源配置和资源利用问题。而我国是社会主义市场经济国家，西方经济学的基本理论不能盲目照搬照抄过来，要将西方经济学的基本理论与我国的实际相结合，适用于我国经济的发展实践。然而一部分教师在教学过程中仍然存在着就理论讲理论的情况，没有与我国国情紧密结合，难以借鉴西方经济学的相关观点、理论和政策措施解决我国经济发展过程中存在的问题。

二、《微观经济学》教学改革的目标

首先，从微观经济学知识掌握方面。通过微观经济学理论体系和基本概念的学习，运用经济学原理分析单个消费者、单个生产者和单个市场主体的经济活动情况。其次，从微观经济学的技能掌握方面。微观经济学教学需要以创新创业教育价值观为指导。在微观经济学具体教学过程中，更重视具体知识的掌握，提高学生的创新创业能力和培养学生素质。最后，在微观经济学教学创新方面。微观经济学教学改革中引入创新创业意识。本科院校微观经济学课程实践教学改革有助于提升创新创业能力，激发学生掌握创新创业技能，为其以后的创业之路奠定坚实基础。

三、《微观经济学》课程教学改革的思路

（一）实现以教师为中心向以学生为中心的转变

在教学过程中，要真正做到以学生为中心、为主体，教师要"因学施教"。在课堂上通过自主学习、自由讨论、角色互换等形式把学习的主动权交给学生，实现从以教师为中心的被动接受式学习向以学生为中心的主动参与式学习的转变。既可以培养学生学习微观经济学的兴趣，又能提高学生的学习能力和学习效果。

（二）贯彻实施《微观经济学》分类教学

1. 制定差异化的教学大纲

课程教学大纲是教师授课的基本依据，也是实践教学改革的核心内容。微观经济学实践教学整体内容包括微观经济学的供给需求理论、要素理论、市场结构与厂商理论、经济运行中的市场失灵与福利经济学。我们应该依据各专业培养目标进行差异化教学大纲设置，使之能充分满足不同专业的个性化要求。

2.《微观经济学》教学内容的重置

微观经济学包含的知识面很广，知识内容很多，教师需要在教学的过程中不断紧跟时代步伐，合理地选排教学内容，对教学内容进行丰富，舍去某些内容，做到凝练和精简，让学生在上课的过程中紧抓重难点。同时需要注意知识的层次性、相关性和整体性。由于各个专业培养特点不同，要求学生掌握微观经济学的知识具有差异性。

（三）不断完善知识体系

将创新和创业教育的内容不断融入微观经济学教学过程中，由于微观经济学的课程包含的内容很多，所以需要对教学内容进行取舍，在取舍的过程中，教师需要注重整体知识的完整性以及教学内容的前后连贯性。微观经济学各个章节直接联系不紧密，这就要求学生在掌握各个章节内容后，还需要从宏观的角度来把握微观经济学的内容，教师需要不断培养学生以整体的思维来理解和掌握微观经济学体系，只有这样才能系统地学习微观经济学知识，为进一步深入学习其他专业课程打下坚实的基础，这样才能学以致用，更好地做到理论联系实践。

（四）改进《微观经济学》的教学方法

第一，启发式教学。在讲授微观经济学的过程中，教师需注重启发式教学授课，尽量让每位学生参与到自己课程的讲授中，逐渐在微观经济学教学过程中，形成参与式教学模式和启发式教学模式。

第二，案例教学法。在教学中，以微观经济学案例为依托举办竞赛，鼓励学生自主完成微观经济学案例小论文。使学生从单纯的知识学习转变为知识方法、能力、态度的全方面学习，培养学生发展型学习、创造型学习的能力。

第三，混合式教学。在"互联网+"的时代背景下，各种网络课程资源不断涌现。混合式教学模式将传统课堂教学与网络信息技术有机结合，打破传统课堂的时空限制，丰富了学生的学习资源、开拓了学生学习眼界，实现了高校间的资源共享。

第四，引导学生积极参与各项经济类课外实践活动。

（五）加强《微观经济学》理论与实际的紧密联系

一方面，在课堂教学过程中，教师需要注重课堂理论知识的深入讲授，还需要注重结合我国现实生活中的经济实例进行案例教学，让学生尽量具体地理解微观经济学理论，同时提高学生运用经济学相关原理分析和解决我国实际经济问题的能力。另一方面，努力将教学内容不断进行拓展，把微观经济学的理论内容拓展到第二课堂进行学习。教师需将创新创业的教育理念融合到微观经济学的教学过程中，在微观经济学课堂中，学生的学习要做到理论与实践相结合。

（六）改革《微观经济学》考核方式

有条件的高校在微观经济学期末考试时可以实行过程化和实践化考核，降低微观经济学期末考试的权重，增加实践环节测试。系统检测学生的应用能力，培养学生创新思维。

微观经济学的教学改革要紧紧围绕中国新时代下经济发展新形势与人才需求培养的新方向，在教育教学的全过程要以教学大纲为依据，以学生为中心，以现代教学手段和教学方法为依托，持续改进教学模式、教学内容等，以实现学生的全面进步和发展。

参考文献

[1]谷静，孟媛媛，李亚东.基于芸窗平台的微观经济学混合式教学改革研究 [J].科技经济导刊，2021（5）.

[2]杜心灵.应用型人才培养模式下的微观经济学教学改革研究 [J].中国校外教育，2020（6）.

[3]付华英.地方本科院校微观经济学教学方法研究 [J].天津中德应用技术大学学报，2019（10）.

[4]李莎.微观经济学本科课程分类型教学模式探索 [J].中国冶金教育，2010（5）.

《政治经济学》教学改革探析

马世鹏

（哈尔滨商业大学 哈尔滨 150028）

【摘要】 目前我国高校政治经济学教学存在边缘化趋势，出现学生不愿学、教师不愿教的现象，必须予以高度重视。政治经济学教学面临着开课范围缩小、课时减少、教学内容创新不足、片面强调西方主流经济学、教学模式与教学方法落后等问题。需要改革教学内容，促进政治经济学的创新和发展；坚持政治经济学的主流地位，形成有利于政治经济学教学与研究的学术氛围；创新教学模式与教学方法，以培养学生政治经济学理论素养为目的，实施以学生为主体、教师为主导的师生互动型教学模式。

【关键词】 政治经济学；教学改革

政治经济学不仅是马克思主义理论的重要组成部分，同时也是哲学社会科学的基础性学科，在中国特色社会主义建设过程中发挥着重要的理论指导作用。但是，近年来政治经济学面临着被边缘化、学生不愿学、老师不愿教等一系列问题，迫切需要对其进行改革，重新确立政治经济学的主导地位。

一、 当前《政治经济学》 课程教学中存在的主要问题

（一）教学内容陈旧，理论脱离实际，现实解释力不足

长期以来，政治经济学的内容体系和教材结构基本固定，尽管目前高校使用的政治经济学教科书版本众多，但主要内容、知识点和框架结构大同小异，

没有实质性区别。例如，现有教科书内容体系基本是由"两段式"构成，教材的前半部分是以《资本论》为主要内容依托的资本主义政治经济学分析，后半部分是对我国改革开放后经济发展所进行的社会主义政治经济学分析，也即所谓的社会主义市场经济体制理论分析。前后两部分之间的内容关联度较小，缺乏基本逻辑关系支撑，不能形成统一的整体，在课堂教学中很难连贯性展开，在知识的传授上明显有割裂现象。

目前，国内政治经济学在教学内容上大都没有对现代资本主义发展的新问题做出令人信服的政治经济学解释；社会主义政治经济学还没有形成科学严谨的逻辑架构和理论体系；用政治经济学理论来研究当代社会主义国家经济转型的研究成果还未能在教学中得到体现；对中国制度变迁与经济发展中所面临的各种症结性问题还缺少深入透彻的政治经济学分析。由于现阶段政治经济学教学内容的创新远远滞后于社会经济实践的发展，导致政治经济学教学对现实解释力不强，对实践的指导作用不够。这就不可避免地使人们远离政治经济学，转而向西方经济学寻求答案。

（二）西方经济学的严重冲击和偏重西方经济学的学术氛围

随着改革开放的不断深入，各种西方经济理论不断引入我国，并在经济学教学中得到了广泛普及，在学术研究中得到广泛应用，这对我国经济学研究的繁荣和发展起到了重要作用。但问题是，在西方经济学不断引进的过程中，许多部门、单位和个人存在片面强调西方经济学、忽视政治经济学的倾向。这主要表现在：在指导思想上宣扬西方主流经济学的观点，有意或无意地贬低和否定政治经济学的科学价值和指导地位；按照西方模式特别是美国模式改造中国经济学的教学、科研以及人才培养体系；在发展模式和发展政策的选择上推广新自由主义的主张；等等。目前，许多高校的应用经济学与管理经济学学科普遍取消了政治经济学社会主义部分的教学，政治经济学资本主义部分的教学课时也大幅度减少，一些高校甚至取消了政治经济学课程；一些高校理论经济学专业的政治经济学课时也大量减少，原来作为经济学专业必开的《资本论》课程大多退出了本科课堂；许多高校经济类专业研究生入学考试取消了政治经济学考试，只留下了西方经济学考试。

在新自由主义和西方主流经济学盛行，而政治经济学受到排挤的学术环境下，学生们会先入为主，在没有真正接触政治经济学之前就产生厌学情绪。政治经济学由于理论的深刻性与高度抽象性，使其成为一门较难学习和掌握的课程。同时，政治经济学的逻辑体系极为严谨，如果最初的理论没有理解，后面的内容就会很难听懂。因此，学生这种先入为主的厌学情绪与政治经济学的学习难度，给教师的教学带来了极大困难。在这样一种学术氛围下，从事政治经济学教学与研究，对于教师来说是一件成本高、收益低的事情，甚至全身心投入，往往得不偿失。一方面，政治经济学教学与科研难度大，不仅学生不爱学，研究成果也不易得到社会承认；另一方面，从理论经济学向应用经济学转行成本较低，应用经济学不仅学生喜欢，而且科研成果容易发表，还能够通过咨询服务、校外兼职等形式获得制度外收入。公平地讲，政治经济学教师改行或教学与科研相分离是在现有约束条件下的一种理性的，也是一种无奈的选择。

（三）教师队伍不稳定，教学与科研相分离，学生普遍缺乏学习兴趣

政治经济学专业教师最头疼的不是学生学不好，而是学生根本就不愿学。经历过大学教育的人都知道，对于学生来说，课前预习、课堂听讲、课后复习是学好一门课程必不可少的几个环节。但是这几个简单环节对政治经济学教师来说已属奢求。为了保证学生的到课率，老师们不得不通过点名、抽查等方式监督学生出勤；为了保持一个良好的课堂秩序，老师们也不得不占用宝贵的授课时间进行课堂管理。然而问题在于，尽管通过上述措施能够提高到课率，也能在一定程度上保持课堂秩序，却无法激发学生主动学习的积极性。大学教学所特有的学生自我约束、积极参与、主动与教师交流的现象在大多数政治经济学教学中已难得一见。

近年来，由于我国高等院校实行了追求数量、速度排名的评估机制，造成了教师职称晋升也仅仅关注科研成果而忽视教学成果的倾向，导致了教学工作与科研工作的严重脱节。教师为了科研而科研，很少考虑科研与教学之间的互相促进问题，即使考虑到了也是处于无暇顾及的状态，所以根本谈不上科研成果在教学中渗透、提高理论经济学课堂教学魅力等方面的作为。这种状况在本

科教学中尤为明显，教师上课就是为了完成既定知识的介绍，学生听课也是为了完成学分的积累，造成课堂气氛沉闷，老师讲解照本宣科、学生听课兴趣索然，课堂教学质量直线下降的这一普遍后果。受政治经济学学科地位下降、政治经济学教学边缘化和学生厌学等多重因素的影响，许多从事政治经济学教学的教师不安心于本专业的教学与科研工作。一些教师开始转而讲授学生感兴趣、实用性强的课程；一些教师正在寻求新的出路；更多的教师虽然没有改专业，还在讲授政治经济学，但是其科研主攻方向已经不再是政治经济学。政治经济学师资队伍不稳、教学与科研相分离，不仅难以保证政治经济学的教学质量，更严重的会严重影响我国政治经济学的创新与发展。

（四）教学方法和手段单一，与日益发达的教学技术不相适应

长期以来，政治经济学教学还沿袭以前传统的"填鸭式"教师传授方式，以教师为中心，局限于现有知识的单纯传授，而不是以学生为主体，以开发学生潜能为出发点，过程中存在教学手段单一、方法落后，使得学生难以理解、记忆。与此同时，教学技术却日新月异，不断发展。新技术、新科技的出现促使新的教学手段不断涌现，教学手段多样化、丰富。而这些新的教学方法和技术却没有或很少在政治经济学教学中运用。虽然目前多媒体教学在高校不断推广和应用，有助于教学改善，但限于资金不足和资源的稀缺性等原因，许多院校的政治经济学多媒体教室教学使用的比例很低。同时，政治经济学教师队伍以老教师居多，自身计算机知识的欠缺和多年教学习惯，也阻碍了多媒体教学的推广。

二、《政治经济学》 教学改革的对策建议

（一）改革教学内容，增强现实针对性

与时俱进，及时调整更新教学内容，以不断分析和解释社会经济发展中的新问题，增强理论生命力。本质上说，马克思经济学是不断发展和创新的，不能一成不变甚至僵化，更不能教条式对待。"一种理论能否被人们接受，不能

靠强权，不能靠压服，只能靠理论能否说服人。马克思主义的指导思想地位能否巩固，关键也在于其理论本身，能否创新，能否与时俱进。"必须明确，现阶段对政治经济学教学内容进行创新和优化，不是全盘否定，而是要在坚持马克思辩证唯物主义和历史唯物主义的世界观与方法论的基础上，遵循理论分析与实际研究相结合的原则，认真研究国内外当代资本主义最新理论成果尤其是马克思主义经济学的研究成果，并加以借鉴和吸收。我国著名经济学家刘国光教授认为，"马克思主义经济学的立场，劳动人民的立场，大多数人民利益的立场，关注弱势群体的立场，是正直的经济学人应有的良心，是不能丢弃的"。因此，必须将最新的理论思想引进到教材中、引进到课堂中，改变目前政治经济学内容体系相对封闭、相对固化的现状。

政治经济学教材必须与时俱进，对政治经济学发展的前沿研究持开放态度，可以学习包括国外调节学派、社会结构学派等学派的思想主张，以及像《21世纪资本论》等一些对马克思主义政治经济学的新思考成果，同时，结合国内孟捷、王艺明、荣兆梓等一些学者对马克思政治经济学的创新与思考，梳理出政治经济学自身发展的逻辑，重新审视不断发展中的资本主义世界和社会出现的各种新问题所带来的新的理解。比如对现在资本主义内部劳资矛盾的认识，对资本主义在危机中的自我调整并趋于稳定的能力、资本主义多样性、"新经济"现象、资本主义危机等的认识；更要结合社会主义实践过程中关于创新、协调、绿色、开放和共享的发展理念的理论，社会主义市场经济理论，经济发展新常态理论，促进社会公平正义、逐步实现全体人民共同富裕的理论以及供给侧结构性改革的理论等社会主义建设探索成果，将马克思政治经济学的传统理论和前沿发展成果结合起来进行解释和探讨，从而增强政治经济学在现实中的解释力。

（二）转变教学模式，创新教学方法，发挥学生的主体性地位和教师的主导作用

教学模式的创新是要实现从以单纯传授知识为目的、以教师为主体的教学模式向以培养政治经济学理论素养和治学能力为目的，以学生为主体、教师为主导的师生互动型教学模式转变。高校教师的教学过程是高层次人力资本的塑造过程，教学质量的高低、教学效果的好坏不仅取决于物质资本的投入和教师的教学水平，更取决于学生的主观努力。师生互动教学模式的核心思想是最大限度地调动学生的积极性和主动性，通过师生之间的双向交流，把传授知识、提高能力、培养素质融为一体，最终实现"授人以渔"的目的。师生互动教学模式的主要方式是把课堂教学、科研训练和社会实践有机结合。课堂教学的重点是对政治经济学重点与难点问题进行深入浅出的讲授，并通过课堂提问、讨论、布置课后作业和教学参考书等形式引导学生独立思考问题；科研训练的重点是通过听学术讲座、撰写学年论文、参加学术讨论等形式，培养学生发现问题、整理资料、逻辑演绎、归纳推理、文字表达等基本科研能力；社会实践主要是通过让学生参与教师的科研项目、利用假期组织学生深入企业和农村进行实地调研等活动，加深对政治经济学基本理论的理解，形成对社会经济热点与难点问题的正确认识，提高学生的创新能力和理论素养。

同时，教学模式的创新离不开教学方法的改革。一是运用案例法教学。教师首先选择合适的案例，然后引导学生对现实案例进行分析和讨论，将政治经济学中的理论具体化，这样可以帮助学生更好地理解相关概念，能够有效调动学生的学习积极性，能够培养学生分析和解决问题的能力。二是运用讨论式教学，加强师生之间互动和交流。教师可以为学生布置要讨论的题目，也可以向学生征集一些题目，让学生在课下利用书籍、网络和其他所有可用的资源来收集相关资料，然后通过对资料的分析总结将自己对某个问题的具体看法以类似发言提纲的形式呈现。最后教师对同学们的讨论、发言进行概括和总结。在整个讨论过程中，教师所起的作用是引导和监督的主导性作用。三是运用多媒体技术手段来辅助教学。图形图像、动画、音频和视频等多种媒体信息能够更好地吸引学生注意力，有助于激发学生的学习积极性，提高教学质量和效果。

（三）改革传统考核方式，探索多元评价体系

考试评定是整个教学活动的最后一个环节，是我们检验教学质量好坏的主要方式。考试评定对教学有着很强的导向作用，因此我们必须对马克思主义政治经济学课程的考核方式进行改革才能够有效提高教学质量和效果。传统的考核方式主要是以期末考试的形式进行本门课程的考核，其实主要是考查学生的

记忆能力，即使学生平时没有好好学习本门课程但是在考试前通过死记硬背也可能获得一个高的分数，这显然不是一种合理的考核方式。

我们可以通过下面几个方面的工作来改变目前的这种考核方式。首先，将学生在平时上课时参与讨论等的表现记入平时成绩，并加大这部分在总成绩中的比例。其次，不定期地为学生布置小论文，让学生独立完成，并记入平时成绩。最后，应该在期末考试的题目上多下功夫，如加大材料分析题在整个试题中的比例，其他类型的试题也应侧重考查学生运用理论知识分析和解决实际问题的能力，而不是单纯考查学生的记忆能力。

（四）改善教师工作条件，加强师资队伍建设

"办学之道，师资为本。"教师是培养人才的人才，是决定教学质量的关键性因素。一是加大政治经济学教师队伍的培养力度，提供更多的学习、考察、深造的机会，提高教师教学的积极性，吸引更多年轻力量的加入。在职称评审、图书资料、科研等方面尽力创造一种能够使教师积极从事教学和科研、能够拼搏向上、能够脱颖而出的机制和环境。二是关心教师疾苦，从生活上和思想政治上关心教师的进步和成长。尽力改善教师生活待遇和工作条件，让他们有用武之地，少后顾之忧。三是健全和完善师资管理体制和机制，优胜劣汰，能进能出，既不让冗员膨胀、庸才沉积，又敢于选拔和引进优秀人才。同时，政治经济学教师自身要不断提升科研水平，以科研水平的提高促进教学水平的提高，以渊博的知识、深邃的思想、系统的理论和丰富的人生感悟影响和教育学生。

参考文献

[1]孙小东，祝慧. 全国高校政治经济学教学改革研讨会纪要 [J]. 教学与研究，1999 年第 3 期.

[2]石晶莹."理论经济学"教学方法改革之深层分析 [J]. 教学与研究，2016 年第 9 期.

[3]张桂文. 政治经济学创新应从高校教学改革入手 [J]. 经济纵横，2011 年第 5 期.

[4]伯娜. 政治经济学教学改革探析 [J]. 经济研究导刊，2010 年第 20 期.

[5]郎春雷. 政治经济学课程教学内容与方法的探索思考 [J]. 大学教育，2020.

[6]郭旭红、武力. 中国特色社会主义政治经济学教学改革创新探索 [J]. 湖北社会科学，2019 年第 1 期.

教学管理

新文科背景下贸易经济专业实训课程
体系构建研究

卢尚坤　蒋孝洪

（哈尔滨商业大学　哈尔滨　150028）

【摘要】 新文科建设是以育人育才为导向的人才培养新机制，实训课程体系是高等院校"新文科"教学改革的核心，也是新文科人才培养质量的关键。以优化贸易经济专业实训课程结构为目标，结合贸易经济实践育人现状，构建高校、企业、行业、政府和社会"五位一体"的多元协同育人实训课程体系，充分发挥多元协同育人优势，提升贸易经济专业学生的关键能力，优化贸易经济专业学生的实训课程结构，为培养高质量贸易经济人才提供参考。

【关键词】 新文科；贸易经济；实训课程体系

一、　引言

新文科建设是推动我国高等教育创新发展的战略举措，是创新人文社会科学人才培养新机制，是提升人才培养质量的创新性探索。在理解新文科建设内涵的基础上，进一步明确专业培养目标，强化学生专业技能和核心能力，努力培养熟悉国内外商品流通相关政策法规和惯例，熟练掌握现代商品流通方法、技术及贸易经济专业操作技能，具有较强的开拓能力、创新意识，具有较强的专业素养和实践创新思维能力的商贸人才。在人才培养过程中，不仅要优化理论课程体系，更应优化实训平台，加强校企合作，深化产教融合，以行业实习基地为载体，开展企业实践训练，有助于丰富人才培养实训课程体系。为贯彻新文科战略要求，落实高等教育综合改革任务提供参考。

二、 高等院校贸易经济专业发展定位

新文科是对于传统文科进行学科重组，以文为主、文理交叉，形成的具有现代意义的新文科。从教育融合发展的角度，在应对新科技革命和产业变革，必须走创新融合发展之路，实现教学与实践的系统性发展，培养具有国际视野和国际竞争力的专业人才。我国贸易经济专业于 1950 年由中国人民大学率先创设，1997 年教育部进行专业结构调整贸易经济专业被取消，2012 年教育部新本科专业目录公布，贸易经济专业被列入"基本专业"目录，隶属于"经济学"学科门类中的"经济与贸易类"专业类。贸易经济专业是哈尔滨商业大学最早的专业之一，经历了 70 年的发展，为社会培养了大量优秀的经贸人才。从新文科战略角度，随着现代市场经济和商品流通现代化发展需要，高等院校贸易经济专业，要根据新文科发展建设的定位，突破学科壁垒，构建适应新时代要求的贸易经济实训课程体系，顺应国际、国内贸易环境的发展变化，培养掌握经贸规则，熟悉国内外贸易运行机制和规律，具有调查研究，分析解决问题能力和创新精神的高素质复合型经贸人才。

三、 贸易经济专业实训课程体系现状

（一）实训课程体系结构

作为商科院校，贸易经济专业培养目标是培养适应现代市场经济和商品流通现代化发展需要的经贸复合型人才，主要从知识、能力和素质三个模块进行综合性培养。知识模块通过理论课程学习，掌握应用经济学等相关学科的基本知识和基本理论；能力模块培养对商品流通领域的分析问题和解决问题的能力；素质模块是基于科学研究、职业素养和商业运营与管理等方面应具备的基本素质和创新意识。通过加强贸易经济专业知识与实践融合能力的培养，梳理贸易经济专业课程之间的关联性，以商科特色为背景，围绕通识教育实践、专业教育实践和创新创业教育实践三个层次，构建贸易经济专业实践教育课程体系。通识教育实践使学生对国内外宏观经济发展趋势有一定的认识和理解，侧

重于基础知识的理解和应用，主要包括经济发展形势与政策、职业生涯发展规划和就业创业实训等内容。专业教育实践是围绕学生贸易经济专业能力的培养，对基本贸易经济专业技能的充分理解和强化，培养学生发现问题、分析问题和解决问题的能力，主要课程包括公司创建与运营、专业综合实践、学年实习、毕业实习和毕业论文等课程模块。创新创业教育实践是开阔学生视野，激发学生创新创业精神和意识，提高专业综合能力和素质，主要包括社会实践与素质拓展、专业学科竞赛、大学生创新创业训练计划项目和创新创业实践，培养学生的创新实践竞赛和团队合作能力。现有实训课程体系相对陈旧，不能满足新文科建设要求。

（二）实训课程体系实施模式

贸易经济专业的实训课程体系包括通识教育实践、专业教育实践和创新创业教育实践三个层次，实训阶段分为形势与政策讲座、理论课社会实践、创新创业实践与公司创建运营实训、职业生涯与就业创业实训四个阶段。为学生构建的能力和素养的多元化实训平台，包括校内实训和校外实训平台。校内实训平台主要通过学校经管综合实践中心和学院多功能实验室相结合的实训模式。学校经管综合实践中心负责经济管理类专业虚拟仿真实验教学、大学生创新创业训练计划、专业学科竞赛的建设与管理。面向全校经管类专业开设专业实训课程，专业针对性相对不强。校外实训平台，通过引进校外相关企业共建贸易经济实训合作基地，数量相对不足，类型不够丰富。

五、 新文科背景下贸易经济专业实训课程体系构建

新文科背景下，从贸易经济专业培养目标出发，要求培养高质量高素质复合型人才。从教育理念上，新文科建设重视素质教育，更注重人的全面培养和全面发展。从教育重点环节上，新文科建设重在探索新模式，改善制度供给，优化课程体系。贸易经济专业实践课程体系应结合新文科重"融合与发展"的基本内涵，通过既有实践经验的梳理，创新发展方向，进一步明确学生专业技能和核心能力的培养目标。基于此，构建高校、企业、行业、政府和社会"五位一体"的多元协同育人实践课程体系，优化贸易经济专业人才培养结构，通

过多元化的教学资源和教学模式进行有机融合。建立以新文科为特色的贸易经济专业实训课程体系。通过高校协作、校企合作、行业协调、政府政策和社会反馈等多元形式，形成以高校为主导的贸易经济专业人才培养实训体系，整合资源，充分发挥多元协同育人优势。

（一）校际实践协同育人

商科院校内涵式发展的重要路径是构建科学合理的实践教学体系，校际合作是加强相同专业内涵式发展的有效途径，在新文科教育理念下，开展校际资源共享、技术共享、平台共享和理念共享是实现校际实践育人协同的重要方式。在"互联网+"的应用背景下，充分利用现代信息技术手段，有效实现"线上+线下"实践育人课程协同共享，实现"校内+校外"实践育人资源互联互通，充分利用共享平台的微课、慕课、虚拟仿真实践课程，实现校际实践育人共享，构建知识与技能协同新路径，满足校际实践协同育人在线化、灵活化、校际化。

（二）校企实践协同育人

贸易经济专业校企实践协同育人的关键环节是实现校企联合培养，在校企协同过程中，根据企业战略发展的实际需求，优化资源配置，实现高质量专业人才培养的目标定位与满足企业实际需求的有效供给。通过校企协同，优化专业人才培养方案，共建实践育人课程协同培养，实现互派教师，打造"双师型"教师团队，实现产教深度融合，将企业资源引入实践育人体系，实现贸易经济专业实践育人体系岗位化、场景化、系统化。

（三）校地实践协同育人

专业发展要立足区域产业基础，专业发展战略与区域产业发展要有效协同。专业技能和核心素养是贸易经济专业人才能力培养的出发点和落脚点。专业技能包括专业实践能力、运用专业知识分析、解决问题的基本能力。核心素养主要包括学习能力，即对新知识、新事物的主动认知和获取能力，快速理解新市场环境、新商业业态、新平台、新服务的能力。校地实践协同育人，通过共建现代产业学院和实习实训基地，结合专业特点和实践育人规律，有效形成校地协同育人的模块化、流程化、长效化。

(四) 校政实践协同育人

校政实践教育协同，是通过政府为高校实践育人政策、环境保驾护航。政府在协同育人政策方面，给予高校和企业相关政策扶持，制定监管和政策保障机制，为高校和企业、行业营造协同育人政策环境。加强政策支撑，出台实践教学专项育人项目，给予资金政策支持。扶持实践育人孵化基地创建，为高校、企业、行业、社会搭建实践育人桥梁，实现校政实践协同育人项目化、体系化、效益化。

(五) 校社实践协同育人

社会是检验人才培养质量的重要场所。实践协同育人目标为提升贸易经济专业的人才培养质量，全面培养贸易经济专业学生的专业素养能力、创新创业思维意识和能力。围绕贸易经济服务与产业转型升级，优化实训课程结构与内容，将理论与实践多元有机融合。校社实践协同育人是实现高校育人与社会用人的互动评价反馈机制，通过社会实践检验，促进专业人才培养质量标准化、持续化、广泛化。

六、 结语

新文科建设对商科院校贸易经济专业实训课程提出了新要求，本文以哈尔滨商业大学贸易经济专业为基础，结合新文科人才培养目标与定位，构建贸易经济专业"五位一体"的实践课程体系，为培养新时代高素质复合型经贸人才提供参考。

参考文献

[1] 江涛涛, 王文华. 新文科建设背景下商科创新创业教育改革研究 [J]. 财会通讯, 2021 (21): 4.

[2] 吴晓敏. 新文科视域下法学专业协同育人的实践探究 [J]. 教育探索, 2021 (4): 3.

[3] 夏文斌. 新文科背景下通识教育体系的创新实践 [J]. 中国高等教育, 2021 (12): 2.

[4] 王唯薇, 杨贵中, 梅新想. 新形势下国际经济与贸易专业的课程体系改革创新 [J]. 高教学刊, 2020 (25): 4.

[5] 王法涛, 丁立会. 新财经背景下贸易经济专业课程体系构建研究 [J]. 商业经济, 2020 (10): 4.

课题来源

2021 年教育部产学合作协同育人项目: 新文科背景下贸易经济专业实训课程体系建设与实践研究 (项目编号: 202102218016)

贯彻新发展理念背景下产教融合机制与模式研究

杨守德

（哈尔滨商业大学　哈尔滨　150028）

【摘要】"产教融合"教育模式是实现我国教育高质量发展的重要途径。贯彻新发展理念，构建我国新发展格局，推动我国经济高质量发展，教育也承担着不可替代的作用。在阐述新发展理念下产教融合内涵、分析新发展理念下产教融合发展现状及问题的基础上，构建产教融合机制、找寻新发展理念下产教融合新模式，为产教融合深入发展提供理论依据。

【关键词】新发展理念；产教融合；发展机制

教育的发展水平决定一个国家或地区的发展潜力，建设教育强国也是中华民族伟大复兴的基础工程。在全面贯彻落实新发展理念背景下，构建我国新发展格局，实现我国经济高质量发展，教育承担着基础性、先导性、决定性作用。面对万象更新的新发展阶段，人才资源的需求结构发生了前所未有的改变，对我国教育也提出了更高的要求。深入发展产教融合人才培养模式，推进人才资源的供给侧结构性改革，让教育承担得起我国经济高质量发展过程中人才支撑的重任。

一、 新发展理念下的产教融合内涵

习近平总书记在十九大报告中指出要深化产教融合。同年底，国务院办公厅印发《关于深化产教融合的若干意见》，明确指出"构建教育和产业统筹融合发展格局"。"产教融合"与"产教结合""产教对接"有很大的不同。"产教结合"和"产教对接"是指学校同企业之间存在某种联系，"产教融合"是指业界同教育体系融合为一体。两者联系深度相差很远，前一个指学校同社会业界之间因为某些共同利益而形成某种关系，一旦共同利益消失，双方之间的关系立即停止；后者学校同相关企业之间的关系已经发生质的变化，形成一种新业态模式，实现了教育和产业统筹发展、良性互动的新格局。

新发展理念的提出，补充了产教融合发展思想，对高等教育发展形成了新的引导。"创新、协调、绿色、开放、共享"的新发展理念是我国教育事业发展的必然选择。创新发展为产教融合发展提供新活力。产教融合根本目标是培养专业对口人才，尤其是创新型人才，当今世界各国产业变革上的竞争，归根结底就是新技术的竞速，创新是长期引领我国社会发展的永动引擎。创新产教融合模式，培育了良好的创新氛围，为人才培养提供新视野、新方向，已经成为教育方式改革的新突破口。协调发展推进产教融合更优质均衡。产教融合的教育模式不是培养粗放型、低效型、落后型产业人才，也不是培养某单一特定产业人才，产教融合要培养全方位的创新型人才。这就要求教育同全社会各产业间统筹融合，牢牢把握我国产业发展新阶段，以培养出满足社会各行业发展需要智慧型人才。绿色发展提升产教融合的幸福品质。绿色发展对教育提供了新的指引。教育绿色发展倡导健康合理的教育方式，更注重健全人格和良好习惯的养成，教育更以学生为中心，注重"人本位"思想。因此，在产教融合过程中，应摒弃过度的"知识本位"思想，关注学生价值观念等软实力建设，培养技能心智双健全型人才。开放发展使产教融合更加包容自信。教育开放发展是对我国教育事业的基本定位。开放的产教融合模式要重视引进国内、国际优质教育资源、教育模式，培养学生产业内最先进的理论实践知识，同时踊跃将先进的教学经验分享，实现互惠共赢发展。共享发展与产教融合高度契合。共享是教育高质量发展的最终目标，与此同时，产教融合正是促进教育顺利实现共享的主要渠道。因此，新发展理念的提出提升了我国职业院校及大学的办学水平，增加了高等教育以及职业教育的竞争力、树立了正确的教育价值观念，是新时代下我国教育发展的价值引领。

二、 新发展理念下产教融合现状及问题

自《关于深化产教融合的若干意见》颁布以来，学者们对产教融合的研究开始激增，社会各界同学校之间也展开了积极的探索，产教融合模式获得了初步发展，已小有成就。

（一）产教融合政策逐步落实，但约束保障机制尚未建立

2015 年《深化职业教育教学改革全面提高人才培养质量的若干意见》颁布后，"产教融合"模式开始逐步进入大众视野。近年来，国家为了推进产教融合深入发展，制定了许多有关产教融合的政策文件，如 2017 年印发的《关于深化产教融合的若干意见》，2019 年出台的《国家产教融合建设试点实施方案》等，为产教融合的发展提供了足够的政策支持。在充足的产教融合政策支撑下，各地方政府积极鼓励产教融合的发展，实时推进国家发布的产教融合政策。地方政府的大力支持与积极作为，大大提高了社会业界同学校的合作意向，也增加了学校人才培养的积极性，为我国教育改革提供了强劲的动力。

国家和地方虽积极出台了一系列有关产教融合的政策指引，但目前相关的法律法规尚不健全，有时无法保障产教融合的顺利进行。与此同时，产教融合过程中学校同社会业界间的权责分配不明确，往往学校占有绝对主导地位，企业无法有效地施展自己的功效，导致产教融合模式无法深入发展。

（二）产教融合模式丰富多样，但人才培养契合度差

在新时代下许多高校打破传统教学模式，积极采用"引企入教"的产教融合模式，以助力教育体制改革及教育高质量发展。目前，应用型本科院校常见的产教融合模式有产教融合研发、产教融合共建、项目牵引和人才培养与交流模式等。丰富多样的发展模式为各地区高校提供了更多符合本地特色的选择。多种产教融合模式的不断成熟，也不断提升了学校的办学水平，满足了社会各界的人才需求，逐步实现了校企"互惠共赢"。

但在丰富多样产教融合模式形式的背后，高等教育学科专业设置和高校人才培养计划与产业发展契合度低的现象随处可见。面对经济发展形势和发展格

局的快速变化，各地区高校常出现学科专业设置以及教学滞后，课程设置与产业发展对接程度不够等问题。导致大多数本科生难以胜任工作岗位，必须重新学习岗位技能，既增加了企业成本又浪费了高校和国家的教育资源。

三、 新发展理念背景下产教融合机制的构建

（一）产教融合管理机制

构建健全的保障机制。保障机制能促使学校与社会业界之间获得长期可持续的发展。在产教融合的人才培养过程中，资金、法律和业态环境等保障机制的建立能为学校与社会各业界间创建一个紧密联系的纽带，为社会各部门发展深入产教融合提供强劲推力。实施科学的约束机制。"规矩"决定"方圆"，规矩即为约束。保障机制能为产教融合的发展提供一定的便利条件，而约束机制则决定其发展方向。对参与合作的社会业界和学校进行有效约束，做到权责清晰；对学校学生的教育培训情况进行约束，有效提高产教融合教学模式中学生学习积极性，变被动为主动，提升毕业生专业素养和职业技能。设立共享的协同机制。通过建立产教融合协调发展机制来促使学校同社会业界间实现更深层次的发展。将学校的育人机制和企业的社会资源充分整合、共享，做到各方优势资源深入融合，以实现高效的人才培养过程。除了利益协同以外，还要实现风险共担。风险共担要谨防单方面的经济损失，恰当的风险共担机制能有效保证产教融合长效发展。

（二）产教融合动力机制

技术创新是产教融合发展的内在动力。技术进步是实现我国新旧动能转换的坚实基础，技术进步还能帮助企业在竞争中脱颖而出，获成丰厚的利润。而产教融合教育模式在创新型人才培养方面有极大的优势。与此同时，技术创新改变了企业的生产环节，进而转变了社会的人才需求层次和人才需求标准，为产教融合发展提供了广泛的新需求。除此以外，区域经济发展也强势推动产教融合发展。任何一个区域经济的发展都需要专业技术、科研、管理等专业化人才来进行产品设计、品牌创造和经营管理，产教融合模式能快速高效地培养出

区域发展所需用的人才,为区域经济发展提供智力支撑;而产教融合的发展也需要依托强大的区域经济实力,雄厚的经济实力奠定了产教融合发展的基础,为其发展供应了广阔的天地。在新发展格局下,我国的育人观念发生了显著的变化,不仅注重人才的职业技能还更加注重人才的思想观念,产教融合模式恰好符合新时代人才培养的要求。以社会资源迅速增强学生的职业技能,以学校资源深化学生的理论知识,培养正确的思想道德素质,在促进我国教育改革、促进社会和谐发展方面有重要的意义。

四、 基于新发展理念的产教融合模式设计

(一) 拓展合作模式

在新发展格局以及新经济发展形势下,我国产业结构不断调整、核心技术快速转换,产教融合人才培养模式也应与时俱进。目前,产教融合的发展仍以"订单式"为最主要模式,已经难以满足产业规模不断扩大、产业分工逐渐细化的国内经济形势。必须以产、教深度融合为目标,积极探索符合新时代的产教融合模式,如教育集团化办学、国际交流与合作等。产教融合发展的核心是推进人才资源供给侧结构性改革,实现人才的动态供需平衡。这就需要学校同社会业界之间凝聚合作共识、整合优势资源、制定规范程序,建立长期可持续的长效合作,依托新发展理念积极探索新的合作模式,丰富教育的内涵。通过强化社会业界在产教融合发展过程中的先导地位,强调以企业为中心的目标导向,充分释放企业在产教融合中的积极性和主动性;同时学校要活化新发展理念,充分认知自己的育人职责,履行自己的育人义务,以饱满的热情教书育人。将社会业界的动力与学校的动力相融合,将固化的融合转变为主动地、动态地融合,以达到协同互信的产教融合新模式。

(二) 创新管理模式

一切社会关系都凭借利益关系才得以维系。当社会业界与学校之间具有相同利益时,产教融合人才培养模式才能顺利实现。但我们必须清醒地认识到社会业界与学校是相对独立的利益个体,在利益追求方面往往会存在偏差,因此

创新产教融合管理模式，构建多元主体之间的利益协调机制，推动学校和社会业界互利互惠互信十分重要。面对新发展形式，把握新发展观念，运用新技术革新产教融合管理模式，提升高校现代化教育管理水平，助力产教融合高质量发展。实施多方评价机制，构建政府、学校、企业等多部门共同决策的多元治理体系，强调多方共同参与、民族集体决策，建立多方互惠、利益共享的管理模式，形成国家宏观管理、学校自主办学、社会广泛参与的产教融合治理新格局。政府加速出台产教融合管理规范、校企联合制定产教融合行动指南，权力清晰、责任明确，实现由"分权治理"向"联合治理"的跨越，力求达到多方资源的共同配置，最大化发挥产教融合模式的效益。

参考文献

[1] 程斯辉，李汉学. 以五大发展理念引领教育事业新发展 [J]. 教育研究，2017，38 (6)：4-11.

[2] 林江鹏，张倩. "产教融合、校企合作"协同创新人才培养模式运行机制研究 [J]. 湖北经济学院学报（人文社会科学版），2018，15 (9)：142-144，147.

[3] 余静雯，顾健辉. 产教融合人才培养模式构建的动力机制研究 [J]. 教育评论，2019 (12)：74-78.

[4] 本刊编辑部. 深化产教融合笔谈会 [J]. 中国职业技术教育，2018 (1)：16-32.

[5] 柳友荣，项桂娥，王剑程. 应用型本科院校产教融合模式及其影响因素研究 [J]. 中国高教研究，2015 (5)：64-68.

[6] 李梦卿，邢晓. 区块链视角下高等职业教育产教融合创新模式研究 [J]. 教育发展研究，2020，40 (17)：59-65.

[7] 高飞，姚志刚. 产教融合的动力与互动机制研究 [J]. 淮南职业技术学院学报，2014，14 (6)：41-45.

国内外高校互联网共享教育市场化研究

李 燕 张 迅 王浩宇

（哈尔滨商业大学 哈尔滨 150028）

【摘要】：当前"互联网+"教育快速发展，高等院校陆续进入互联网共享教育市场。高等教育与互联网企业的联动发展，促进了学界对于教育市场化进程研究和思考。本文对比分析国内外高等院校的共享教育市场化现状。分析得出互联网共享教育对高等教育的市场化有促进作用的结论。本文研究基于国内外两种情况，为互联网背景下高等院校参与共享教育促进市场化这一现象提供了理论和实证依据。具有一定的理论价值和实践价值。并且对于我国的互联网教育、高等教育如何正确地共享，进行合理的市场化改革具有一定的启示作用。

【关键词】：共享教育；教育市场化；互联网教育

随着全民教育、终身教育的发展，我国互联网共享教育得到了前所未有的发展，迎来了历史性的教育改革新时期——互联网共享教育。互联网共享教育发挥其高时效、跨时间、跨地域的特性，展现了强大的发展前景。但是市场具有其盲目性、自发性，互联网共享教育作为教育的子行业，同时属于互联网商业板块。作为几个行业的融合产品，互联网共享教育发展必然有自身的规律和特点。

根据经济合作与发展组织（OECD）关于教育市场化的定义，将市场逻辑引入高等教育，使高等教育具备竞争、选择、价格、授权与货币的特征。相比于互联网共享教育，我国传统的高等教育一直以来都具有明确的计划和行政管理模式，但是这种管理模式不适用于新发展的互联网共享教育。因此，互联网共享教育资源配置的市场化成为发展的关键。

一、 世界互联网共享教育市场化改革

西方的教育改革原因大多出于经济原因。特别体现在劳动力资源与外国的竞争（Levin，1997），在互联网共享教育未得到普及之前。西方传统的私有化和公立化学校对教育的垄断成了阻碍教育市场化的重大原因。教育的市场化改革通常由"家长认同"为发端（Parental identity），市场很好地认识到虽然学生是目标市场，但家长是教育市场最大的需求者，学生的选择权都掌握在家长手中，所以获得家长的认同远远胜出获得学生的认同。

（一）国外高等教育市场化的困境

1. 私立教育对市场化概念的扭曲

虽然私立学校在很大程度上符合了教育市场化改革的需要，但是国外私立教育与其说是教育的市场化，不如说是教育的产业化更为贴合。教育作为一个关乎国家发展的重要领域，有着难以替代的作用。作为一个能够影响国家未来发展的行业，教育无法被完全放置在一个自由竞争的市场上。因为市场是一个不断变化、不断发展、不断试错的过程，并在这个过程中寻求完善和发展。因此，教育产业在任何时刻都不能完全脱离国家、政府的合理管控。

2. 人文学科危机

哈佛大学发布的研究报告《描述未来：哈佛学院的艺术与人文教育》中阐述道：过去的60年，进行哈佛艺术人文专业教育的学生从36%下降到20%。人文学科危机成了美国高等教育界热点关注的问题。在教育市场不断的竞争中，人文学科成了被市场抛弃的领域。市场化本身具有追求经济效益、实用性、商业化的可能，而人文类的学科难以快速地产出经济效益。这是在进行教育市场化中不得不关注的重点问题。

（二）互联网共享教育对国外高等教育公平的促进作用

国外的高等教育大多为私立学校，由于学费、受教育水平等"教育门槛"，

使得低收入家庭学生缺乏进入大学和从事专业领域研究的权利，加剧了社会上教育低效率、不公平、社会差距加大的现象，从而滋生矛盾，产生阶层分化的结果。

互联网共享教育对于国外高等教育的影响在于，其"共享"的特性，让原本私有的教育产品属性，增加了公共资源的属性。国外的互联网共享教育多由大学之间的合作形成，比如可汗学院、Coursera、Edx，大学老师们建立网站、非营利组织来促进高等院校优质教学资源在互联网上进行共享，实现了拥有优质课程公平教育的机会。

二、 中国互联网共享教育市场化改革

随着中国的社会经济发展，人们越来越认识到学习、接受教育的重要性。尤其以高等教育这一块表现得最为明显。在我国，学生进入大学学习后，对学习时间、学习方式、学习内容等自主学习的要求大大提高。自此，互联网共享教育很好地满足了这一需求，对于教育的市场化具有很大的促进作用。

（一）我国高等教育市场化的困境

不同于国外的互联网共享教育的组织形式，国内多由互联网公司牵头，如中国大学 MOOC、网易云课堂就是由网易公司牵头设计的。智慧树网隶属上海卓越睿新数码科技股份有限公司，是全球大型的学分课程运营服务平台。我国互联网共享教育成了互联网商业公司商业版图中的一部分，成了可以量化的商业资本。

1. 受传统高校管理体制的约束

我国的高等教育一直处于国有化的状态，很难像国外的私立学校进入市场去竞争。国外新自由主义派学者米尔顿·弗里德曼（Milton Friedman）对于政府控制下的教育市场提出过问题，他认为政府过多的管控不利于教育市场的发展。因为没有市场竞争就容易让整个行业陷入疲软，出现效率过低的问题。而要解决这一问题，就必须对传统高校管理体制进行以市场为导向的改革。

2. 教育收费标准很难改变

在我国，办学经费是一个长期亟待解决的问题。因为公有化的影响，我国高校的教育经费大多为国家拨款，很少或者很难从市场中收取费用。在我国，高校教学收费一直处于一个尴尬的位置，直到 1993 年的《中国教育改革和发展纲要》才确立了"招生收费制度改革"，但这些年来，收费标准改动不大。

3. 教师付出的额外劳动很难补偿

在我国的高等教育中，老师除了按照学校教学计划内的工作量收取报酬外，对于其他教育活动包括互联网教育活动的工作量，很难得到市场化的补偿，所以难以形成激励机制，高校教育网上资源形式单一。线上教育往往是自上而下的行政力量推动，而非市场化的选择。

（二）高校互联网共享教育市场化改革的表现

互联网教育已经成为教育发展的大趋势，近年来，各高校纷纷踏入互联网共享教育领域，推动着高等教育市场化的进程。

1. 互联网平台引入市场机制进行竞争

2019 年我国的共享经济报告中，将我国的共享经济模式分为 P2P、B2P、B2B 三种。其中教育领域的共享多以线上教育的形式，不同学校的教师在互联网平台上录入相同的课程，学生选择量的多少即"点击率"，引入了市场竞争，竞争形成优胜劣汰，产生付费的教育产品。

2. 明确保护知识产权

在互联网共享平台上很多在线课程、学习笔记等资料被包装成产品，并发布到网上，需求者必须支付相应的价格来购买。在大数据时代，伴随着云计算、转码技术等新技术的出现，共享教育的表现形式和传播形式更加丰富。这些共享课程资源的可复制性增强，这些侵权的"盲目"市场行为，会扰乱市场价格、市场秩序。因此，明确知识产权保护就变得尤为重要。

3. 推进互联网共享教育市场化法律法规制定

在互联网教育初期，国家就意识到互联网教育法律法规制定的重要性。自1998 年以来，先后出台了《关于对中国人民大学等十五所高校开展现代远程教育工作试点工作的批复》《关于支持若干所高等学校建设网络教育学院开展现代远程教育试点工作的几个意见》《教育网站和网校暂行管理办法》《2019 年教育信息化和网络安全工作要点》等相关文件。这些法规有助于我国高校在进入互联网共享教育时代，参与市场竞争，营造公平、健康、有序的市场环境。

三、 互联网共享教育背景下国内外教育市场化改革比较

1. 办学方式不同

经济合作与发展组织指出"把市场机制引入高等教育中，使高等教育运营至少有如下显著的特征：竞争、选择、价格、分散决策、物质激励等，它排除绝对的公有化和私有化"。我国的高等教育办学方式多为公有化，政府主导办学。而国外的办学方式中则是以"私有化"为主，国外的私立学校更加符合市场化的趋势。但是就像经济合作和发展组织对于教育市场化的定义那样"它排除绝对的公有化和私有化"。也就是像目前国外市场中过于偏向"私有化"和国内教育中过于偏向"公有化"都是有失偏颇的，都不符合"教育"发展的基本规律。

2. 组织形式不同

从组织形式上，我国的互联网共享教育偏向于由企业带动，而国外的互联网共享教育则偏向于非营利组织发展。在我国，网易、腾讯、阿里巴巴对于共享教育市场的分割推动了市场竞争。高等院校与这些互联网共享教育平台联合，为平台注入优质教学资源。互联网企业促进了教育的共享，原本"高墙内"的高等院校真正地向公众打开了课堂。

四、 总结和思考

高等教育市场化的改革诱因主要有三个：一是社会公众对高等教育公平性的需求；二是高等教育供给侧发展不均衡；三是降低高等教育的成本。市场机制加剧高等院校之间的竞争，有利于提高教学质量。

1. 互联网教育平台对于高校教育市场化有促进作用

在疫情期间，高等院校都采取了线上和线下相结合的教学模式，大大推进

了高校互联网教育的进程。高校们纷纷在中国大学 MOOC、智慧树等网站上建立共享课程资源。这些在网站进行共享的课程属于非强制性、供需求者自己选择的课程。与传统学校教学计划强制性学习不同，由学生自己选择，需要"学生认同"，无可避免地进入了市场竞争。

2. 大学—政府—市场之间关系的平衡

在高等教育资源市场化进程中，需要协调大学—政府—市场之间的关系，需要政府对互联网的共享教育进行现代化治理。利用"互联网+"思维促进教育公平、推动教育改革、提高教育质量，着力为我国高等教育改革发展提供有力支撑。

3. 共享教育不等于免费教育

在发展共享教育的过程中，最重要的就是明确知识产权保护概念。共享本质上是公开对外的资源互换，而不是一种捐赠或者给予。一是要对优质高校教育资源的知识产权进行保护；二是对于共享资源进行合理定价。利用法律手段保护优质教学资源；三是利用市场机制，促进教育资源多样化供给。

4. 防止互联网市场思维对教育本质的改变

互联网企业作为私人部门，追求利益最大化，"碎片式"的网络形式往往极具侵蚀性。教育作为关系国家发展、民族文化的重要意识形态建设领域，必须由国家相应部门进行严格的规制，推动社会主义文化繁荣兴盛。

参考文献

[1]钟菲，张学敏，刘洋，等."互联网+"时代高等教育教学改革研究［J］. 中外企业家，2018（16）：131-132.

[2]Micklethwait, J. &Wooldridge, A. A Future Perfect：The Chal－lenge and Hidden Promise of Globalization［M］. New York：*Crown Business*，2000.

[3]邢飞. 国外高等教育市场化下的人文学科危机［J］. 中国成人教育，2014（16）：113-115.

课题来源

1. 黑龙江省教育科学"十三五"规划 2019 年重点课题"国内外高校课程联盟优质教学资源共享研究"（课题编号 GJB1319065）

2. 哈尔滨商业大学教学改革与教学研究一般项目"理论经济学国内外优质课程教学资源共享研究"（批准号 HSDJY024）

3. 2020 年度高等教育教学改革一般研究项目"加快建设适应黑龙江省自由贸易试验区需求的特色经济学专业建设研究"（项目编号 SJGY20200332）

大学生党员教育管理创新路径探析

刘 鑫

（哈尔滨商业大学 哈尔滨 150028）

【摘要】 大学生党员教育管理是高校党建工作的重要组成部分，同时也是培养社会主义合格建设者和可靠接班人的重要内容之一。大学生是祖国建设的青春力量，是祖国各行各业未来发展建设的主力军，对于大学生党员进行教育管理是对学生管理教育的重要环节。因此，如何切实取得大学生党员教育管理的成效，还需要综合现阶段大学生党员的时代环境、个体差异、学科特色等进行方式创新，建立教育管理长效机制，进而促使大学生党员教育管理取得积极成效。

【关键词】 大学生；党员；学科

一、 大学生党员教育管理的重要意义

大学生党员教育管理一直是高校党建工作面临的重要课题之一。大学生党员教育管理的成效既是对党组织后备力量的发展培养和教育考察，也是检验高校党建工作成果的试金石。如何做好大学生党员教育管理工作，对深入贯彻落实"立德树人"的根本宗旨和大学生自我价值的实现都具有重要意义。

（一）大学生党员教育管理是高校党建工作的重要部分

高校基层党组织是贯彻落实党对高校领导的各项方针政策先锋，也是凝聚智慧力量发挥模范带头作用的战斗堡垒。高校基层党组织肩负着开展思想政治教育工作与学科专业育人的双面责任。大学生党员教育管理工作是高校党建工作的重要组成部分，是学生党建工作中的首要任务。对于大学生党员的教育和管理的具体成效是学生党建工作标准化和规范化的具体体现，也是学生党建工

作在新时代主体责任和任务的进一步深化。大学生党员的遴选、培养、教育和管理是加强高校基层党组织的战斗力和凝聚力的动力源泉。

（二）大学生党员教育管理是实现立德树人的重要一环

大学生是最为重要的社会群体之一。他们具有较高的受教育程度，掌握某一专业领域知识，具备很强的学习能力和年龄优势，是社会主义建设中的青春力量。培养大学生党员是为党组织培养后备优秀人才，在专业技术、社会服务、社会主义现代化建设的方方面面培养优秀的建设者和接班人。因此，对于大学生的思想政治教育是实现大学教育的重要内容，而在大学生群体中培养和发展党员就是对大学生思想政治教育工作进一步深化的具体体现。政治品质过硬、思想进步、成绩优异、道德良好、行为端正等成为发展培养大学生党员的关键因素。党的十八大以来，党中央对于高校的人才培养提出了鲜明的要求。坚定党的领导，贯彻立德树人的宗旨，实现为党育人、为国育才是高校培养青年人才的神圣使命。进一步取得大学生党员教育管理的成效就是践行立德树人宗旨的具体展现。

（三）大学生党员教育管理是学生自我价值实现的重要基石

在中国共产党领导全国各族人民取得的百年辉煌成就的过程中，一代又一代中国共产党人为国家建设付出了生命与鲜血、智慧与力量，坚定的信仰促使广大共产党员为党的伟大事业不懈努力。对大学生党员进行深入教育和全方位管理，对引导大学生树立正确的世界观、人生观、价值观具有重要意义。通过对大学生党员的教育管理，加强对大学生思想政治引导，坚定大学生的理想信念，锤炼政治品质与党性修养，进而促进大学生自身价值和人生理想的实现。

二、 大学生党员教育管理的现状

随着时代的变化和社会的进步，对于大学生党员教育管理工作的实施和取得的成效有了新的要求和标准。党的十八大以后，面对我国新的发展机遇和挑战，社会主要矛盾的变化和新时代大学生的自身多样性特点，大学生党员教育管理工作也有了新的挑战。在教育管理方式、周期、特色方面要及时更新，确保大学生党员教育管理工作取得扎实成效。

（一）教育管理方式需不断创新

对于大学生党员的教育管理方式，目前还是以传统方式为主，比如传统的党课授课模式、讲座座谈交流模式。讲解的内容主要是对党内基础性、纲领性等必读文件的讲座和授课，采取的方式多为讲稿与PPT相融合的方式，采取的模式也是授课教师"一对多"的讲课模式。在这种情况下，传统的授课学习方式没有有效地与新时代网络媒体运用相结合，对于新时代大学生来讲，很难引起学习兴趣。时代的不同所带来的不同需求没有及时有效地更新，对党员的教育引导浮于表面，很难激发大学生党员的学习兴趣。因此，对大学生党员的教育管理工作应该根据现实情况和要求不断创新。

（二）教育管理周期需因时而变

大学生党员发展培养分为三个阶段：入党积极分子阶段、预备党员阶段、正式党员阶段。每一个阶段的考察期为1年，在每个阶段考察期内都会对党员进行一定学时的党课培训和教育管理，相对应的考察写实也从季度写实到半年鉴定。每一季度对于党员的进一步考察其实就体现了对于党员教育管理的周期性。但随着新时代的到来，对于大学生党员教育管理提出了新的要求。在基本落实季度考察、半年考察、全年鉴定的过程中，对于党员教育管理的周期性应该适时调整，主要依据应该与大学生的实际情况，比如学业情况、生活情况、社会实践情况相结合，同时要将大学生的教育管理与党中央的决策部署、方针政策紧密结合，在基础考察期之上要进行适时改变。同时，对于学生党员教育管理的持续性与针对性还需要加强，要在固定的培养周期之中设立符合学生特点的小周期，并形成良性循环，进一步实现学生党员教育管理的目标。

（三）教育管理特色需深入挖掘

大学生是社会群体中的青春力量。他们有理想、有激情、有朝气、有力量，但同时他们的世界观、人生观、价值观还没有彻底形成，政治品质和信仰还需要进一步坚定。面对不同的专业学生，学科特色优势和学生特点也不尽相同。因此，在学生党员教育管理中，与学科专业的融合度还不够高，这是我们目前面临的挑战。如何深入挖掘学生党员管理特色，形成具有学科特色与专业优势的学生党员教育管理模式，需要我们进一步持续探索。

三、 大学生党员教育管理的创新路径

为进一步卓有成效地开展好大学生党员教育管理，正确引导大学生党员树立正确的理想信念，激励大学生党员发挥先锋模范作用，进一步实现为社会主义建设培养合格建设者和可靠接班人，就要根据时代变化和党建工作要求的变化，实现大学生党员教育管理路径的创新，建立长效管理机制，真正实现为党育人、为国育才。

（一）学习党员培养发展流程的规范化要求

党的十八大以来，随着《普通高等学校学生党建工作标准》的实施，高校学生党建工作规范性增强，质量也得以提高。思考学生党建工作有可能面对的新挑战，创新大学生党员教育管理方式，有助于进一步取得学生党建工作新成效。随着学生党员的发展培养流程逐渐规范，与之匹配的学生党员教育管理的问题也逐步显现。比如：学生在积极分子阶段的理论学习还不够深入，学生本人对于入党流程和要求掌握还不够全面，对自身的责任担当只停留在浅显的党课学习中，预备党员在考察期内对自身的纪律要求还不够严格，等等。这就需要在基层党建工作中，组织开展学生党员发展培养流程规范化的讲解活动，要让每一名想要入党的学生清晰明确地了解党员发展流程和每个阶段的要求。根据学生的实际情况，开展入党知识介绍会、党内材料书写培训会、师生党员交流会等座谈会，及时向学生传递最新学生党建工作新标准、新要求。教育引导学生在提出入党申请到成为入党积极分子阶段过程中，要清晰了解党组织对积极分子考察的要求和标准。在预备党员到正式党员阶段过程中，要明确身为预备党员的权利和义务，在考察期内定期汇报个人思想、学习、生活情况。在成为正式党员以后，要明确自身的责任使命、权利和义务，尤其在担当培养人和介绍人过程中，要时刻以对组织负责为原则，依据《中国共产党章程》要求履行权利和义务，通过讲解和培训党员发展培养、党内材料书写等党建规范化流程，使大学生教育管理取得进一步成效。

（二）实现多种监督方式并举

大学生党员在发展培养过程中易出现思想懈怠、行为散漫的现象，这就需要加强党支部的监督。学生党员的培养考察落实到支部，要坚持贯彻"三会一课"制度，在组织生活中发现问题，进而教育引导学生党员严格要求自己，认真履行权利和义务。大学生思维敏捷，具有青春朝气，在召开传统会议模式之下，常常会出现听党课不认真，党员大会不能入脑入心，对其教育管理有时很难收到具体成效。在党员大会、民主生活会、支委会等传统的会议模式基础上，还应该根据高校大学生的实际特点开展新的教育管理方式。要创新主题党日活动的形式和内容，从传统的学习理论知识扩展到学习党史故事、学习时政要闻等方面，活动形式可以采取大学生喜爱的户外活动。加强座谈交流，教育引导大学生党员积极进行思想交流，进而实现对大学生党员的管理和监督。同时，对于作风上不自律、行动上不积极、思想上不进步的大学生党员应当依据《中国共产党章程》要求，及时进行严格的批评教育和限期改正，要大胆管理，增强大学生党员的组织纪律意识。

（三）开展红色资源践学与新媒体宣传

自党中央决策部署党史学习教育以来，用好红色资源，赓续红色精神成为大学生党员强化理想信念、坚定政治信仰、感悟初心使命的重要途径。大学生党员在学习党的理论知识的过程中对党的百年历史中发生的震撼人心的故事需要直观的感受，组织开展红色主题活动，如参观革命圣地、红色纪念馆、重走革命先烈足迹等活动，使大学生党员切实感受到在烽火硝烟的岁月中，一代代的中国共产党员是如何践行初心和使命，激励大学生党员矢志报国，坚定信念，进而成为社会主义合格建设者和可靠接班人。此外，要充分利用新媒体等网络平台对大学生党员进行教育和引导。依托"学习强国 App"开展党史知识大联赛，依托微信公众号平台云端参观革命红色纪念馆，进行爱党爱国作品征集，实现多途径的教育管理。

（四）发挥学科特色优势，开展课程思政

大学生所学专业不同，所形成的思维模式都不同。如何针对经济学类专业

学生进行党员教育管理，需要立足于经济学类专业特色优势，立足经济学类专业学生特点，打造"一班一品"的党员教育管理模式，扎实开展理论教育、思想引领工作。在开展这一工作中，要发挥朋辈思政宣讲的能动效用，在学生党员中遴选优秀的学生进行思政课宣讲，通过选取党史小故事、大学生思政实践活动感悟分析等，在学生党员中实现"一带多"的思政学习效果，进而强化大学生党员的意志品质和理想信念。

四、 结语

大学生党员的教育管理是一个长期的过程，也是基层学生党建工作质量不断提高的具体体现。结合大学生的实际特点和新时代的要求，对于大学生党员的教育管理要因时而变、因材施教。在继续巩固传统的教育管理方式的基础上，不断融合新媒体平台、红色资源、学科专业等优势，在高校学生党建工作规范性逐步提高的过程中实现大学生党员的教育管理。

课题来源

1. 2020 年教育部产学合作协同育人项目：《国际经济学》课程目标导向教学模式改革与实践（项目编号：202101179023）

2. 2020 年度黑龙江省高等教育教学改革研究重点委托项目：新商科视角下国家级一流国际经济与贸易专业建设的研究与实践（项目编号：SJGZ20200078）